职业教育教材·新形态教材·财经商贸类

直播营销与运营

主　编　秦　勇　梁丽军

副主编　张慧颖　于　洁　王化强

清 华 大 学 出 版 社
北京交通大学出版社
·北京·

内 容 提 要

本书采用项目式编写体例，系统介绍直播营销的流程、策略与运营实务。全书共 8 个学习项目 32 个学习任务。具体内容包括直播营销、直播营销活动策划与筹备、直播营销的团队建设、直播营销的商品规划、直播间互动营销、直播营销复盘与数据分析、直播营销售后服务、不同平台的直播运营。

本书应用型特色鲜明，注重理论联系实际，突出案例教学与实训练习。书中设置了学习目标、项目情境导入、项目分析、任务引入、相关知识、任务实训、微课堂、思政园地、案例分析、课堂讨论、阅读资料、延伸学习、练习题、案例讨论、学生工作页等模块，内容翔实，体例丰富。

本书可作为应用型本科及各类职业院校直播营销课程的授课教材，也可作为行业培训教材和相关从业人员自学的参考用书。

图书在版编目（CIP）数据

直播营销与运营 / 秦勇，梁丽军主编.—北京：北京交通大学出版社：清华大学出版社，2024. 5

ISBN 978-7-5121-5192-5

Ⅰ.①直…　Ⅱ.①秦…②梁…　Ⅲ.①网络营销—研究　Ⅳ.① F713.365.2

中国国家版本馆CIP数据核字（2024）第050593号

直播营销与运营

ZHIBO YINGXIAO YU YUNYING

责任编辑：郭东青

出版发行：清 华 大 学 出 版 社　　邮编：100084　　电话：010-62776969
　　　　　北京交通大学出版社　　邮编：100044　　电话：010-51686414
印 刷 者：北京鑫海金澳胶印有限公司
经　　销：全国新华书店
开　　本：185 mm×260 mm　　印张：14.25　　字数：368千字
版 印 次：2024年5月第1版　　2024年5月第1次印刷
印　　数：1～2 000册　　定价：49.00元

本书如有质量问题，请向北京交通大学出版社质监组反映。对您的意见和批评，我们表示欢迎和感谢。
投诉电话：010-51686043，51686008；传真：010-62225406；E-mail：press@bjtu. edu. cn。

在当前视频移动化、资讯视频化、视频社交化，以及营销社交化、场景化的背景下，直播营销已成为网络营销的新风口，为越来越多的企业所关注和重视。借助直播营销，不仅能够拓展企业的营销渠道，提升品牌的价值，还能增强用户的购物体验和乐趣。

直播营销的飞速发展，引发了社会对直播营销人才的强劲需求，也促使越来越多的高校开设了直播营销与运营课程。为满足高等院校对直播营销人才的培养需求，帮助读者更好地掌握直播营销与运营的方法，我们在汲取同类教材精华的基础上编写了本书。

本书采用项目式编写体例，以任务驱动为主线，以学以致用为原则，系统介绍直播营销的流程、策略与运营实务。本书应用型特色鲜明，注重理论联系实际，突出案例教学与实训练习。书中设置了学习目标、项目情境导入、项目分析、任务引入、相关知识、任务实训、微课堂、思政园地、案例分析、课堂讨论、阅读资料、延伸学习、练习题、案例讨论、学生工作页等模块，内容翔实，体例丰富。

本书为用书教师提供了丰富的配套教学资源，包含 PPT 授课课件、补充教学案例、教学大纲、电子教案、题库、课后习题答案、辅助教学视频、补充阅读资料等，并将持续更新。欢迎用书教师免费领取。

本书在编写过程中将课程思政建设贯穿全程，通过课程素质目标、思政园地专栏等模块，帮助学生树立正确的直播营销价值观。

本书由秦勇、梁丽军任主编，张慧颖、于洁、王化强任副主编，参加编写工作的还有王锐、鲁志鸿、王培轩、周晶、吴玉洁、董伟萍、何丽娟、刘雨欣。在编写过程中，我们参考和借鉴了众多学者的研究成果，在此深表感谢。

鉴于编者学识有限，书中定会有疏漏和不足之处，敬请各位专家和广大读者批评指正。

编 者
2024 年 1 月

直播营销：开启营销新时代

◆学习目标▪

【知识目标】

（1）理解直播与直播营销的含义。
（2）了解直播的发展历程。
（3）熟悉直播营销的方式。
（4）了解直播营销的产业链。
（5）熟悉直播营销的收益分配模式。

【技能目标】

（1）能够客观评价直播营销的优势与不足。
（2）能够对主要的直播营销方式进行对比分析。
（3）能够掌握直播营销的实施过程。

【素质目标】

（1）培养学习直播营销课程的兴趣。
（2）树立正确的直播营销价值观。
（3）形成系统的直播营销新思维。

项目情境导入

2021 年 11 月，新东方成立"东方甄选"，入局农产品带货，进行助农直播。"东方甄选"直播首秀仅获得 47 万元销售额，但随着不断摸索，在 2022 年"6·18"期间，"东方甄选"抖音号的粉丝数飞速增长，其间仅"美得窒息的唐诗宋词诗经 3 册套装"的销售额就接近千万元。

"东方甄选"能够火遍全网，主要原因或许是其主打优质内容带货。从知识科普到双语教学，再到风趣幽默的段子，各种在新东方课堂上才能听到的内容，从线下搬到了直播间。

"东方甄选"的直播本质上是创立了一种新的场景，观众会对主播直播时讲的故事产生共鸣，也会对主播的个人经历及其做过的事情产生共鸣。在有些直播片段中，主播会用故事来激励观众，特别是一些年轻人。这种为深层次的共鸣埋单的行为，在原来那些带货直播中是很少见的。

"东方甄选"生动有趣的直播互动形式和干货满满的知识讲述，与主播们背后的常年积累有着很大的关系。"水瘦山寒的深秋，树叶飘落的院子，不紧不慢洗干净的菜叶，和认认真真的母亲，那一缸菜曾是家人过冬的希望。"某主播在一次直播中讲述了一段自己与妈妈之间的温情故事，有网友在直播间留言："我第一次看直播带货看得热泪盈眶。"就是这种与"1、2、3，上链接"不同的讲述形式，让观众耳目一新，这成了"东方甄选"的特色。

问题：结合案例，请谈谈你对直播营销的理解与认识。

项目分析

在当前视频移动化、资讯视频化、视频社交化，以及营销社交化、场景化的趋势下，直播营销已成为网络营销的又一个风口，为越来越多的企业所关注和重视。

那么，什么是直播营销？直播营销有哪些优势和不足？直播营销的产业链是如何构成的？直播营销的收益应如何分配？直播营销有哪些类型？直播营销活动该如何实施？本项目将对以上问题分别进行解答。

任务 1.1　认识直播与直播营销

任务引入

某高校大三学生小亮的老家在甘肃陇南，当地盛产的陇南甜柿，早在清代就已广泛种植，其果实肉厚香甜、营养丰富，堪称柿子中的佳品。小亮的哥哥小明就是当地的果农，他承包了100多亩果园，今年又获得了大丰收，但因甜柿在当地种植面积大、产量高，销售成了大问题。看着仓库里堆积如山的甜柿，小明一筹莫展。

小亮得知小明的困境后，劝哥哥试试直播营销。可小明对直播营销一无所知，根本不知道该如何做起。

问题：如果你是小亮，你该如何向小明介绍直播营销这种新兴的网络营销方式？

相关知识

1.直播的含义与发展历程

1）直播的含义

一提到直播，很多人就会想到网络直播，甚至认为直播就是网络直播。其实在网络直播尚未诞生之前，就已经有了基于广播和电视的现场直播形式，如体育赛事的直播、春节联欢晚会的直播，以及新闻直播等。只不过受限于传统媒介的传播特点，直播远不如今天这样普及和火热。进入网络时代之后，越来越多的直播开始借助网络平台以网络直播的形式出现，其具体形式有电商直播、游戏直播、才艺直播、综艺直播、资讯直播和体育赛事直播等。

目前网络直播平台主要包括专业垂直直播平台、短视频直播平台、电商直播平台和综合视频直播平台等。根据月活跃用户人数和影响力来分类，排名靠前的直播平台有淘宝、抖音、快手、拼多多、京东、苏宁易购、小红书等。主要的直播平台如图 1-1 所示。

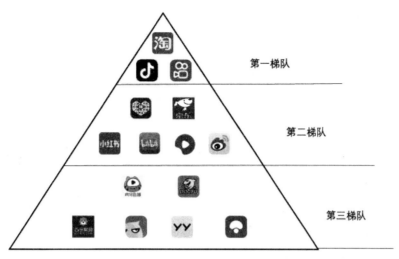

图 1-1　主要的直播平台

借助网络直播平台，网络主播可以将现场制作的视频实时传输给目标受众，并与目标受众互动交流。网络直播具有直观形象、互动性强等优点，已成为当下大众娱乐消遣、获取信息及购物的重要途径之一。

2）直播的发展历程

我国网络直播的发展经历了起步期（2005—2013 年）和发展期（2014—2015 年）之后，在 2016 年迎来了爆发期，各种网络直播平台如雨后春笋般涌现出来。在爆发期这一阶段，网络直播向泛娱乐、"直播 +"演进，其巨大的营销价值开始显现。

随着移动智能终端的普及，移动网络拥有规模庞大的用户群体，主要依托移动终端的直播逐渐成为当前网络直播的主流。

延伸学习

直播发展的 1.0 ~ 4.0 时代

直播的发展历程，从某种程度上看，也是直播营销价值的发掘过程。从这个角度看，直播的发展历程共分为以下四个阶段。

1. 直播 1.0 时代：PC 端秀场直播

网络速度和硬件水平是影响互联网直播发展的主要因素。受这两个因素的制约，最初用户不能同时打开多款软件，"边玩游戏，边做直播"，或"边看体育比赛，边做解说"，仅能利用 PC 端网页或客户端观看秀场直播。

秀场是公众展示自己能力的互联网空间，2005 年在我国兴起。2005 年，"9158"网站成立，其业务模式以文化娱乐为主。自成立起，"9158"平台上汇集了大量"草根"明星和平民偶像，逐步发展成"网络红人"、歌手、"草根"明星的发源地之一。2006 年，"六房间"网站成立，与"9158"网站共同成为视频直播的早期主流平台。

2. 直播 2.0 时代：PC 端游戏直播

随着计算机硬件的发展，用户可以打开计算机进行多线操作，"一边听 YY 语音直播，一边玩游戏"的形式开始出现，游戏直播兴起。与此同时，一系列游戏直播平台开始出现。

2008年，主打语音直播的YY语音面世，并受到游戏玩家的推崇。在早期网络游戏领域，使用YY语音进行游戏沟通成为游戏爱好者的共同习惯。

2011年，美国Twitch.TV从Justin.TV分离，独立成为首家游戏直播平台，主打游戏直播及互动。随后，YY游戏直播于2013年上线，斗鱼直播于2014年上线，我国PC端游戏直播平台初具规模。

在游戏直播发展的初期，很多主播在自己的直播间推销鼠标、键盘、摄像头等计算机外设。这种"直播＋推销"的模式，是当时主播创收的重要来源，也是直播商业化的早期形式。

3. 直播3.0时代：移动端直播

随着智能手机硬件的不断升级，移动互联网逐步提速降费，用户进入全民移动端直播时代，与之对应的是大批移动端直播网站的火爆。

2015年，映客、熊猫、花椒等纷纷布局移动端直播市场，相关直播创业公司也顺势成立，市场上最多曾有300余个直播平台。

2016年，移动端直播市场迎来了真正的爆发期，移动端的视频直播成为继视频、秀场后的新兴市场，备受各大直播平台的青睐。移动端直播市场发展迅速，直播内容也快速延伸至生活的方方面面，包括聊天、购物、游戏、旅游等。

2017年，经过一年多的行业洗牌，市场上知名度较高的移动端直播平台仅剩数十家，其中具有代表性的平台有花椒直播、映客直播、一直播等。

花椒直播平台利用"明星＋主播"的形式，通过请明星助阵、对明星进行专访、让明星做主播等方式，迅速占领了移动端直播的一部分市场。映客直播平台与音乐人、综艺节目、明星合作，邀请当红明星入驻，也迅速"刷爆"朋友圈。一直播作为微博的直播战略合作伙伴，其运营形式与微博"明星带动用户"的策略相似，通过邀请数百位明星在直播中与用户互动，直接带动了一直播平台用户的增长。

在这一阶段，直播的商业变现功能依然处于探索阶段。然而，直播所拥有的流量、社交属性、媒体属性，以及内容展现的场景化和互动特点，决定了直播营销价值的存在。

4. 直播4.0时代：电商直播

2016年5月，一款专注时尚女性消费的软件"蘑菇街"上线了直播功能，成为其新的盈利点，使其营收取得了明显的改观。随后，蘑菇街把企业的管理重心转移到了直播业务上，在"电商＋直播"领域占据了领先的优势。

同年，淘宝正式上线直播功能，随后各个电商平台也纷纷开启直播功能。在淘宝平台开通直播功能的第一个月，网络达人WY便入驻淘宝平台并进行直播"带货"，她的第一场直播虽然只有200位用户观看，但在4个月后，她用一场直播促成了1亿元的成交额。

随后，淘宝和京东相继推出了直播"达人"扶持计划，为平台的直播业务投入了大量的资金。

虽然电商直播让直播行业获得了巨大的经济效益，但是在直播行业疯狂成长的2016年，电商直播的用户关注度和媒体关注度还是比其他类型的直播稍逊一筹。

2017年，淘宝直播和天猫直播合并，阿里巴巴开始加速布局电商直播，而快手也推出了具有平台保障的直播"带货"渠道，实现了快速挖掘平台用户消费潜力的目的。在随后的2018年和2019年，淘宝和快手通过电商直播达成的交易金额，都实现了快速增长。

2020年年初，电商直播再一次出现在大众面前。这一次，从商场里的售货员，到企业管理者，都走进了直播间进行直播"带货"。同年的7月6日，"互联网营销师"正式成为国家认证的职业，为"带货"主播提供了职业化发展的道路，也为电商"带货"的市场化和规范化增设了一层保障，使电商直播获得了更好的发展。

2. 直播营销的含义

直播营销，是指开展网络直播的主体（企业或个人）借助网络直播平台，对目标受众进行多方位展示，并与用户进行双向互动交流，通过刺激消费者购买欲望，引导消费者下单，从而实现营销目标的一种新型网络营销方式。一般来说，直播营销包括场景、人物、产品和创意四个要素。其中场景是指营销直播的环境和氛围；人物是指直播者，即所谓的主播，可以是一个人也可以是多人；产品即营销直播中所要展示和推介的对象，可以是家电、食品、服饰等实体商品，也可以是游戏、服务、教育等无形商品；创意是指企业在开展直播营销时要有创造性的想法和新颖的构思，并以此来吸引目标受众。

随着网络平台的发展、直播用户的增加，以及一大批"网红"主播带来的示范效应，直播营销已经成为备受重视的网络营销方式，甚至一些著名的企业家和地方官员也纷纷走进了直播间，企业家通过直播为本企业产品宣传造势以促进产品销售，地方官员则通过直播推荐地方特色产品以推动当地经济的发展。例如，2020年2月22日，在石狮"品牌直播节"上，石狮市领导走进位于石狮青创直播基地的直播间，与网红主播一道，不遗余力地为石狮服装"直播带货"，喊出："春暖花开的时候，穿上这件衣服，去见你想见的人，成为街上最靓的仔！"1个月以来，石狮全市服装企业通过直播带货或引流销售的经营额突破10.8亿元。

3. 直播营销的优势与不足

1）直播营销的优势

直播营销的门槛低，投入少，借助智能手机或其他能够上网的终端设备，任何人都可以通过直播平台开展适合自己的营销活动。借助网络的传播，直播营销可以覆盖任何网络所及的地域，大大拓展了营销的范围。在直播营销过程中，主播可以充分展示企业的实力，全面介绍产品的性能与优点，传递企业所能给予的优惠以及现场演示产品的使用方法等，从而有效打消用户的疑虑，增强其购买的决心。直播营销能够为用户打造一种身临其境的场景化体验，如用户在观看旅行直播时，只需跟随主播，就能直观地感受到旅游地的自然风光、人文景观、景区设施、酒店服务等。另外，直播营销是一种双向互动式的营销模式，主播可以和用户在线实时交流，既能及时解答用户的疑问，增进与用户之间的友好关系，又能倾听用户的意见和建议，从而为今后更好地开展直播营销奠定良好的基础。

💡 **思政园地**

国货之光照亮"双11"

2023年11月12日零点，一年一度的"双11"购物节落下帷幕。天猫方面数据显示，截至11月11日零时，402个品牌成交额破亿元，38 600个品牌同比增速超过100%。其中，国货品牌全面爆发，243个国货品牌进入"亿元俱乐部"。

在2023年"双11"正式打响前，众多国货品牌已经在互联网上火出圈。蜂花、白象、郁美净、回力等老牌国货"杀"入直播赛道，产品频频登上热搜榜单。9月11日，在蜂花近95 h的超长直播中，观看人次超3 994万，销售额超2 500万元，新增粉丝276万。郁美净连夜注册抖音账号，一天涨粉超80万，直播10 h销售额超100万元。活力28品牌直播间在线人数超10万，大部分产品被抢购一空。

10月31日晚8时，天猫"双11"大促正式开始，国货品牌战绩亮眼：85个品牌开卖即破亿元，超7万个国货品牌首日成交翻倍。在美妆行业，佰草集增长315%，花知晓增长689%，可复美增长1 745%；在家居行业，老牌国货一骑绝尘，林氏木业、源氏木语、全友等率先破亿元。

京东销售数据显示，10月23日晚8点"双11"活动全面开启后10分钟，国货美妆品牌珀莱雅成交额同比增长70倍，国货品牌蜂花、郁美净成交额分别同比增长20倍和10倍。

2）直播营销的不足

虽然直播营销具有诸多优势，但也存在以下几点不足。一是商品质量难以保证。主播在直播间展示的商品很多都经过美化处理（如借助灯光、特殊背景、拍摄角度、画面滤镜等），使得用户看到的与真实商品有较大的差异。用户购买之后常会有上当受骗的感觉，从而对直播营销产生不信任感。二是直播营销成本较高。直播营销对主播有很强的依赖性，一般来说主播的自带流量（粉丝数）越多，直播营销的效果就越好。但与高流量的主播合作，企业需要付出较高的成本，请知名主播带货，企业光是"坑位费"就要付出几十万甚至几百万元，而且有些主播要求进行销售分成。不少企业反映一场直播下来除去给主播的费用几乎没有收益，甚至会亏本。当然，企业也可让自己的员工做主播，这样直播营销的费用会大为降低，但由于自家的主播知名度不高，流量有限，营销效果往往不佳。三是直播营销过程不可控，容易出现"翻车"现象。直播具有实时传递、不可剪辑、不可重录的特征，一旦在直播营销过程中出现了问题，根本就无法弥补。例如，某顶流主播在推荐一款不粘锅时，将鸡蛋打入锅中以证明的确不粘，结果却是鸡蛋牢牢粘在了锅上，引发直播间用户的群嘲。

任务实训

1. 实训目的

通过实训，加深对直播及直播营销概念的理解，进一步认识直播营销在助力乡村振兴中的积极作用。

2. 实训内容及步骤

（1）以小组为单位，将全班同学划分为若干任务团队，各团队推选一名负责人。

（2）各小组收集农产品直播营销的典型案例。

（3）各小组对收集的典型案例进行讨论。

（4）各小组在讨论的基础上撰写案例分析报告，并制作汇报 PPT。

（5）团队负责人代表团队在班级作汇报，授课教师进行点评。

3. 实训成果

实训作业：直播营销助力乡村振兴典型案例分析。

任务 1.2　熟悉直播营销的产业链与收益分配模式

任务引入

2023 年 10 月 4 日，国产洗发水品牌丰丝在网上发了一大段关于网红直播带货的内容，从品牌方自曝的角度大倒苦水。一时间，丰丝的吐槽让直播带货佣金成为人们热议的焦点。以往，佣金话题更多是以"找明星带货交 20 万元坑位费仅卖出 4000 单""曝某明星收 5 万元坑位费，只卖 7 单还退了 5 单"的形式出现，消费者吃瓜的同时很难感同身受，而这一次，当品牌方爆出"国货要求 40% 佣金起步，洋货是 20% 起步，仅仅是起步"时，不少消费者第一反应就是"我在直播间买的产品成本究竟是多少"。

问题：直播营销该如何让利给消费者？直播营销收益在商家 / 品牌方与主播之间应该怎样分配才比较合理？

相关知识

1. 直播营销的产业链

直播营销是对传统营销模式的变革，它省去了传统营销活动中营销信息投放、触达、转化等中间环节，拉近了品牌与用户之间的关系，提升了商品的销量，促进了商品的变现。与传统营销模式相比，直播营销产业链发生了较大的变化。

2. 直播营销的产业链结构

直播营销是对"人""货""场"的重新排列组合，供应链方、多渠道网络服务机构、主播、直播平台等纷纷加入直播领域，带来了直播营销产业链的重构。

1）以电商直播平台为基础的直播营销产业链

以淘宝网、京东商城、苏宁易购等为代表的电商平台发展相对成熟，这些平台在电商生态中增加了直播模块，形成了以电商直播平台为基础的直播营销产业链。在这条产业链中，上游为工厂、品牌商、批发商、经销商等供应链方，中游为电商直播平台、多频道网络（multi-channel network，MCN）①机构和达人主播，下游为用户。

在这类产业链中，直播方式可分为商家自播和达人直播，其中，商家自播是指由商家的内部人员来进行直播，达人直播是指由达人主播来进行直播。达人主播通常与 MCN 机构合作，通过 MCN 机构与供应链方对接，MCN 机构为达人主播提供孵化、培训、推广、供应链管理等服务，并与达人主播分成。当然也有少数达人主播会直接与供应链方对接，从而跨过 MCN 机构。

2）以短视频平台为基础的直播营销产业链

以抖音、快手、B 站等为代表的短视频平台，近年来在直播领域高速发展，已形成以短视频平台为基础的直播营销产业链。在这类产业链中，主播会与 MCN 机构合作或由 MCN 机构孵化主播并为主播提供一系列的服务，当然也有部分头部主播不会依附 MCN 机构，而是直接与上游供应链方对接，并从中获得直播收益分成。

3. 直播营销产业链中的收益分配流程

在直播营销产业链中，短视频直播平台、电商直播平台、MCN 机构和主播之间采取的是合作分成的模式，对于从抖音、快手等短视频平台直播营销导流至其他平台成交的，最终的收益由直播平台和 MCN 机构按照一定的比例抽成。其中 MCN 机构所获得的收益，再和主播按照一定的比例进行二次分成。

4. 直播营销产业链中的"人""货""场"分析

直播营销产业链中"人""货""场"直播营销的实质就是"内容＋电商"。它升级了"人""货""场"的关系，营销效率更高。

1）人

直播营销中新增加了主播的角色，主播成为连接商品与用户的桥梁，是新消费场景下的核心角色和流量入口，主播凭借独特的个人魅力吸引粉丝，积累私域流量，然后结合专业的销售能力，如选品能力、商品介绍能力等将积累的粉丝转变为具有购买行为的用户，从而实现流量变现。直播营销改变了用户的消费习惯，用户在购物时由主动搜索商品进行购买，转变为直接购买主播推荐的商品。通过直播互动的方式，主播可以对商品进行全面的介绍，用户能够更直观清楚地了解商品的优缺点，并在观看直播的过程中做出购买决策。

2）货

随着直播营销的不断发展，直播商品品类不断丰富，涵盖快速消费品、美妆服饰、数码科技产品、农特产品等多个品类。从经济效益的角度来看，美妆和服饰具有利润率高、客单价高、成交量高的特点，因此这两个品类容易成为直播营销的主流品类。

从专业化程度的角度来看，在快速消费品品类中，由于不同品牌的商品差异较小，用户购买此类商品更多的是受品牌效应的驱动，此外这类商品的专业化程度较低，不需要主播对商品进行专业的讲解，所以快速消费品也成了直播营销中的热门品类之一。

---

① MCN 模式源于国外成熟的网红经济运作，其本质是一个多频道网络的产品形态，将 PGC（专业内容生产）内容联合起来，在资本的有力支持下，保障内容的持续输出，从而最终实现商业的稳定变现。

而像数码科技产品等专业性较强的商品品类，对主播的专业化程度要求较高，主播需要与用户进行专业化的双向交流，才能推动用户更快地做出购买决策，所以在直播中销售这类品类的商品时，主播对商品认识得越深刻，对商品的介绍越专业，越容易促成用户购买。

3）场

直播营销升级了购物场景，在直播营销中，购物场景由直播平台直播间构成，用户在直播间即可完成商品的选择和下单购买，这大大提升了用户的购物体验。

与线下购物场景和传统电商平台的购物场景相比，直播营销的购物场景具有以下优势。

（1）使用户产生更好的购物体验。在直播间里，主播通过现场展示商品的使用效果，可以帮助用户更加直观地了解商品。此外，在直播过程中，主播还可以与直播用户进行实时的信息交流与互动，有针对性地解答用户的疑问，进一步加深用户对商品的了解。用户通过直播购物，不仅能够获得主播陪伴购物的体验，还能通过观看直播获得娱乐享受。

（2）节约用户的体力与精力成本。用户可以随时随地观看直播，足不出户即可购买到自己心仪的商品，从而节约了传统购物的体力成本和精力成本。

（3）获得更好的价格优势。在直播营销中多采用用户直连制造商模式或主播直接对接品牌商 / 工厂的模式。这种模式减少了商品的流通环节，减少了中间环节的费用，从而让商品获得了较强的价格优势。

5. 直播营销的收益分配模式

直播营销的收益分配模式主要有 3 种，即纯佣金模式、"佣金＋坑位费"模式和"坑位保量"模式。

1）纯佣金模式

纯佣金模式，是指企业 / 品牌商根据直播商品的最终销售额，按照事先约定好的分成比例向主播支付佣金。例如，某主播为企业 / 品牌商在直播间中卖出了 50 万元的商品，如果双方事先约定佣金比例为 15%，那么企业或品牌商需要向主播支付 7.5 万元的佣金。

在直播行业中主播的级别不同，直播的商品不同，佣金比例也会有所不同。

✒️ **阅读资料**

抖音精选联盟纯佣金带货模式

采用"坑位费"模式的商家只要与带货主播签了合同，就算没有达到既定销量，这笔费用也不会退还，这对商家来说是非常不利的。抖音精选联盟采用纯佣金带货模式，能够帮助商家有效规避坑位费打水漂的风险。

抖音精选联盟是搭建商家和达人的按销售付费（cost per sales，CPS）平台，商家满足条件成功入驻后，将商品上传后设置好佣金比例，达人可以在这个平台在线挑选商品，试用后，通过短视频、图文、直播等方式来带货，每售出一件即时结算佣金。

这种达人主动带货的模式，有效地避开了"坑位费"，并且达人会根据自己的定位来选择商品，更能触达精准用户。

2）"佣金＋坑位费"模式

"佣金＋坑位费"模式，是指企业/品牌商不仅要向主播支付固定的坑位费，还要根据商品的最终销售额按照约定好的分成比例向主播支付相应的佣金。

企业/品牌商的商品要想出现在主播的直播间里，需要向主播支付一定的商品上架费，这就是所谓的坑位费，只是保证让企业/品牌商的商品能够出现在主播的直播间里，至于最终商品能不能卖出去、能卖出去多少主播是不负责的。

坑位费会根据商品出现的顺序和主播级别的不同而有所不同，如果是拼场直播（同一场直播中会出现多个企业/品牌商的商品），那么主播通常会按照商品在直播间中出现的顺序收取不同的坑位费。一般来说商品出现的顺序越靠前坑位费就越高。

通常头部主播的坑位费较高，这是因为头部主播的人气高、曝光率大，在一定程度上能够保证商品的出单量，即使用户没有在主播的直播间里购买某企业/品牌的商品，但主播的高人气、高曝光率，也能为企业/品牌商打响知名度，提高该企业或品牌的影响力。

案例分析

直播带货"翻车"！"坑位费"6万元，销售额397.2元！

近年来，"直播带货"火出新高度，某公司本想搭上直播风口狠赚一笔，不承想花了6万元"坑位费"，仅换得397.2元的销售额。

2021年7月初，上海甲食品公司与湖州乙文化传媒公司签订了一份直播服务合同。

合同约定，乙公司在"抖音短视频"App直播平台中指定的主播直播间内向第三方消费者推广、销售甲公司生产的食品；直播时间定在7月7日17时至24时；约定甲公司付款后30日内须完成48万元销售额，并明确要求带货主播为"六六"（化名），"坑位费"为6万元。

合同签订后，甲公司欣然将"坑位费"汇至乙公司账户，并着手为接下来不计其数的"订单"备货。

约定直播当晚，刚开场10 min，主播就因为限流而被迫下播，后来因流量一直无法上去而全程被禁止带货。数据显示，"六六"这场直播共卖出22单，销售额还不足400元。

看情况不妙，甲公司与乙公司负责人立即对接，讨论后期处理方案。但是，直到合作期满，乙公司始终无法确定补播时间及其他补救措施，导致销售额未达到合同约定数额。

投入那么多"坑位费"，却只带来这么一点生意，甲公司极为不满，便将乙公司起诉至湖州市吴兴区人民法院，要求解约并按比例退还相应的"坑位费"等。

吴兴区人民法院审理后认为，甲公司与乙公司所签合同为双方当事人的真实意思表示，其内容未违反法律、行政法规的强制性规定，双方之间形成服务合同法律关系。尽管双方合同未就合同解除事项作出明确约定，但直播带货的销售模式是以销售金额作为合同的最终目的。乙公司未能完成直播带货数，亦未在约定期限内退还直播"坑位费"，其行为已构成违约，故依法确认双方合同解除，并判令乙公司退还甲公司相应比例的"坑位费"5.9万多元。

案例分析： 商家借用直播带货销售产品，应抱有理性预期，不可轻信"直播带货一带就灵"，更不可将"1 min卖出几万件产品，一次直播销售额上千万元"的极致例子当成一般情形。

在订立合同时，应尽可能明确约定双方的权利义务及合同目的（直播带货所要达到的效果）。此外，对于合同履行过程中可能出现的问题或发生的情况变化，也要有相关合同变更或解除情形之约定。

3）"坑位保量"模式

所谓"坑位保量"模式，是指企业／品牌商向主播支付一定坑位费，但要求主播必须促成双方约定的销量，如坑位费 1 万元，销量要达到 10 万元等。这种模式对企业／品牌商是有利的，可避免在没有卖出商品或卖出商品很少的情况下依然要支付给主播坑位费的情况。

任务实训

1. 实训目的

通过实训，熟悉直播营销的产业链模式。

2. 实训内容及步骤

（1）以小组为单位组建任务实训团队。

（2）各小组收集直播营销产业链方面的相关文献。

（3）各小组对文献进行整理分析，撰写研究报告，并制作汇报 PPT。

（4）各小组推选一名代表在班级进行汇报。

（5）授课教师对各小组的汇报进行点评。

3. 实训成果

实训作业：直播营销产业链模式研究。

任务 1.3　熟悉直播营销的方式与实施过程

任务引入

天津一家老字号茶叶店一直靠线下门店对外销售，该茶叶店在当地知名度很高，有不少忠诚客户，此前生意一直都不错。但近年来，随着电商的兴起，越来越多的消费者转向网上购物，因此该老字号茶叶店的销量大不如从前，呈现运转不利的经营现状，该老字号茶叶店决定拓展营销渠道，正式开启直播营销。

问题：你认为哪种直播营销方式更适合这家老字号茶叶店？为什么？

相关知识

微课堂

直播营销的方式

1. 直播营销的方式

直播营销的方式有多种。如果按照直播场景来划分，可分为产地直销式直播营销、基地走播式直播营销、展示日常式直播营销、现场制作式直播营销、教学培训式直播营销等。如果按照直播吸引点来划分，直播营销的方式包括颜值营销、名人或网红营销、利他营销、稀有营销、才艺营销、对比营销和采访营销等。上述营销方式特点各异，适用于不同的产品、营销场景及目标用户。企业在选择直播营销方式时，需要站在用户的角度，挑选或组合出最佳的直播营销方式。

你所了解的直播营销方式都有哪些？各有何特点？

1）根据直播场景划分的直播营销方式

（1）产地直销式直播营销。产地直销式直播营销，是指主播置身于农副产品原产地、工业品生产车间等场景开展直播营销。这种直播营销方式能够让用户跟随主播的镜头，看到农副产品的生长环境、长势情况、收获情况，以及工业品的生产环境、工艺流程等，具有很强的代入感，能够让用户产生一种身临其境的感受，加深用户对产品的信任与好感。农副产品产地直销式直播营销如图1-2所示。

图1-2　农副产品产地直销式直播营销

（2）基地走播式直播营销。基地走播式直播营销，是指主播到直播基地开展直播营销。直播基地由专业的直播机构建立，通常供自身旗下的主播使用，也可以租借给外界主播及商家使用。直播基地除了为主播提供直播间，还可以提供直播的商品。在一些供应链比较完善的基地，主播可以根据自身需求在基地挑选商品，并在基地提供的场地上进行直播。基地走播式直播营销如图1-3所示。

图 1-3 基地走播式直播营销

相对于产地直播场景，基地的直播场景是经过精心设计的，直播的设施和设备更齐全，也更高档，所以直播画面的效果更好。同时，基地直播的商品不受限制，主播需要营销什么商品，只要有样品展示即可，这也是产地直播所不具备的一大优势。

（3）展示日常式直播营销。展示日常式直播营销就是通过展示主播个人或企业日常活动来实现宣传商品或企业品牌的一种新型的直播营销方式。例如，某主播以记录日常生活的方式，展示下班回家后自己动手做饭、收拾房间等活动，此时可将做饭用到的厨具、厨房用到的小家电以及家用扫地机等商品在不经意间进行展示，往往能收到比直接推销更好的宣传效果。

（4）现场制作式直播营销。现场制作式直播营销，是指主播在直播间现场对商品进行加工、制作，通过向用户展示制作方法与技巧来吸引用户，并借此达到推广商品的目的。特色食品、工艺品常会采用这种直播形式。现场制作式直播营销如图 1-4 所示。

图 1-4 现场制作式直播营销

（5）教学培训式直播营销。教学培训式直播营销，是指主播以授课的方式进行直播，以带动相关商品的销售。如瑜伽教学可推广瑜伽服饰、健身器材；美妆教学可推广口红、面膜；美食教学可推广食材、厨具等。

2）根据直播营销的吸引点划分的直播营销方式

（1）颜值营销。直播经济中一直就有所谓的"颜值就是生产力"的说法。颜值营销的主播都是俊男靓女，男主播高大帅气，女主播肤白貌美，高颜值能吸引大量"粉丝"前往直播间围观和打赏，巨大的流量和高涨的人气是直播营销效果的保障。

（2）名人或网红营销。名人和网红是粉丝们追随、模仿的对象，他们的一举一动都会受到粉丝的关注。因此，当名人或网红出现在直播间中与粉丝互动时，经常会出现人气高涨的盛况。例如，影视名人刘涛在 2020 年 5 月 14 日晚化身"刘一刀"走进淘宝直播间首次带货直播，如图 1-5 所示。在短短 3 小时的直播里，累计观看人数超过 2 100 万，最高单品浏览人次达 393 万，商品售罄率达 90%，交易总额超过 1.48 亿元。

图 1-5　刘涛直播带货现场截图

再如，自带流量光环的罗永浩，直播首秀 3 h 累计观看人数超过 4 981.6 万人，商品交易总额 1.7 亿元，订单量 84.1 万，其影响力甚至被认为是抖音直播崛起的开端。

一般来说，这种直播营销方式投入高、出货量大，需要企业有充足的经费预算并有很强的备货能力，但是，有时高投入也未必能带来高产出。例如，某企业花费 60 万元请某名人直播代货，结果仅仅卖出去 5 万元商品，还有一部分卖出去的商品被退货，企业损失惨重。因此，企业应在预算范围内，尽可能选择那些贴合商品及消费者属性的名人进行合作。

✈ 案例链接

J 演员的直播营销之道

2020 年 8 月 18 日晚，J 演员抖音苏宁易购买手直播间开启"8·18"带货活动，整场直播持续了近 5 个 h，销售总额达 2.4 亿元，打破了抖音单场直播的带货纪录。那么 J 演员直播营销之道是什么呢？

第一，亲和力与控场能力突出。直播间里的 J 演员极具亲和力，无论是和导购员、用户互动，还是场景化"种草"方式，都十分接地气。此外，在带动气氛和把控直播节奏上，J 演员都可以说是明星直播带货中的佼佼者，他没有明星架子、亲和力强、接地气、综艺感强、"有梗"，这些都使得 J 演员的带货直播很容易走进消费者的内心，增强了用户对平台和品牌的好感度。

第二，多元化的直播间体验。J 演员的直播间多元化，具体体现在：冰箱的场景是厨房，而洗衣机和电视又是其他独立的场景，沙发背后是液晶显示屏……不同产品搭配不同的场景，使得用户整体观看更直观、更多元，代入感的真实性更强。

第三，专业的直播能力。在这场直播中，J 演员对产品的解说十分到位，而且话术能力比较强，更能激发用户的购买欲。比如，在介绍某款防晒霜时，J 演员会亲自涂抹在手上体验，展示吸收效果，并结合自己的体验，传达产品功能。

第四，全网宣传引流。开播前，J 演员在微博、抖音都发布了直播预热的消息。抖音的预热短视频别出心裁，像是在飞机上发出邀请，"我已经在飞来的路上"，获得 5.6 万点赞。微博的九宫格预热文案，则获得了 4.3 万的点赞。直播过程中，抖音还给直播间开屏，刷抖音的用户只要看到这个开屏就能直接进入直播间，这也成为直播间引流的一个通道。

（3）利他营销。直播中常见的利他行为是进行知识和技能分享，以帮助用户提高生活技能或动手能力。利他营销主要适用于美妆护肤类及服装搭配类产品，如淘宝主播某某经常使用某品牌的化妆品向观众展示化妆技巧，在让观众学习美妆知识的同时提高产品曝光度。

（4）稀有营销。稀有营销一般适用于在某些方面拥有独占性的企业，如拥有独家冠名权、知识产权、专利权、专有技术、独家经销权等。在直播间采用稀有营销方式，不仅能够提升直播间的人气，对品牌方来说也是提高知名度和美誉度的绝佳机会。

（5）才艺营销。直播间是才艺主播的展示舞台，无论主播是否有名气，只要才艺过硬，就可以吸引大量的粉丝围观。才艺营销适用于展现表演才艺所使用的工具类产品，如钢琴才艺表演需要使用钢琴，钢琴生产企业就可以与有钢琴演奏才华的直播达人合作开展营销活动。

（6）对比营销。对比营销是指通过与上一代产品或主要竞品做对比分析，直观展示产品的优点，从而说服大家购买所推荐的产品。对比营销是一种非常有效的营销方式，在直播营销时被广泛采用。

（7）采访营销。采访营销是指主持人采访嘉宾、专家、路人等，以互动的形式，通过他人的立场阐述对产品的看法。采访嘉宾，有助于增强产品的影响力；采访专家，有助于提升产品的权威性；采访路人，有助于拉近产品与观众之间的距离，增强信赖感。

2. 直播营销活动的实施

直播营销需要系统的策划，合理地安排各阶段活动。在直播营销之前，企业应首先确定营销目标并拟订直播营销计划，接下来设计直播方案，然后进行在线直播，最后对活动效果进行评价和总结。

在直播过程中，主播需要掌握好直播开场、直播过程和直播结尾的技巧。例如，在直播开场时，主播可以通过讲述趣味性的小故事或提出引人深思的小问题，激发观众的兴趣，与观众互动，为直播活动营造良好的氛围。

在直播环节，主播除了全方位展示产品，还应设计一些抽奖、赠送礼物等活动来回馈观众，以活跃气氛，提升直播间的人气。在直播活动结束之前，主播应再次引导观众采取行动购买产品和关注企业，并约定下一次直播的时间。需要注意的是，直播营销的实质是粉丝营销，因此在营销活动的全程中主播都应做好吸引粉丝和维护粉丝的工作。

任务实训

1. 实训目的

了解直播营销的方式，并分析不同直播营销方式的优缺点。

2. 实训内容及步骤

（1）以小组为单位组建任务实训团队。
（2）各小组收集相关资料，分析不同直播营销方式的特点。
（3）各小组撰写分析报告，并做成汇报 PPT。
（4）各小组推选一名代表在班级进行汇报。
（5）授课教师对各小组的汇报进行点评。

3. 实训成果

实训作业：不同直播营销方式的优缺点分析。

练习题

一、单选题

1.我国网络直播的发展经历了起步期和发展期之后，在（　　）年迎来了爆发期。
　　A. 2010　　　　B. 2012　　　　C. 2014　　　　D. 2016

2.根据月活跃用户人数和影响力来分类，直播营销平台的第一梯队为（　　）。
　　A.淘宝、抖音和快手　　　　　　B.B站、抖音和快手
　　C.淘宝、微博和拼多多　　　　　D.抖音、西瓜视频和京东

3.直播营销产业链中"人""货""场"直播营销的实质就是（　　）。它升级了"人""货""场"的关系，营销效率更高。
　　A.主播＋电商　　B.主播＋内容　　C.内容＋电商　　D.平台＋电商

4.在直播营销中，（　　）是新消费场景下的核心角色和流量入口。
　　A.平台　　　　　B.主播　　　　　C.电商　　　　　D.用户

5.在直播营销之前，企业应首先（　　）。
　　A.选定主播　　　B.确定营销目标　　C.设计直播方案　　D.评价直播效果

二、多选题

1. 直播的具体形式包括（　　　）。

A. 电商直播　　　　　　　　B. 才艺直播　　　　　　　　C. 综艺直播

D. 资讯直播　　　　　　　　E. 体育赛事直播

2. （　　　）属于直播营销的不足。

A. 商品质量难以保证　　　　　　　　B. 直播营销成本较高

C. 直播营销对粉丝有很强的依赖性　　D. 直播营销的售后缺乏保障

E. 直播营销过程不可控

3. 从经济效益的角度来看，（　　　）具有利润率高、客单价高、成交量高的特点，因此这两个商品品类容易成为直播营销的主流商品品类。

A. 汽车　　　　　　　　B. 美妆　　　　　　　　C. 小家电

D. 服饰　　　　　　　　E. 珠宝

4. （　　　）属于根据直播场景划分的直播营销方式。

A. 产地直销式直播营销　　B. 颜值营销　　　　　　C. 基地走播式直播营销

D. 展示日常式直播营销　　E. 名人或网红营销

5. 稀有营销一般适用于在某些方面拥有独占性的企业，如拥有（　　　）等。

A. 独家冠名权　　　　　　B. 知识产权　　　　　　C. 专有技术

D. 独家经销权　　　　　　E. 专利权

三、名词解释

1. 直播营销　2. 纯佣金模式　3. "坑位保量"模式　4. 产地直销式直播营销　5. 基地走播式营销

四、简答及论述题

1. 直播营销具有哪些优势？
2. 直播营销产业链中收益分配的流程是什么？
3. 直播营销的购物场景具有哪些优势？
4. 试论述直播营销的产业链结构。
5. 试论述直播营销活动的实施。

📖 案例讨论

直播 4 h，带货 102.7 亿元

2020 年 6 月 18 日，格力"智惠 618·健康生活家"主题直播活动创下 102.7 亿元的销售纪录（"6·18"格力直播销售成绩见图 1-6），超越半个月前董明珠 6 月 1 日直播销售 65.4 亿元的成绩。至此，董明珠 5 场直播累计销售额已超过 178 亿元。

当日直播中，董明珠继续携手线下 3 万家门店，并与世界冠军邓亚萍，中国科学院地球环境研究所党委书记、中国科学院特聘研究员兼任国际气溶胶学会秘书长曹军骥，索菲亚集团总裁柯建生，雨林古树茶坊副总经理朱勇，广东广播电视台记者、主持人华晓倩等嘉宾一起，在智慧家居场景中共同体验格力全品类的电器产品。而在当日上午，董明珠走

图 1-6 "6·18" 格力直播销售成绩

进格力口罩、芯片工厂，一起通过直播镜头，向网友展示了格力的科技研发实力。

1. 实地探访，揭秘格力"核心基地"

继直播参观格力科技展厅、国家重点实验室和中央空调核心零部件制造工厂之后，2020年6月18日上午，董明珠继续走进格力口罩和芯片工厂，通过直播的形式揭秘企业研发生产流程，展现格力的科技实力。

在新元电子，相关负责人介绍了企业的发展历程。成立于1988年的新元电子有限公司，彼时因缺乏核心技术面临发展危机，2004年并入格力电器后，正式走上"自主研发"的道路。发展至今，格力新元电子自主研发的元器件产品应用范围已经涵盖所有电器品类，并广泛应用于新能源、工业控制、消费电子、电源等领域。

在近2个h的直播中，格力芯片的研发、设计、生产全过程直观地展现在观众面前，企业的高端前沿布局清晰可见。

2. 大咖做客，体验格力智慧生活

"6·18"直播当天，由格力全品类健康家电打造的智慧家居场景亮相直播间，董明珠化身家庭女主人，与主持人伊一一起在客厅、儿童房、厨房、卧室、阳台和嘉宾们畅谈理想健康生活。

直播开始不久，董明珠迎来了第一位客人曹军骥。在格力智慧客厅中，董明珠用格力的茶艺壶为客人沏上雨林古树茶，一起聊起了健康生活理念和格力"猎手"系列空气净化器的研发合作经历。

董明珠在直播中表示："希望我们企业的研发和他们专业人员的理论研究结合起来，更好地满足用户的健康需求。"随后，邓亚萍来到直播间扮演起"超级妈妈"的角色，她和董明珠一起来到儿童房，体验了格力儿童空调、大松空气净化器等产品，还亲自下厨做起了煲仔饭（邓亚萍体验格力便携式榨汁杯见图1-7）。

图 1-7　邓亚萍体验格力便携式榨汁杯

在格力智慧厨房，董明珠一边熟练操作一边向邓亚萍介绍她的"心水"好物大松百香煲，这款产品搭载多段 IH 加热技术，可以轻松做出"饭香锅巴脆"的煲仔饭，让邓亚萍赞不绝口。现场，主持人伊一还向邓亚萍展示了搭载瞬冻技术的格力晶弘魔法冰箱倒水成冰、肉类"一刀切"等"魔法瞬间"。

在智慧卧室和智慧阳台区域，董明珠向嘉宾华晓倩等人推荐了"月亮女神"睡眠空调、净静洗衣机等明星产品（董明珠带嘉宾体验卧室臻新风空调见图 1-8）。距离零点还有 15 min 时，格力"6·18"直播销售额已突破 100 亿元。

图 1-8　董明珠带嘉宾体验卧室臻新风空调

作为拥有 178 亿元直播成绩的"带货女王"，董明珠的渠道变革之势已不可挡。而从最初的"为经销商探路"到联动全国线下门店共同参与，格力的"新零售"模式也逐渐清晰。直播现场，格力 25 年的老用户连线对话董明珠以及格力经销商讲述与格力的故事让整场直播多了许多温情，而除了各区域销售公司同步线上销售竞赛，格力多系统、多部门的年轻员工亲自上台带货，也为整场直播增加了颇多亮点。

思考讨论题

1. 董明珠为何能创下"直播 4 h，'6·18'带货 102.7 亿元"的营销纪录？

2. 作为具有广泛社会影响力的明星企业家，董明珠直播带货与一般带货主播的直播带货方式有何不同？

3. 有人认为董明珠网上直播带货会对格力现有的分销体系造成冲击，你是否认同这一观点？请说明你的理由。

学生工作页

项目 1 直播营销：开启营销新时代

任务	分析直播营销的发展现状与趋势				
班级		学号		姓名	

本任务要达到的目标要求：

（1）提升学生的自主学习能力。

（2）了解直播营销的发展现状。

（3）把握直播营销未来的发展趋势。

能力训练

1. 当前直播营销的发展现状如何？

2. 当前直播营销行业的痛点有哪些？

3. 直播营销未来的发展趋势是什么？

学生述评

我的心得：

教师评价

直播营销活动策划与筹备：运筹帷幄，决胜千里

📖学习目标

【知识目标】

（1）熟悉直播营销活动的策划流程。

（2）熟悉直播营销活动的筹划工作。

（3）熟悉直播营销活动流程的策划。

（4）掌握直播营销脚本设计。

（5）熟悉直播营销场地的选择与布置技巧。

【技能目标】

（1）能够为企业策划直播营销活动。

（2）能够撰写完整的直播营销活动脚本。

（3）能够为企业选择合适的直播场地。

（4）能够帮助企业完成直播场地控制。

【素质目标】

（1）培养学习直播营销活动策划与筹备课程的兴趣。

（2）树立正确的直播营销活动策划理念。

（3）遵守相关法律、法规，依法开展直播营销活动策划与筹备工作。

项目情境导入

2020 年，格力电器董事长董明珠代表格力电器开启了直播带货，但是由于准备不足，首场直播并不顺利，全网共 431 万用户观看，销售额仅 22 万元，虽然经历了首次直播带货失利，但董明珠后面的直播几乎场场精彩，完成了她直播带货的"完美逆袭"。此后，格力电器开始了全国巡回直播。与大部分企业依靠专业直播网红的模式不同，格力电器每场直播均由董事长、总裁董明珠挑大梁，从直播展示商品的选品，到直播中对商品的介绍，董明珠都参与其中。她也屡次在直播中强调，自己愿意也有信心为格力的产品背书。从江西赣州开始，格力全国巡回直播一共上演了 8 场，走过了河南洛阳、澳门以及董明珠老家江苏南京等城市，最终在格力大本营广东珠海收官，8 场全国巡回直播，加上此前在抖音、快手、京东等平台的直播，董明珠 2020 年一共进行了 13 场直播，创下 476.2 亿元的销售额。

问题：1.格力首场直播失利的原因是什么？

2.查找资料，分析格力在后期直播前都做了哪些准备工作，并分析其逆袭的原因。

项目分析

如今，直播营销风头正劲，但要做好直播营销并不容易。现在是内容营销时代，好的内容是营销的灵魂，直播营销内容越契合用户的需求，就越能够赢得用户的支持与认可。因此，企业直播运营者要掌握内容与活动策划，以及直播的基本流程、控场策略、脚本设计、直播场地选择等，并掌握一定的法则和技巧，才能使直播获得事半功倍的效果。

那么直播营销的活动流程是什么？直播营销活动流程策划主要有哪些？如何进行直播营销脚本设计？直播场地的选择与布置技巧是什么？本项目将对以上问题分别进行解答。

任务 2.1　掌握直播营销活动的流程

任务引入

小王是某大学电子商务专业毕业生，毕业时入职了一家 MCN 公司，该公司已经完成直播电商业务的前期准备工作，且已经找到项目合作方。该合作方要借用公司的直播室进行一场美妆直播，推广本季度新上市的美妆产品。现在合作方需要小王所在的 MCN 公司为其设计直播活动，包括策划直播营销的活动流程、设计直播脚本、筹备宣传资料和发布直播预告，所需资料均由合作方配合提供，而这次直播营销活动的设计工作交给了小王。

问题：如果你是小王，你将如何做好这项工作？

相关知识

直播营销活动并非一场简单的小型活动，如果没有清晰的直播营销方案作指导，直播营销活动很可能无法达到预期的营销目的，甚至无法顺利地进行。因此，在直播营销活动之前，直播运营团队要对直播营销活动的整体流程进行规划和设计，以保障直播营销活动能顺畅进行，确保直播营销活动的有效性。

1.确定直播营销活动目标

直播是手段，营销是目的。直播营销活动要紧紧围绕直播营销目标而进行，因此在开展直播营销活动时，需要首先确定目标。为制定科学、合理的直播营销活动目标，企业要对直播产品、直播用户，以及企业的总体营销目标进行综合分析。

1）直播产品分析

在直播前确定直播中的产品以及对产品进行分析是非常重要的准备工作。在进行产品分析前，企业首先需要了解究竟什么是"产品"。了解产品的概念和内涵不仅能够帮助主播更好地介绍产品，也能够拓宽直播运营团队选择产品的思路。菲利普·科特勒（Philip Kotler）曾对产品进行定义，产品是指向市场提供的，能引起注意、获取、使用或消费以满足欲望或需要的任何东西。根据这个定义可知，产品不仅是指我们经常在直播中见到的服装、化妆品、电子产品、箱包、皮具等有形物品，那些我们无法看到的服务、观念等也是产品。直播运营团队在选品时，不仅可以选择有形产品，也可以去尝试选择无形产品。

在直播时为了能够更好地将产品价值传递给屏幕前的观众，直播前必须对产品进行全面的分析，梳理出产品的优势、劣势，提炼出产品描述的关键词，便于在直播间快速、有效地向观众传递价值，促成交易。

2）直播用户分析

不同的产品有不同的潜在消费群体，要实现直播营销目标，必须对直播用户进行分析。通过对用户进行细分，了解购买需求及用户行为特征，构建目标群体画像，针对主要用户群体的行为特征和观看心理，可更有针对性地制定直播间的促销活动方案。

直播的目标消费者包括主播已有的粉丝（私域流量）和直播平台上的消费者（公域流量）两种类型。为了留住目标消费者、实现预期目标，个人或企业需要对目标消费者的年龄、消费能力、直播观看时间段、利益诉求等进行分析。

（1）年龄。不同年龄段的消费者有不同的个性特征和语言风格等，通过分析目标消费者的年龄段，个人或企业可以有针对性地设计直播互动和引导策略。例如，对于较年轻的消费者，企业可以通过在直播间制造热闹的气氛来调动消费者的情绪，或通过促销折扣、礼品赠送等方式配合主播的引导话术，刺激消费者的购买欲望。需要注意的是，主播应设计符合年轻消费者偏好的互动方式和引导话术。

（2）消费能力。目标消费者的消费能力不仅影响其购买能力，也会影响直播间商品的定价策略。通常，消费能力强的消费者愿意为观看直播投入的时间、精力会相对较少，愿意投入的金钱会相对较多；而消费能力偏弱的消费者，往往会在"货比三家"之后做出购买决策，低价策略对他们具有更大的吸引力。

（3）直播观看时间段。直播观看时间段的选择直接影响着观看直播的人数与直播的效果。也就是说，主播应选择目标消费者观看直播的高峰期进行直播。

（4）利益诉求。利益诉求是指直播用户期望观看直播后有所收获，如获得快乐的心情、高性价比的商品等。开展直播营销的企业应准确把握直播用户的利益诉求点，以便在直播间开展有针对性的营销活动。

直播用户分析也可以从以下两个方面进行：用户属性特征分析和用户行为特征分析。

（1）用户属性特征分析。用户属性特征是用户分析的基础，而用户属性特征又包括固定属性特征及可变属性特征。

固定属性特征，即伴随用户一生的固定标签，如性别、出生背景等。可变属性特征，即某一段时间内用户保有的特定标签，如婚姻状况、工作状况、收入情况等。

（2）用户行为特征分析。策划一场好的直播营销活动，需要分析用户的行为特征，然后反向模拟用户行为路径，并在用户的每一步行为过程中设计营销卖点。此处的用户行为特征分析，特指直播场景下用户的行为特征。

有效地分析用户并有针对性地设计直播，有助于在直播过程中采取更好的沟通策略，从而达到期望的效果。

直播营销目标用户的信息来源有哪些？企业可以通过哪些方法对目标用户进行调查？

3）企业营销目标分析

对于企业／品牌商来说，直播是营销的手段，因此直播时不能只进行简单的才艺表演或话题分享，而要围绕企业／品牌商的营销目标来展开，要使直播活动有的放矢。直播的目标必须服务于企业营销的总体目标。

直播的目标不是一成不变的，需要根据企业在不同阶段、不同情况下的营销总体目标做出调整。在制定直播营销目标时应参照"SMART原则"（见表2-1），以确保目标的切实可行。

表2-1　根据SMART原则制定直播营销目标

SMART原则	具体含义	例子
S（specific）具体	目标的范围是明确的、具体的	"凭借直播提升知名度"不是具体目标，"凭借直播来增加粉丝和评论数"才是具体目标
M（measurable）可衡量	目标可以用数据来衡量	"凭借直播大幅度提升销售额"不是可衡量的目标，"凭借直播获得200万成交量"才是可衡量的目标
A（attainable）可实现	目标是可以实现的，避免制定过高或者过低的目标	前场直播观看量只有5万，而下场直播的目标设定为观看量超过50万，这个目标就是过高的
R（relevant）相关性	此目标必须与其他目标相关	电商管理部门除了直播还需要进行网站运营、微信公众号运营等相关职能任务，直播目标设定为"公众号流量24 h内提升20%"是有相关性的，而"生产的瑕疵品下降至5%"是没有相关性的
T（time-bound）时间限制	完成目标需要有一个期限	"新品销售量15万件"是没有时限的，而"直播结束48小时内新品销售15万件"是有时限的

思政园地

农产品电商直播助力乡村振兴

经过十几年的发展，农产品电商已成为不少地区县域经济发展的新引擎。电商、物流、商贸、金融、供销、邮政、快递等市场主体的加入极大地推动了农产品电商的发展。众多农产品加工厂、农产品基地纷纷建立电商渠道，许多农民尤其是返乡创业的"新农人"积极拥抱农产品电商。

在陕西省泾阳县云阳镇电子商务中心的直播间，主播们正在线上推介农产品。在短短的2 h内，直播间便完成线上交易50多笔，成交额超过1万元。

云阳镇属于温带大陆性气候，是传统的农业大镇。依托泾惠渠灌溉系统，全镇蔬菜种植面积达到 6 万亩，蔬菜专业村有 20 多个，反季节日光温室大棚有 7 000 余座，占地约 3.4 万亩。

2020 年春节前，云阳镇的蔬菜销售受到影响。为适应经济新常态要求，满足群众的年货消费需求，马晨牵头组织举办了泾阳县首届线上年货节暨农特产品代言活动，通过网络和电商平台，以"年货会"的形式在线上直播带货，取得了良好的经济效益和社会效益，受到了咸阳市政府和云阳镇群众的广泛好评。

随着乡村振兴战略的深入实施、电商及数字农业的快速发展，越来越多的乡镇启动直播助力农产品上线活动，越来越多的"新农人"加入直播带货大军。"手机成了新农具，直播成了新农活，数据成了新农资，农人成了新主播"正在成为新时代农村生活的常态。农产品电商的发展将对助力农产品上线、带动农民增收发挥积极作用。

2. 制定直播营销方案

制定直播方案不仅有助于商家梳理直播思路，还能让参与直播的人员熟悉直播活动的流程。直播方案一般在直播参与人员内部使用，内容应简明扼要、直达主题。一般来说，直播方案主要包含直播目标、直播简述、人员分工、时间节点、预算估计等内容。直播营销活动的策划方案分为两部分，分别是规划方案和执行方案。规划方案是确定直播营销活动的整体框架，执行方案是落实可操作的执行细节。直播营销方案一般包括直播目标、直播简述、人员分工、时间节点、预算估计等内容。

1）直播目标

直播方案首先应说明这场直播需要实现的目标，如"店铺秋装新品上市，通过此次直播获得 5 万元以上的销售额""本场直播完成 24 h 后，新增粉丝 3 000 人以上"。

2）直播简述

对本场直播的整体思路进行简要描述，说明直播形式（如商家自播、邀请知名人物进行专场直播或与达人主播合作等）、直播平台（如抖音）、直播主题（如"×××，8 月 11 日 21：00 时，直播首秀"等）。

3）人员分工

明确各直播参与人员的职责，大型直播可对人员进行分组，如文案编辑组、道具组、摄制组等，且每组都应设置相关负责人负责工作对接等。

4）时间节点

明确直播的各个时间节点，包括直播前期筹备时间、直播预热时间、直播开始时间、直播结束时间等，以便实时跟进直播活动。

5）预算估计

说明整场直播的预算情况，如商家自播，添加话筒与专业声卡等设备，计 400 元；直播红包派送，计 400 元；直播参与人员工资，计 800 元……对直播各环节进行预算估计，便于商家合理控制成本。

3. 做好直播宣传规划

直播宣传就是直播预热，其作用是扩大直播的声势，提前为直播引流。任何品牌和内容的投放，都需要预热。预热除了能够在一定程度上"试探"粉丝的反应，及时调整营销策略，其本身的神秘感和不经意间透露出来的细节，往往也是最能够吸引粉丝好奇心的方法。

1）直播预热方式

直播预热的方式有很多，具体形式和效果不一。下面介绍4种常见的直播预热方式。

（1）在个人简介中发布直播预告。主播在开播前，提前将直播预告更新到个人简介中，包括直播时间、直播主题等，以便用户通过个人简介得知直播信息。个人简介中的直播预告通常以简洁的文字形式出现，如"5月8日13点直播，好物狂欢购"。这种直播预热方式适合有一定粉丝基础的主播。

（2）发布直播预告短视频。直播预告短视频是指借短视频的形式告知用户直播时间、直播主题和直播内容。对于粉丝，主播可以直接发布纯直播预告，简明扼要地告知直播的相关信息；若要吸引新用户，主播可以在短视频中告知直播福利或设置悬念等。

（3）站外直播预热。站外直播预热是指企业通过第三方平台进行直播预热。站外预热能够进一步扩大直播预热的范围。一般直播平台都有开播提醒功能，只要是关注的主播开播，粉丝就会在第一时间收到提醒。

（4）其他预热方式。商家还可以在线下门店以发放海报、宣传单等方式，配合直播活动的亮点环节或优惠策略等宣传推广直播活动，以吸引用户了解直播活动并关注直播间。

2）直播预热策略

直播预热需采取一定的策略，以达到更好的营销效果。下面介绍2种常见的直播预热策略。

（1）发放直播专享福利。商家在直播预热中提前告知直播中会发放的专享福利，以吸引更多的用户观看直播。例如，在预告中告知用户赠品的数量、折扣的力度、福利的类型和获得条件等。

（2）直播PK。直播PK是指不同直播间的主播约定在同一时间进行连线挑战的一种增流方式。商家在直播预热中将直播PK的信息告知用户，不仅可以增强直播的趣味性，还可以扩大直播的影响力。

4. 制定直播执行方案

直播营销活动的执行方案由直播实操团队负责策划，因为实操执行过程中的技术、细节和技巧，往往只有直播实操团队能够掌握。当然也需要直播需求方的通力合作，提供各类资源，比如企业内部的主持人、主播、嘉宾或明星。同时，也会提出各种限制性的条件，比如企业高管能够参加直播活动的时间、企业能够提供的场地和条件。

直播营销活动的执行方案主要包含5部分，每部分对其他部分都起到了支撑和限制作用。

1）确定直播的时间与内容

一般而言，直播营销活动的执行方案，从确定直播的时间与内容开始，包含直播日期和时段、时长、内容焦点、内容创意。

（1）确定直播日期和时段。大部分直播营销活动的时间是根据某个整体营销事件的时间节点来安排的。需要注意的是，在这个时间设计的过程当中，既可以借力，也可以避开无关的热点时间点。如果是非电商类的直播活动，应该尽量回避各大电商平台的促销节点，如"6·18""双 11"等。如果是电商类的直播活动，可以选在这些网民购物热情比较高涨的时间节点进行。

直播营销活动的时间选择，除了日期，还要注意具体的时段。选择直播时段时首先要分析目标受众，要根据他们上线的活跃时间来确定直播时间。其次要尽量避开竞争对手的直播时段，以免直播间用户分流。最后，还要考虑不同地域的时差因素及用户的生活习惯等。

（2）确定直播时长。直播营销活动的时长可以是十几分钟的微直播，也可以是几个小时、几天甚至十几天的系列直播。直播的时长根据活动需求来确定，但不是时间越长越好，也不是时间越短越好，与直播类型和内容息息相关。如果是产品发布会直播，往往在 2 个小时左右。而大型的展会直播，往往需要 2 ～ 3 天。

直播营销活动时长的设置，还需要注意观众收看的习惯。如果直播时间冗长而没有内容，观众就会失去耐心，但是直播总时长过短也无法把直播间商品说清楚、讲透彻。

（3）确定内容焦点。直播营销活动内容的焦点是什么，往往是企业直播营销活动策划时容易忽视的问题。因为企业直播的时间一般较长，因而直播需求方总想同时达成多个目标，这就可能使得直播的内容过多，失去焦点。

视频直播的即时性非常强，观众往往会很快忘记前面的内容，因此，必须确定直播营销活动的焦点，让其反复出现和强调，才能达成营销目标。在不同类型的直播营销活动中，主题焦点各不相同。比如，一场新产品的直播发布会中，焦点就是一个或几个重点新产品。

（4）确定内容创意。内容创意要根据直播营销活动的需求而定。有的活动如展会、会议、内部培训等，需要根据企业制定的内容要求严格执行，这样的直播活动不需要太多的内容创意。而有的活动，如事件营销、新品发布会，就需要依赖创意才能获得观众的关注。

2）选定主播

企业直播营销活动中，直播主播的作用尤为重要：一是起到串联的作用，二是起到掌握现场节奏的作用。不同类型的直播活动，需要不同类型的直播主播。如果活动主题主要是企业内部的内容，最好由企业内部人员来做直播主播。如果活动主题主要是企业外部的内容，最好请专业主持人或行业大咖来做直播主播。

3）策划场地与拍摄

在策划场地与拍摄方案时，现场的实地踩点非常重要。在踩点过程中，能够发现对于直播营销活动的有利和不利条件。比如，有很好的场地背景和空间、交通便利，这都是有利条件，而噪声、场地面积狭小是对活动不利的条件。同时，还要注意天气条件，以及当地社会环境条件对于直播营销活动的影响。

4）确定直播技术方案与直播平台

直播营销活动需要预先做好网络直播信号传输的实现和保障工作，其中包括视频内容以及网络的信号传输。虽然这些技术问题主要由专业技术人员来负责，但直播营销团队也要对整个技术的流程有所了解。

直播实操团队在选择、确定了网络技术解决方案之后，还需要选择进行直播的媒体平台。根据直播活动的需求，可以选择企业自己的网络直播平台，也可以选择对公众开放的直播媒体平台，或选择多个平台同时进行直播。

5）宣传推广方案

在直播营销活动的执行方案中，除了策划活动的内容，还需要做好活动的宣传推广方案。

直播营销活动的宣传推广策略，就是通过宣传造势来引流，从而为直播间带来更多的观众。直播营销活动的类型有很多，有面向大众群体的商业事件营销，也有面向小范围的内部培训营销。因此，面向观众群体与主要直播媒体的匹配，是推广策略的重要部分。推广策略还包括制造亮点或噱头来进行营销宣传，这些亮点和噱头需要符合宣传媒体的用户特征。

任务实训

1. 实训目的

通过实训，加深对直播营销的认识。

2. 实训内容及步骤

（1）将全班同学划分为若干任务团队，各团队推选一名团队负责人。

（2）各团队以抖音直播营销和快手直播营销的对比为主题开展调研。

（3）各团队分工制定调研方案，设计调研问卷及访谈提纲，并实施调研活动。

（4）各团队对调查（问卷调查、访谈调查、文献调查）所获的一手和二手资料进行整理、分析，并在讨论的基础上撰写调研报告。

（5）授课教师批阅各团队提交的调研报告，并在课堂上进行点评。

3. 实训成果

实训作业：抖音直播营销和快手直播营销的对比分析。

任务2.2　熟悉直播营销活动流程策划

任务引入

近年来，直播电商风起云涌，有志于从事直播电商的个人或商家纷纷入局，希望通过直播销售商品。上海科讯商务运营有限公司（以下简称科讯运营）也有意向组建自己的直播运营团队，为中小企业提供一站式的直播电商信息咨询与运营管理工作。张宝是今年刚入职科讯运营的一名实习生，主要负责电商直播运营与策划。最近公司新接了一个案子，要为某合作商企业提供直播电商运营指导，目前前期的准备工作已经完成，经理交给张宝一个任务，需要制定该直播活动的流程规划。

问题：如果你是张宝，你将如何完成这项任务？

相关知识

合理的直播营销活动流程策划可以帮助主播更好地控制直播节奏，保障直播的顺利进行。直播营销的活动流程有"过款式"流程和"循环式"流程两种，下面分别进行介绍。

1. "过款式"流程

所谓"过款式"流程，是指在直播中按照一定的顺序一款一款地讲解直播间里的商品。由于一场直播持续的时间较长，直播期间会不断有用户离开直播间，也会不断地有新用户进入直播间。因此，在直播结束前 20 min 左右，主播可以将本场直播中的所有商品再快速地过一遍，这样不仅可以让新进入直播间的用户了解本场直播中的各款商品，还可以通过"捡漏"形成一些订单，提升本场直播的成交额。表 2-2 为一场时长 2 h 的"过款式"直播流程示例。

表 2-2　"过款式"直播流程示例

时间安排	直播内容
20:00—20:10	热场互动
20:10—20:30	介绍本场直播第一款商品
20:30—20:50	介绍本场直播第二款商品
20:50—21:00	与用户互动环节
21:00—21:20	介绍本场直播第三款商品
21:20—21:40	介绍本场直播第四款商品
21:40—22:00	再次将本场直播中所有商品快速地介绍一遍

2. "循环式"流程

"循环式"流程，是指在直播中循环介绍直播间中的商品。假如在一场直播中主播要推荐 4 款商品，那么，主播可以以 30 ~ 40 min 为一个周期，将 4 款商品在一场 130 min 的直播里循环 3 ~ 4 遍。表 2-3 为一场时长 130 min 的"循环式"直播流程示例。

表 2-3　"循环式"直播流程示例

时间安排	直播内容
20:00—20:10	直播互动

时间安排	直播内容
20:10—20:40	介绍本场直播中的三款主推款产品
20:40—20:50	介绍本场直播中的一款"宠粉款"商品
20:50—21:20	介绍本场直播中的三款主推款产品（第一次循环）
21:20—21:30	介绍本场直播中的一款"宠粉款"商品（第一次循环）
21:30—22:00	介绍本场直播中的三款主推款产品（第二次循环）
22:00—22:10	介绍本场直播中的一款"宠粉款"商品（第二次循环）

如果直播间需要介绍的商品较多，适宜采用"过款式"流程。如果直播间需要介绍的商品较少，"循环式"流程更为适用。企业应该根据实际情况，选择最适合的直播流程。

案例分析

CEO 化身"首席体验官"

2020 年 4 月 13 日 20 时，TCL 实业控股有限公司 CEO 王成化身"首席体验官"，开启了 TCL·XESS 旋转智屏线上直播发售会。在这次直播中，王成着一身休闲装，以有趣的互动和场景化的展示，向消费者演示了旋转智屏的各项功能，如亲子体感游戏"飞机大战"，摇一摇手机将自己与女儿的合照投到旋转智屏上等。通过这些做法，王成将 TCL 这款黑科技硬核新品成功推荐给了广大网民。

在直播中，王成向观众阐述了这款产品的诞生逻辑："全民都进入了一个短视频的时代，大家都在刷手机。一个人刷很开心，如果投到我们的智屏上让一群人跟着你刷，会更开心，独乐乐不如众乐乐。"王成介绍的这款产品像是一个"55 英寸圆角巨屏手机"，它顺应了当下年轻人的触媒习惯，能够让每天接触智能手机的 Z 世代年轻人以熟悉的竖屏方式观看抖音、快手等平台的原生视频。

王成的直播融入了场景战略的阐述、深入浅出的趣味互动和对年轻人需求的洞察，体现了 CEO 直播的特质。"不要设计冷冰冰的产品，要设计有温度、有美感的高科技产品。"这是王成在直播中所说的。在他看来，科技应向美而生，未来的科技一定是更人性化、更具温度的科技。而通过直播，王成的这些感受和体验也能传达给广大观众。在直播当晚，王成在京东的直播间累计在线观看人数达到了 83 万，点赞量高达 145 万次。直播的商品在当晚 21 时正式开售，购买通道开启后，直播气氛瞬间达到高潮，仅 1 min，销售量就突破3 000 台，1 h 后，全网销售量突破 1 万台。

案例分析：TCL 实业控股有限公司的这场直播取得了良好的成绩，这主要有两方面原因：一是直播推荐的创新产品足够硬核，二是深入浅出的场景化互动。尤其是 CEO 王成亲自走进直播间，加上他精彩的直播话术，将直播间的氛围推向了高潮。

任务实训

1. 实训目的

通过实训，加深对直播营销流程策划的认识。

2. 实训内容及步骤

（1）将全班同学划分为若干任务团队，各团队推选一名团队负责人。
（2）各团队选择自己感兴趣的产品进行直播营销流程策划。
（3）各团队分工做好直播营销活动的流程策划。
（4）各团队根据自己做好的直播营销活动流程进行直播展示。
（5）授课教师对各团队直播营销活动在课堂上进行点评。

3. 实训成果

课堂展示：自选产品的直播营销流程策划。

任务 2.3　学会设计直播营销脚本

任务引入

小张、小王和小李三名同学组成的直播营销实践小组，在企业导师的指导下，进入了紧张的直播筹备工作。他们不仅要做好直播产品选品、主播人设铺垫，以及直播预热宣传工作，还要设计大量的直播营销脚本，这让他们感受到了不小的压力。

问题：为什么要设计直播营销脚本？该如何设计？

相关知识

1. 直播脚本的含义及作用

1）直播脚本的含义

脚本通常是一种计算机专业术语，是使用特定的描述性语言，依据规定的格式编写的可执行文件。它也被用到了表演戏剧和拍摄电影中，指表演戏剧、拍摄电影等所依据的底本或者书稿的底本，是故事的发展大纲，用以确定故事的发展方向。

直播脚本，是指为保证直播有序且高效地进行，从而实现预期目标而编制的直播方案，它就像电影的大纲，是为了规范直播的内容和流程等，让整场直播按照预想的方式进行下去。直播脚本可以帮助直播运营团队更好地把控直播的节奏，规范直播流程，进而达到预期目标，使直播效益最大化。

2）直播脚本的作用

直播脚本的作用是提前规划直播内容和活动，梳理直播流程，把控直播节奏，使直播活动按照直播团队预想的方向有序进行。简而言之，直播脚本可以使主播及直播团队的其他成员明确一场直播的时长，以及自己需要在直播过程中完成的工作，同时明确直播活动的具体流程、活动计划、活动力度等。

2.直播前活动的脚本设计

一场优质的直播是需要提前策划的，直播运营团队可以通过撰写直播前准备工作策划脚本来规划直播前的相关准备工作。直播前准备工作策划脚本有利于提高直播的效率，降低直播中出现错误的概率。以淘宝直播为例，直播运营团队可以参考表2-4设计直播前准备工作策划脚本。

表2-4 直播前活动脚本：淘宝直播示例

时间	工作内容	具体说明
直播前 15～20天	选品	选择要上直播的商品，并提交直播商品链接、直播商品的折扣价
	确定主播人选	确定是由品牌方自己提供主播，还是由运营团队提供主播
	确定直播方式	确定是用手机直播还是用电脑直播
直播前 5～7天	确定直播间活动	确定直播间的互动活动类型和实施方案
直播前7天	寄样品	如果是品牌方自己提供主播、自己做直播则无须寄送样品；如果是品牌方请达人主播或专业MCN机构做直播，则品牌方需要向达人主播和MCN机构寄送样品
直播前5天	准备创办直播间所需的相关材料	1.准备直播间封面图 2.准备直播间标题 3.准备直播内容简介 4.准备直播间商品链接
直播前 1～5天	直播宣传预热	采取多种方式，通过微淘、微博、微信等渠道对直播进行充分的宣传

3.整场直播活动的脚本设计

整场直播脚本是对整场直播的内容进行安排，规范直播流程与内容，重点是把控直播逻辑。整场脚本主要包括开场预热、福利告知、商品预告、话题引入、商品介绍、直播互动、引导成交、感谢粉丝、下次直播预告、直播结束。一个简洁的策划方法是，先规划时间，再整合工作内容，完成脚本策划。

规划时间，即根据直播的目的，确定直播过程中的各个环节及关键环节，并根据直播时间预算，为每个环节规划时间。

在此，以2 h直播推荐5款商品的直播计划为例，进行整场脚本策划说明。

1）计算每款商品的推荐时长

假如预热时长和互动时长等非推荐商品时长预计为40 min，那么，这5款商品的总推荐时长是 80 分钟，平均每款商品的推荐时长是 16 min。将这个时间改为浮动时间，即可设计每款商品的推荐时长为 10 ～ 20 min。

2）设计每款商品的具体推荐时长

假如这 5 款商品包括 1 个特价包邮的引流款商品、1 个高性价比的印象款商品、2 个靠"走量"来盈利的利润款商品、1 个限购的"宠粉"款商品，那么，在这场直播中，印象款商品和利润款商品需要主播进行更多、更全面的介绍；引流款商品、"宠粉"款商品由于价格低廉，限时限量，主播可以安排较短的介绍时长。如此分析后，即可设计这 5 款商品的推荐时长，如表 2-5 所示。

表 2-5　5 款商品的推荐时长

单位：min

商品总推荐时长	引流款商品推荐时长	印象款商品推荐时长	利润款商品推荐时长	"宠粉"款商品推荐时长	利润款商品推荐时长
80	10	20	20	10	20

4. 设计非推荐环节的时长

一场直播中，除推荐商品外，还有开场后的打招呼环节、暖场环节、活动剧透环节、福利抽奖环节、主播讲故事环节、下期预告环节等，主播可以按照剩余总时长对这些环节进行适当分配，如表 2-6 所示。

表 2-6　其他环节的时间规划

单位：min

非商品推荐总时长	打招呼时长	暖场时长	活动剧透时长	福利抽奖时长	主播讲故事时长	下期预告时长
40	3	7	5	5	10	5

在实际操作中，由于直播时长通常在 2 h 以上，主播可以适当增加福利抽奖时长、主播讲故事时长，以增强用户对直播间的黏性；也可以新增加一个"清空购物车"环节，以在紧张的氛围中快速提升直播间的销售成绩。

5. 各个环节的时间规划

经过以上分析，即可确定各个环节的时间规划，如表 2-7 所示。

表 2-7　各个环节的时间规划

环节	打招呼	暖场	活动剧透	福利抽奖	介绍引流款商品	介绍印象款商品
时间（开播）/min	0 ～ 3	3 ～ 10	10 ～ 15	15 ～ 20	20 ～ 30	30 ～ 50

续表

环节	介绍利润款商品	主播讲故事	福利抽奖	介绍"宠粉"款商品	介绍利润款商品	下期预告
时间（开播）/min	50～70	70～80	80～85	85～95	95～115	115～120

6. 整合主题和分工，策划整场脚本

根据直播过程中各个环节的时间规划，结合直播主题、直播目标及参与人员的工作内容，即可策划整场脚本。直播活动的整场脚本如表 2-8 所示。

表 2-8　直播活动的整场脚本

直播活动概述					
直播主题	可以从用户需求的角度设计直播主题，如"新年狂欢福利专场"				
直播目标	流量目标：吸引 × 万用户观看；销售目标：推荐五款商品，销售量破 ×× 件				
主播人员	主播：×××；助理：×××；客服：×××				
直播时间	× 年 × 月 × 日 18:00—20:00				
注意事项	1. 合理把控商品推荐时间 2. 及时关注用户问题，及时答疑				
直播活动流程					
时间段	流程	主播	助理	客服	备注
18:00—18:03	打招呼	主播进入打招呼状态，和用户进行简单互动	助理进行简单自我介绍，引导用户点赞	向用户推送开播通知	—
18:03—18:10	暖场互动	介绍抽奖规则，引导用户关注直播间	演示抽奖方式，回复用户问题，引导用户点赞	向用户群推送直播信息	—
18:10—18:15	活动预告	预告今日推荐的商品和优惠力度	补充主播遗漏内容，引导用户点赞	—	印象款、利润款、"宠粉"款的商品名称，直播间抽奖奖品信息，直播间商品优惠活动信息
18:15—18:20	福利抽奖	介绍奖品和抽奖规则，引导用户参与抽奖	介绍参与抽奖的方法	收集获奖信息，引导客户点赞	—

续表

直播活动流程					
时间段	流程	主播	助理	客服	备注
18:20—18:30	商品 1 介绍	介绍引流款商品，展示使用方法，分享商品使用经验	配合演示商品用法，展示使用效果，引导用户下单	在直播间添加引流款商品链接，回复关于商品和订单的问题	引流款商品名称、市场价格、直播间价格
18:30—18:50	商品 2 介绍	介绍印象款商品，展示使用方法，分享商品使用经验	配合演示商品用法，展示使用效果，引导用户下单	在直播间添加印象款商品链接，回复关于商品和订单的问题	印象款商品名称、市场价格、直播间价格
18:50—19:10	商品 3 介绍	介绍利润款商品，展示使用方法，分享商品使用经验	配合演示商品用法，展示使用效果，引导用户下单	在直播间添加利润款商品链接，回复关于商品和订单的问题	利润款商品名称、市场价格、直播间价格
19:10—19:20	主播讲故事	主播讲述自己或团队的故事	配合主播讲述故事	引导用户点赞，收集直播间用户反应	—
19:20—19:25	福利抽奖	介绍奖品和抽奖规则，引导用户参与抽奖	介绍参与抽奖的方法	收集获奖信息	奖品数量、名称、市场价格
19:25—19:35	商品 4 介绍	介绍"宠粉"款商品，展示使用方法，分享商品使用经验	配合演示商品用法，展示使用效果，引导用户下单	在直播间添加"宠粉"款商品链接，回复关于商品和订单的问题	"宠粉"款商品名称、市场价格、直播间价格
19:35—19:55	商品 5 介绍	介绍利润款商品，展示使用方法，分享商品使用经验	配合演示商品用法，展示使用效果，引导用户下单	在直播间添加利润款商品链接，回复关于商品和订单的问题	利润款商品名称、市场价格、直播间价格
19:55—20:00	下期预告	预告下一场直播	引导用户关注直播间	回复关于商品和订单的问题	下期直播的时间、商品和福利

从表 2-8 中可以看出，整场脚本是对整场直播进行内容规划，整场脚本的核心内容是直播间的商品介绍逻辑、用户互动的安排及直播节奏的把控。

为了把控直播节奏，在整场脚本方案完成后，主播可以按照既定的互动时间和商品特点设计具体的互动方案，如聊天主题和内容、才艺展示等。

7. 直播活动中单品的脚本设计

单品直播脚本即基于单个商品的脚本，它对应整场直播脚本的"商品推荐"部分。单品直播脚本是围绕商品来撰写的，其核心是突出商品卖点。以服装为例，其单品直播脚本设计可以围绕服装的尺码、面料、颜色、款式、细节特点、适用场景、搭配方法等进行说明。

单品直播脚本一般以表格的形式呈现，包含商品介绍、品牌介绍、粉丝互动、引导转化等要素。单品脚本的模板如表 2-9 所示。

表 2-9　单品脚本的模板

序号	商品名称	商品图片	品牌介绍	商品卖点	使用场景	市场价	直播间商铺价格	优惠模式
1	引流款		品牌理念			标签价	9.9 元	9.9 包邮
2	印象款		品牌理念			标签价	优惠后价格	3 件 3 折
3	利润款		品牌理念			标签价	优惠后价格	3 件 3 折
4	"宠粉"款		品牌理念			标签价	1 元	1 元秒杀
5	利润款		品牌理念			标签价	优惠后价格	1 件 8 折

在上述模板中，对"品牌介绍"模块，主播可以从品牌商提供的品牌理念、品牌故事里挑选能够打动用户的内容，进行填写；而在"商品卖点"模块中，主播则可以通过以下 3 个要点罗列商品卖点。

（1）商品外观，如颜色、形状、包装，以及给人的感觉等。

（2）商品使用感受，如食品的口感、数码商品的使用流畅感、服饰的使用场景和效果等。

（3）商品的直接或间接背书，如名人使用、所获奖项、销售数据等。

无论是品牌介绍，还是商品卖点，都需要主播根据目标用户的偏好和习惯确定语言的表达方式。

8. 直播脚本的通用模板

直播脚本一般分为三种：第一种是 UGC（用户生成内容，即用户原创内容）直播脚本，其核心信息是主播个人、商品和互动信息；第二种是 PGC（专业生产内容）直播脚本，有主持人、嘉宾、商品、游戏和互动信息，核心还是商品和互动信息；第三种是直播活动脚本。

事实上，一份详细的直播脚本甚至会涉及主播直播的话术，能够提升主播的语言吸引力以及在直播间与用户互动的能力。那么，一个直播脚本的通用内容，都包含哪些较为常见的要点呢？

1）直播目标

本场直播希望达到的目标，可以是数据上的具体要求，比如观看量要达到多少，点赞量要达到多少，进店率要达到多少，转化带货销售额要达到多少等，这样设置目标更直观且目标性更强。

2）直播人员

优秀的直播脚本，一定要考虑团队配合问题，这样才能让直播有条不紊地进行，而不是处处随机应变。

因此，直播团队要注意成员的合理分工，以及职能上的相互配合。比如主播负责引导用户关注、介绍产品、解释活动规则，直播助理和直播运营负责互动、回复问题、发放优惠信息等，客服负责修改商品价格、与用户沟通订单等。

3）直播时间

一定要固定好直播的时间，建议严格根据时间来直播，直播时段也建议相对固定一些：准时开播能够帮助用户养成观看习惯；到了下播时间建议不要"恋战"，及时预告第二天的直播内容，让用户持续关注，在促进用户观看习惯养成的同时，还能让用户对主播直播的内容产生期待。

4）直播主题

主题是用户了解一场直播的核心，整场直播的内容应该紧紧围绕直播主题展开。假如直播主题是宣传店庆活动，但是观众进入直播间后，发现一直没有发送活动福利，那么很可能会造成用户流失。

因此，直播营销必须要有明确的主题，并要确保直播内容不偏离主题。比如今天的直播主题是"桃花妆"，那么直播内容就是教观众如何画一个"桃花妆"，并摆拍出好看的照片。

5）直播脚本流程细节

直播是一个动态的过程，整个过程中涉及各类人员的配合、场景的切换以及道具的展示等多方面的工作。因此，直播的流程规划需要具体到分钟，前期要在脚本上做好标注，比如8点开播，开播后用10 min在直播间进行预热，和观众互动。后续的直播流程包括产品的介绍、每个产品介绍多久等，主播要尽可能把时间规划好并按照计划执行。

6）梳理产品卖点

在梳理产品卖点时，写出产品的特点，包括产品功能卖点及产品价格卖点，这样主播在介绍时可以为用户提供更为真实且准确的信息。

7）优惠信息和活动

在直播活动环节中，主播需要反复介绍玩法，这样能够更好地调动直播间气氛以及引导用户消费。

比如在直播间抽奖的时候，主播可以通过反复强调参与的方式，制造紧张的气氛——"还差 × 个预约名额就抽免单大奖，大家快快点击预约参与抽奖"，在这种情况下，假如奖品是实物，那么主播一定要将奖品拿在手上，只有眼见为实，才能发挥更大的效果。

除了这 7 个要点，还需要注意以下几点。直播间的脚本绝不是固定的，每次根据直播的内容做相应变化，所以最好每场直播都能做出一份直播脚本，然后以周为单位，一周更换一次玩法，这样直播脚本才能真正地发挥效用，为成功带货打好基础。为让大家更加直观地了解直播脚本的内容，本书以表格的形式来展现某一产品的直播脚本，如表 2-10 所示。

表 2-10　直播脚本通用版模板

×××直播脚本	
直播主题	×××春季新品发布（从需求出发）
主播	×××
主播介绍	某品牌主理人
直播流程	
1	直播准备（宣传方案、人员分工、产品梳理、直播设备检查）
2	预热环节（自我介绍、适度互动）
3	品牌介绍（品牌故事、店铺介绍）
4	直播活动介绍（活动福利、流程、引导方式）
5	新品讲解（全方位展示与讲解）
6	新品测评（试用分享，切忌夸夸其谈）
7	观众互动（答疑解惑、故事分享）
8	抽取奖品（穿插用户问答）
9	活动总结（强调品牌与活动）
10	结束语
11	复盘（分析问题、优化脚本内容）

任务实训

1. 实训目的

通过实训，掌握设计直播脚本的方法。

2. 实训内容及步骤

活动背景介绍：某知名饮料生产企业即将开展一场品牌直播活动，以推广夏季新口味饮料。该企业计划在较为安静且隔音性好的负一楼会议室进行直播。为此，企业专门成立了直播小组，并在小组中选出 3 名人员分别担任主播、助理和场控。直播时间定于 12 日 20：00—22：00。

（1）将全班同学划分为若干任务团队，各团队推选一名团队负责人。

（2）各团队结合任务所学知识，为该企业的新品推广编写直播脚本。

（3）授课教师批阅各团队提交的直播脚本，并在课堂上进行点评。

3. 实训成果

实训作业：某饮料企业直播脚本。

任务 2.4　熟悉直播场地的选择与布置

任务引入

直播间的环境直接影响主播的发挥，想要使自己的直播间既符合直播氛围，又引人注目，就需要主播在装扮直播间时下一番功夫。常见的直播间装饰有床、沙发、椅子和小饰物等，也有的主播选用背景墙布的方式来装扮直播间。

不同风格的直播间，装饰风格也不一样。音乐和舞蹈直播间为便于主播的才艺展现和渲染气氛，也会选取不同的装饰；美食主播为了自己的食物更具吸引力则会在直播间里加入更多和美食相得益彰的元素；电商主播的重心在于商品的售卖，则在装扮直播间时需要将更多商品展现在观众眼前……

问题：结合自己观看直播的经历，请谈谈什么样的直播间会吸引你的注意。

相关知识

1. 选取适合的直播场地

直播场地分为室内场地和室外场地，直播间的场地规划也区分室内直播场地的规划和室外直播场地的规划两种情况。

1）室内直播场地的规划

常见的室内直播场地有办公室、会议室、直播室、工作室、线下门店、住所等。室内直播场地的规划应注意以下事项。

（1）空间适宜。室内直播场地应空间适宜，场地面积根据直播的内容进行调整。个人直播的场地面积一般为 8 ~ 15 m²，团队直播的场地面积一般为 20 ~ 40 m²。如果是美妆直播，选择 10 m² 左右的小场地即可；如果是穿搭、服装类的直播，一般选择 15 m² 以上的场地。直播场地的层高一般控制在 2.3 ~ 2.5 m，保证既能给顶光灯留下足够的空间，又不会因为层高过高导致环境光发散、话筒不易收音的问题。此外，直播商品较多时，还要为待播商品，以及桌椅、黑板等道具和其他工作人员预留空间。

（2）环境安静。室内直播场地的隔音效果要好，避免噪声的干扰；要有较好的收音效果，避免在直播中产生回音。隔音效果不好或回音太大，都会影响直播的正常进行。

（3）光线充足。室内直播场地的自然光要充足，保证直播的真实感和美观度。如果直播场地较封闭，需要借助灯光设备补充光源，提升直播画面的视觉效果。

2）室外直播场地的规划

室外直播的类型非常丰富，包括酷玩直播、乡野直播、垂钓直播、旅行直播、汽车直播等。对电商直播而言，常见的室外直播场地有商品室外产地（如田间地头、蔬果种植园、茶园）、室外打包场所、露天集市等，一般适合直播体型较大或规模较大的商品，或用于展示货源采购现场。例如，现场采摘农产品、商品在室外被现场打包发货，在集市现场挑选海鲜等。选择室外直播场地作为直播间时，直播团队需要注意以下事项。

（1）天气因素。室外直播一般选择晴朗的日子开播，同时要做好应对下雨、刮风等天气的防范措施。为了避免在直播中遭遇恶劣天气而导致直播延期，直播团队可设计室内直播备用方案。

（2）场地范围。室外直播需要限制室外场地的范围，便于主播将更多的精力放在商品讲解和与用户的互动上。

（3）场地环境。室外场地的环境要整洁，让用户在观看直播时能保持舒畅的心情，特别是对画面美观度要求较高的室外直播，更应保证场地的美观度。无论是哪种室外直播，直播场地中都不宜出现过多的围观人员或闲杂车辆。

2. 配置好直播的软硬件

好的直播设备是确保直播画面清晰、直播内容稳定生成的前提，在直播筹备阶段，直播团队需要对手机、摄像头等设备，以及直播平台、直播软件进行反复调试，以达到最优状态。

1）直播硬件的配置

目前，直播的主流设备是手机。直播团队只需要在手机上安装直播软件，通过手机摄像头即可进行直播。使用手机进行直播，需要准备至少两部手机，并且在两部手机上同时登录直播账号，以备不时之需。

不过，受手机电池电量、网络信号等因素的制约，直播团队使用手机进行直播时，还需要借助以下辅助设备进行优化。

（1）电源。直播团队利用手机进行移动直播，是对手机电池续航能力的考验。在进行正式直播前，可以先进行直播测试，衡量某段时间的直播所消耗的手机电量。然后根据直播间的情况，准备合适的电源。

便捷的移动充电宝是手机直播时的必备电源，可以保障直播不因手机电量不足而中断。

在条件允许的情况下，也可以准备插线板，在直播过程中对手机进行快速充电。

（2）无线网络。无线网络的速度直接影响直播画面质量及用户的观看体验。

直播团队在室内直播时，若室内有无线网络且连接设备较少，网络速度较快，可以选择使用室内的无线网络进行直播。在正式直播前，直播团队要对直播所用手机进行测试，当无线网络不能满足直播需要时，要提前发现并解决网络问题。

直播团队在室外进行直播时，无线网络往往无法满足直播需求。此时，直播团队需要使用"流量卡"来满足网络需求。"流量卡"与手机卡相似，直播团队可以直接将其插入手机使用，或购买移动 Wi-Fi，把"流量卡"插入移动 Wi-Fi 设备中，发射无线网络热点，将直播所用手机连接无线网络热点后，即可进行直播。

（3）支架。直播团队在直播的过程中，无论是对于摄像机还是手机，都需要对其摆放的位置和角度进行调整，并尽可能地减少直播画面的抖动，以达到最佳的直播画面效果。直播团队要想实现这些效果，就需要使用支架。直播支架分为固定机位直播支架和移动机位防抖直播支架两种。

（4）补光灯。很多主播会使用手机的前置摄像头进行直播。在暗光环境下使用手机的前置摄像头进行直播，可能会影响直播画面效果。因此，主播可能会用到补光灯。

主播可以使用支持冷光和暖光两用类型的补光灯，同时打开冷光和暖光，避免因冷光造成的皮肤过白或因暖光造成的皮肤过黄的现象。

直播所用的补光灯非常小巧，方便携带使用；而自带电源的补光灯可以免电源驱动，使用更加便捷。不过，直播所用的补光灯并非专业设备，补光范围仅限 1 m 左右，直播团队在为大型的直播活动进行补光时，还需使用专业补光灯。

（5）收音设备。即便是在安静的环境下，手机距离主播越远，手机的收音效果也会越差；如果是在嘈杂的环境下，主播距离手机 1 m 以上就需要借助外接收音设备辅助收音。

收音设备主要分为两种，一种是蓝牙耳机，主播可以使用蓝牙耳机进行辅助收音；另一种是带线耳机，适合主播对多人进行采访时使用。

（6）提词器。直播活动的即时性，要求主播在直播过程中不能出现任何差错及穿帮行为。而一场直播内容较多，主播需要讲述的内容也很多，不提前准备提词内容很可能会在直播中遗漏关键信息。提词内容包括商品关键信息、抽奖信息、后续活动信息等。

提词器的工作原理是通过一个高亮度的显示器来显示文稿内容，并将显示器上的内容反射到摄像机镜头前一块呈 45° 的专用镀膜玻璃上，从而让主播在看文稿内容的同时，也能面对摄像头。

（7）相机。直播结束后，直播团队开展后期宣传需要高清大图，因此需要使用专业相机进行拍照。使用专业相机可以对现场进行视频录制，从而为后期宣传提供资料。

一般情况下，推荐使用单反相机。直播团队若需要录制视频并进行后期剪辑，则至少需要两台单反相机，一台用于固定机位全程录制，另一台用于移动机位随机录制和拍照。

2）直播软件调试

在直播开始之前，企业新媒体团队需要对直播软件进行反复测试，确保熟练操作、不发生操作失误。

直播软件的测试主要由两部分组成，第一是主办方视角，熟悉直播开始按钮、镜头切换方法、声音调整方法等操作。第二是观众视角，新媒体团队需要以个人身份注册直播账号，进入直播间观看，从普通观众的角度观察直播界面；如果发现问题需要及时优化。

观众视角测试比较简单，进入直播间后看画面、听声音、发弹幕都没有问题，就可以结束。而主办方视角涉及相关操作，需要反复操作，做到熟练为止。

3. 精心布置直播场地

直播间装扮得好，可以增加用户对主播的信任。所以，装修时千万不要盲目跟风，要分析自己的行业属性、用户群体、产品特征，从整体着手来做定位，规划自己的直播间装修风格。不管是空间、画面比例、产品的摆放，还是软装的背景，都要坚持人性化的设计理念，这样才能真正地吸引人，让人感觉舒适温馨。

一个优质的直播间当然离不开能匹配直播内容的场景。布置直播间场景并非易事，不是随便找个空地，摆上桌子和产品就可以了，这样只会显得直播有廉价感。就像 2020 年 4 月某奢侈品牌在小红书上的直播首秀，因直播间的场景布置过于简陋，给观众留下了"廉价、粗糙"等负面印象。用户进入直播间的第一感受就是视觉感受，这种视觉感受直接影响用户的体验，所以打造最佳的场景是主播方在直播营销时必须考虑的事情。以下从背景、功能区、灯光三个方面，来介绍如何布置直播间才能更好地吸引用户。

1）背景布置

要根据直播内容调整背景面积的大小，背景以简洁、大方、明亮为基础，避免花哨、杂物堆积，尽量选择不反光的材质作为主要背景。如果背景太亮或反光，会让主播整个人显得很黑，白色背景会让主播看起来气色很差。如果背景是过于鲜艳的颜色，又会喧宾夺主。纯色背景上可以加上品牌 Logo 或对直播主题的装饰。

2）划分直播功能区

直播间应划分为陈列区、直播区域、其他工作人员活动区等，一定要保证在屏幕里的主播是最中心的人，主播与镜头有一个适当的距离，并且以三分之一上半身或半身比例出镜。主播要注意自己的言谈举止，保持微笑。

设置好直播设备和主播的距离后，不要轻易移动直播设备。主播信息或活动福利等，建议用和直播间一致的色调显示在屏幕的右侧，不能挡住主播，可安排工作人员在一旁传递产品。

3）灯光照明

对直播间的布置，最重要的一点就是灯光的效果。直播间不能全部用冷色调的灯光和背景。直播间的灯光要避免在主播脸上照出光斑，一定要保证主播脸部光照均匀。

最好的选择是用柔光双灯组合来进行补光。主播直播时，柔光灯的白色光线能极大地改善主播的肤色，让主播显得更加靓丽。注意直播间的光源不要只从一个角落射来，这会造成直播画面不协调。散光源是最佳光源。所谓散光源，就是来自空间中四面八方且均衡的光源，如头顶四周的光线，这样会照得直播间的每个角落都明亮，有舒适的视觉效果。

4. 充分发挥灯光的效用

直播间灯光的布局要整体均匀，明暗过渡柔和，避免光斑映射，可以从两类设备上考虑灯光的布局。

1）环境灯

环境灯指的是直播间自带的环境光源，比如顶灯、壁灯，等等。这些设备主要是为了满足整个直播空间的基础照明，在布局上尽量要保证整体平衡，以 LED 灯源来算，要满足 $1w/m^2$ 的基本标准。一些较远距离的拍摄，需要比较亮的室内顶灯，可以搭配 LED 灯带，或者搭配专业的摄影顶灯。环境灯可以保证直播场景的基本需求，但是如果需要更好的直播效果，补光灯必不可少。

2）补光灯

在直播场景中，补光灯的作用是为了更好地突出主体（主播、产品），特别是在光照不太均匀的情况下，要用补光灯调整。补光灯分为美颜补光灯和静物补光灯。

美颜补光灯，顾名思义，用于针对出镜的主播进行灯光的补充和美化。比如常见的环形灯，起到给主播均匀面光、改善肤色、明眸的作用。在美妆等品类的近景拍摄时，因为室内的灯光较弱，此刻就需要一盏美颜灯，常用的就是环形美颜灯。静物补光灯，就是对出镜的静物进行特写补光。比如直播中要介绍手机时，如果用美颜灯补光，手机的颜色就会失真，而用静物灯补光就可以使手机的颜色更真实。

另外，根据实际灯光效果也可以选择专业的摄影柔光灯进行补光，主要目的是使直播间光线明亮，光照均匀柔和。

在进行外景拍摄时，如果室外的光照效果较差，就需要搭配一些户外手持补光灯进行补光，或者使用其他专业的户外补光设备。

任务实训

1. 实训目的

通过实训，加深对直播营销场地选择与布置的认识。

2. 实训内容及步骤

（1）将全班同学划分为若干任务团队，各团队推选一名团队负责人。

（2）各团队阅读如下材料：

A先生是湖北省恩施土家族苗族自治州鹤峰县的一名"茶四代"，在春茶采摘的黄金时期，为了促进茶叶的销售，他决定尝试直播。

他观察了其他茶叶农产品商家开设的直播，发现他们大多是直接在直播间展示茶叶，采用口播的形式销售茶叶，形式千篇一律，难以吸引用户的关注，于是他决定将直播间搬进茶园。他带领一名女员工，让她穿上漂亮的苗族服饰，在茶园里开起了直播，带领用户近距离观看茶叶采摘、炒制等过程，众多用户纷纷下单购买茶叶。随着直播的持续进行，A先生的茶叶逐渐销售到了全国多个省份，销售额比往年同期翻了一番。

（3）各团队结合所学知识，从直播场地选择和布置的角度分析为何A先生的直播营销能够成功。

（4）各团队在分析、讨论的基础上撰写实训报告。

（5）授课教师批阅各团队提交的实训报告，并在课堂上进行点评。

3. 实训成果

实训作业：某茶叶直播间营销场地选择与布置实例分析。

📖 **练习题**

一、单选题

1. 在制定直播营销目标时应参照（　　　　）原则，以确保目标的切实可行。

  A. SMART   B. SWOT   C. 5S   D. PDCA

2. 直播营销活动的执行方案由（　　　　）负责策划。

  A. 主播   B. 副播   C. 直播实操团队 D. 助理

3. 产品发布会的直播时长一般在（　　　　）h 左右。

  A. 1 个   B. 2 个   C. 3 个   D. 4 个

4. 主播在直播间采用"过款式"流程讲解商品，在直播结束前（　　　　），可以将本场直播中的所有商品再快速地过一遍。

  A. 5 min   B. 10 min   C. 15 min   D. 20 min

5. 直播宣传就是（　　　　），其作用是扩大直播的声势，提前为直播引流。

  A. 直播规划   B. 直播预热   C. 直播复盘   D. 直播广告

二、多选题

1. （　　　　）属于用户可变属性特征。

  A. 性别   B. 出生背景   C. 婚姻状况

  D. 工作状况   E. 收入情况

2. 直播方案主要包含的内容有（　　　　）。

  A. 直播目标   B. 直播简述   C. 时间节点

  D. 预算估计   E. 直播规划

3. 直播营销现场踩点关注的因素有（　　　　）。

  A. 场地背景和空间 B. 天气条件   C. 交通是否便利

  D. 噪声   E. 当地社会环境

4. 室外直播的类型非常丰富，包括（　　　　）等。

  A. 游戏直播   B. 酷玩直播   C. 乡野直播

  D. 旅行直播   E. 汽车直播

5. 电商直播内容脚本一般分为（　　　　）这三种。

  A. 直播活动脚本 B. UGC 直播脚本 C. 直播主题脚本

  D. PGC 直播脚本 E. 开场话术脚本

三、名词解释

1. "过款式"流程 2. "循环式"流程 3. 直播脚本 4. 单品直播脚本 5. 整场直播脚本

四、简答及论述题

1. 直播预热的方式有哪些？

2. 直播营销活动执行方案的主要内容是什么？

3. 电商直播脚本的作用是什么？

4. 试论述直播活动中单品的脚本设计。

5. 试论述室内直播场地的规划。

案例讨论

快手虚拟主播走红，电商全面拥抱元宇宙

在快手，虚拟主播成了新的流量密码。

2022 年 12 月 12 日晚，由快手 StreamLake 助力蒙牛打造的 3D 写实虚拟人"奶思"，通过"蒙牛牛奶旗舰店"快手账号带来直播首秀（见图 2-1）。这场直播吸引了近 300 万人观看，相较于该账号过去 30 天内的均值表现，直播间点赞数和评论数分别提升 800% 和 88%，互动量显著提高。

图 2-1　蒙牛 3D 写实虚拟人"奶思"直播截图

值得一提的是，2022 年 1 月，蒙牛才启动快手直播，而此次开启的虚拟人直播是它在快手电商虚拟人直播的首次尝试，也是其内容直播的开端。从中也不难看出，快手在不断加码虚拟人与虚拟主播赛道，并通过流量扶持优质内容产出。

事实上，早在 2021 年，快手关联公司北京达佳互联信息技术有限公司，便申请注册了多个"快手元宇宙"商标。

2021 年"双 11"，快手小店推出了虚拟主播"关小芳"（见图 2-2）。当时"关小芳"在 1 h 的直播首秀中，累计观看人数达到 105 万，总点赞量达到了 17.2 万。

图 2-2　快手推出的虚拟主播"关小芳"

到了 2022 年，快手在元宇宙上的布局就更精细、更灵活了。2022 年 3 月，快手技术团队上线虚拟偶像歌手"神奇少女张凤琴"，在短短数月，累积了超过 20 万的粉丝及上千万的浏览量。

9 月，快手技术团队在 2022 世界人工智能大会上宣布推出"快手虚拟演播助手 KVS"，为快手用户提供丰富的特效玩法，并支持多平台推流直播。此后，快手又推出面向虚拟人主播的 V-star 虚拟人扶持计划，并投入了超百亿流量进行扶持。

虚拟人在营销场景的应用，不仅有效打破了真人主播的局限性，通过高密度的直播频率，为直播电商开辟新的增长空间，也增强了内容创作的趣味性与新奇感，丰富了带货模式和互动玩法。同时，虚拟化的品牌 IP 形象更生动、鲜活，更能加速品牌年轻化进程和认知，拉近品牌与新消费人群的距离，塑造元宇宙时代的企业形象。

思考讨论题

1.如果企业在直播营销中使用虚拟人主播，应如何做好直播营销规划？

2.结合案例，请谈谈技术的发展对直播营销的影响。

项目 2 直播营销活动策划与筹备：运筹帷幄，决胜千里

任务	掌握日用品直播营销活动的策划				
班级		学号		姓名	

本任务要达到的目标要求：

1. 掌握日用品直播营销活动的策划流程及整体设计思路。

2. 找准日用品直播营销定位。

3. 熟悉日用品直播营销流程策划。

4. 掌握日用品直播营销脚本设计。

5. 熟悉日用品直播营销场地的选择与布置技巧。

能力训练

1. 进行日用品直播营销活动需要哪些规划？如何找准日用品直播营销的定位？

2. 日用品直播营销活动的流程策划有哪些？

3. 如何设计日用品直播营销的脚本？

4. 日用品直播营销场地的选择与布置技巧有哪些？

学生述评

我的心得：

教师评价

项目3　直播营销的团队建设：汇聚力量，团队致胜

📖学习目标

【知识目标】

（1）熟悉直播营销团队的类型及特点。

（2）了解主播、副播、助理等的工作内容与岗位职责。

（3）熟悉对主编、副播、助理的能力素质要求。

（4）熟悉如何构建主播的调性。

（5）掌握打造主播人设定位时需要注意的关键问题。

【技能目标】

（1）能够掌握不同类型直播营销团队的组建方法。

（2）能够为企业的直播营销团队建设提供建议。

（3）能够具备胜任主播、副播、助理等岗位的工作能力。

【素质目标】

（1）培养学习直播团队建设课程的兴趣。

（2）培养在直播过程中遵守法律法规及公序良俗的意识。

（3）树立团队合作意识，在直播团队中积极贡献自己的力量。

项目情境导入

在渭南好物跳动网络科技有限公司的办公室里，肖西锋忙碌地处理着一系列的业务问题。他是这家公司的董事长，也是一位在电商平台上有着6年经验的"网红"。他的事业和普通人有些不同，他的目标是将农产品销售带入一个全新的领域。

肖西锋曾经面临农产品"卖难"、消费者"买贵"、本地特色农产品知名度不高等问题，为了解决这些问题，他在临渭区委组织部的帮助下，打造了一个名为"红色助农直播间"的项目。这个直播间是一个创新的尝试，它通过互联网和电商的平台，将传统的农业生产和现代的电子商务相结合，为农产品的销售带来了新的生命力。

肖西锋带领团队打造了"红色助农书记直播间"和"乡村直播间"，这两个直播间都以帮助农民销售农产品为主要目标。他通过直播技术培训的方式，帮助农民掌握直播销售的技能，让他们能够自主地进行电商销售。这个项目的效果非常显著。肖西锋和他的团队已

经累计组织开展电商直播培训 50 场，培训了 3 900 多人次。他们帮助 100 余名农民熟练掌握了直播销售技能，并且通过这个平台，累计帮助农民销售农产品约 1.5 亿元。

他说：我们的目标是让更多的农民能够掌握这项技能，让更多的农产品能够通过这种方式销售出去，让"临渭葡萄""临渭核桃""临渭猕猴桃"等地标性特色农业品牌插上"云翅膀"，"飞"入千家万户。

项目分析

近年来，直播行业的势头非常强劲。直播是中国工业互联网迭代下产生的新的媒介形式，不仅推动了我国新经济业态的扩展，更带动了相关产业的飞速发展。当下越来越多的领域利用直播进行营销，网络直播行业呈现繁荣发展的态势。截至 2022 年 12 月，我国网络直播用户规模达 7.51 亿，较 2021 年 12 月增长 4 728 万，占网民整体的 70.3%。其中，电商直播用户规模为 5.15 亿，较 2021 年 12 月增长 5 105 万，占网民整体的 48.2%。

从行业发展来看，直播行业已经从单纯的主播竞争进入直播团队竞争的阶段，仅靠自身"单枪匹马"已经很难突出重围，所以要想在不断迭代更新中站稳脚跟，组建一个分工明确、通力合作、集思广益的直播团队很重要。

那么，直播团队有哪些类型？应该如何组建一支高效能的直播团队？又应该如何选择主播，打造主播人设？副播与助理有什么不同，在直播过程中各自应发挥什么作用呢？本项目将对以上问题进行详细的解答。

任务 3.1　熟悉直播团队的类型

任务引入

在义乌陆港电商小镇里，有一个由 3 名"00 后"年轻人组成的直播团队。团队的主播叫小欧，刚满 20 岁，是某师范大学电子商务专业的一名学生。团队另外两人都是小欧的同学，分别负责运营管理和美工。3 人在义乌实训，一个脚架、一只手机、一盏补光灯，是这个小团队直播时的所有道具。因为没有实战经验，几次开播都出现了结巴、冷场、说错话等场景。

刚开始直播的时候流量很少，产品也无人问津，但是她们立志坚持做下去。3 只"小菜鸟"的斗志在一次次失败中被激发。8 点起床，凌晨睡觉，每天都不停地练习口才、钻研产品，空闲时还要分点击破运营难题，一段时间下来，每个人都瘦了一圈。

如今这个"小菜鸟"直播团队成绩斐然，每场直播都会产生不少订单，像服装类直播，销售量可以突破 5 000 单，家电之类直播，也能稳定在几百单的量。小欧表示，接下来，"小菜鸟"直播团队的目标是在义乌站稳脚跟，学习更多的直播知识，夯实基础。

问题：你觉得该团队属于哪种类型的直播团队？想要提高销量她们还应该做好哪些工作？

相关知识

随着直播行业的发展以及下沉市场的广阔前景，越来越多的人从事直播工作，个人、团队、企业、MCN 机构等纷纷把握时机涌入电商直播领域，电商直播迎来了前所未有的红利期。

1. 个人直播团队

个人直播团队，是指由一个人或几个人组成的团队，该团队全权负责直播节目的制作、主持和运营，旨在通过直播平台提供娱乐、教育或其他内容，与观众互动并赚取收入。个人直播团队是电商直播的一种常见且重要的形式。在电商直播发展之初，大部分采取的就是个人直播团队的形式。

随着直播行业的规模化、集群化，个人直播团队在流量与用户积累上有一定难度，很多主播纷纷加入商家直播团队或 MCN 机构直播团队。虽然个人直播团队与商家直播团队或 MCN 机构直播团队相比实力较弱，但是仍有很多心怀梦想的人组建了众多特色鲜明的个人直播团队。

1）个人直播团队的组织架构

一场好的直播不是靠主播一个人就能完成的，而是需要团队成员分工协作、默契配合才能实现。从直播前的定位、准备、策划、脚本撰写，到直播时主播的良好表达、团队成员配合互动、场控，再到直播后的复盘、主播社交媒体账户维护、提高曝光度等，每个环节、每项工作综合起来，才能达到比较理想的效果。

一个完整的个人直播团队应包括策划团队、主播团队和运营团队，他们角色不同，但联系紧密，担当着特定的职能和责任。个人直播团队的组织架构如图 3-1 所示。

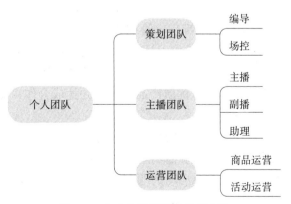

图 3-1　个人直播团队的组织架构

（1）策划团队。策划团队的主要职责是观察行业趋势，确定直播间定位，规划整个直播活动的内容和流程。具体包括确定直播的主题、目标受众群体、开播时间和持续时间；确定活动中需要呈现的内容，制定详细的计划，确保流程有序进行。此外，还要制定直播活动的预算，做好预算管理。策划团队通常还会协调其他团队的工作，以确保整个直播活动的一致性和顺利执行。

策划团队主要由编导和场控组成，其具体工作内容如下。

① 编导。负责策划直播活动，并根据主播人设、受众对象、商品特性等撰写直播策划方案与直播脚本，与主播沟通对接直播脚本等。

② 场控。直播前负责准备好直播设备与后台电脑，检查直播产品；直播时负责直播间中控台，监控数据，做好产品的上架和下架，根据主播节奏做好库存的增减、改价与优惠信息发送，并提醒主播；负责配合主播，把握直播间的节奏，提升直播间粉丝活跃度和互动氛围，维持直播间秩序；下播后则负责整理直播数据，协助主播复盘等。

（2）主播团队。主播团队是直播的执行方与呈现方，负责在直播中展示自己的内容、技能或商品，与观众建立联系，及时互动，维持直播间的吸引力。在直播后进行复盘，不断优化和改善直播效果。

主播团队主要包括主播、助播和助理，其具体工作内容如下。

① 主播。主播就是直播间的主持人，是整场直播中的主出镜、主输出，也是最熟悉产品的讲解和直播间氛围的人，是个人直播团队的核心。直播前，主播需要熟悉流程和产品，做好细节准备与核对工作；直播时，主播负责呈现直播内容，讲解展示产品，并与观众互动；直播后，主播要与团队及时复盘直播内容，为下一场直播做好准备。

② 副播。也被称为助播，是协助主播直播的人，其主要工作内容是在直播前配合主播做好相关的准备工作，与主播进行沟通对接；在直播过程中配合主播展示商品，补充讲解产品并解答直播间问题。另外还要在主播空档期补位，例如主播上厕所、换试衣服等情况下，副播要代替主播直播。

③ 助理。助理在直播前需要与团队沟通，听负责人指挥，配合直播间的开播准备工作与现场工作；负责协助主播进行直播带货、串词、调节直播气氛，必要时需要出镜，及时跟进直播效果。此外还要参与下播后的复盘工作，总结分析直播数据。

（3）运营团队。运营团队是推进直播工作顺利进行的重要抓手，主要负责配合落实策划团队的规划内容，负责直播活动的推广、管理和监督，提高直播可看性和直播产出结果，还需要负责做好外部协调与内部协调工作，及时解决直播期间出现的问题。

运营团队主要包括商品运营与活动运营，其具体工作内容如下。

① 商品运营。主要负责寻找拥有优质产品的商家并达成合作，做好与产品提供方的对接协调，提炼、挖掘产品卖点。

② 活动运营。主要负责关注平台官方活动和各地区政府、产业带的活动，搜集相关信息，在此基础上策划直播活动并宣传直播活动，争取活动资源和流量跟踪，吸引观众；在直播活动中回应观众评论，确保直播活动的顺利进行；监测、分析直播数据，了解观众参与度和反馈，以优化未来直播策略和活动。

2）个人直播团队的优势

（1）灵活性和自主性。个人直播团队通常更加灵活，可以自由地发挥创造力，自主决定节目内容、风格和时间安排，不受机构或公司的政策限制，从而打造独特的直播内容。

（2）品类丰富多样。个人直播团队往往不受品类限制，可根据自身优势选择小众产品，避开竞争激烈的热门产品。与品牌化的商家直播团队相比而言，商家直播团队只能售卖本品牌产品，而个人直播团队则可以根据观众需求调整选品。

（3）与观众互动紧密。个人直播团队一般是依靠主播的个人魅力以及产品的独特性吸引客户群体，通过互动、回应评论等方式直接联系观众，更好地满足观众需求，建立深度关系，形成忠实的粉丝群体。

（4）利润潜力大。个人直播团队的收入来源多样化，包括广告、礼物、会员等，而且与大规模直播团队相比，个人直播团队通常不需要支付大量员工的工资和福利，可以更好地控制成本，获取较高的净利润。

3）个人直播团队的劣势

（1）对主播依赖度高。个人直播团队主要通过主播与外界互动交流，主播代表整个团队的形象，所以主播个人的能力、健康、声誉等问题都会对团队运营造成影响。

（2）资源限制。个人直播团队可能会受到信息缺失和资源的限制，包括技术设备、宣传和推广渠道等，这可能会造成错失与他人合作的机会，也会影响到直播的质量和观众数量。

（3）工作压力大。个人直播团队成员通常需要承担更多的工作职责，包括节目策划、制作、主持、宣传、社交媒体管理等，由于人员有限，一人可能同时负责多项工作，这可能导致团队成员工作压力较大。

（4）市场竞争激烈。直播行业竞争激烈，个人直播团队要想在市场中脱颖而出、吸引观众的注意力需要更多的努力和时间，初期需要建立粉丝基础，投入较大，但是收入有限。

2. 商家直播团队

商家直播团队是由企业或品牌组成的自营团队，旨在通过直播平台向消费者展示和销售产品或服务，树立品牌和企业形象。

1）商家直播团队的组织架构

随着电商直播的迅猛发展，有经验的商家和企业纷纷聚焦本企业产品，开始组建自有品牌的直播团队。商家直播团队主要有两种形式，一是商家根据自身需要，与个人主播或MCN 机构合作；二是搭建自己的电商直播团队。

一个比较完备、成熟的商家直播团队的配置除了包括个人直播团队的基本配置，还有服务于直播间的客服人员，以及管理整个团队直播运营的直播主管。商家直播团队组织架构如图 3-2 所示。

（1）主播。① 商家主播。商家主播的职责和工作内容与个人直播团队中的主播相差不大。但是商家在选择主播时，应寻找与品牌特点和企业形象相契合，熟悉商品信息，认同企业文化的人选，同时打造的主播人设也要与商品目标用户相匹配。② 合作主播。合作主播包括个人主播和 MCN 机构主播，商家通常会根据自身实际情况选择与之相匹配的成熟主播。

（2）直播间客服。直播间客服主要负责在线为直播间观众答疑解惑，有效处理用户购买产品前后出现的各种问题，妥善做好售后服务。

（3）运营。商家直播团队的运营包括店铺运营、数据运营和内容运营，其具体工作内容如下。

① 店铺运营。管理货品，负责配合与直播相关店铺的运营工作，做好直播过程中后接

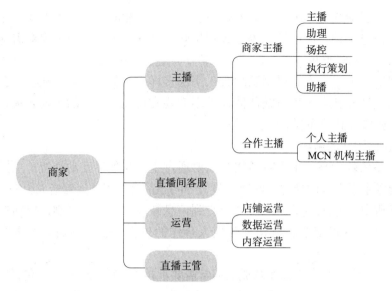

图 3-2　商家直播团队组织架构

以及活动的推送等。

② 数据运营。负责分析直播表现数据，包括观众参与度、销售转化率等，进而优化直播策略。

③ 内容运营。负责制订市场推广计划和 IP 孵化，做好直播前后的宣传造势，吸引观众，提高直播间的知名度以及处理社交媒体和广告推广等工作。

（4）直播主管。直播主管是日常直播流程和活动的负责人，负责部分活动与资源的对接，监督保障直播活动顺利进行，同时负责主播的招募、培训、管理与主播排期等工作。

2）商家直播团队的优势

（1）与客户建立紧密联系，提升销售机会。商家直观向观众展示产品，提供产品信息，并与观众进行实时互动，解答问题，观众获得的真实感强烈，增加信任度，进一步提升观众购买决策。

（2）互动效率高，及时捕捉市场趋势。省略复杂的中间环节，观众可以快速提问获得反馈，店家亦可以直接了解客户的需求和喜好，迅速对市场真实情绪做出反应，推广新产品或特惠活动，提高市场占有率。

（3）有利于加强品牌建设。通过直播，品牌或企业可以展示其产品、文化和价值观，提高品牌的知名度。

3）商家直播团队的劣势

（1）货源渠道单一。直播品类主要为商家自有货源，产品相对固定，货源更新较慢。

（2）直播间品牌导向较强。观众可能认为内容过于商业化、品牌化，影响观看体验。

（3）观众参与度不稳定。观众参与度可能会受到许多因素的影响，如直播时间、内容质量、主观偏好和同类型商品竞争等。

📎 **阅读资料**

逆境崛起——"东方甄选"华丽转身

2022 年 6 月，新东方旗下的"东方甄选"突然火爆出圈，主播董宇辉的名字红遍全网。一周之内，"东方甄选"直播间的粉丝从 100 万冲破 1 000 万。在直播电商内卷的时代，为何"东方甄选"能跃然前进成为顶级清流？

2021 年年底，新东方创始人俞敏洪亲自启动"东方甄选"，尝试利用直播带货实现转型。但是与其他名人效应加持的直播相比，在"俞敏洪"光环的加持下，首播并不算出彩，当天销售额 480 万元。后续推出其他素人直播，在线人数一度下滑到个位数。但他们没有退却，咬着牙坚持了下来，在严把产品质量关的同时，伺机寻求突破。从 2022 年三四月开始，"东方甄选"的业绩逐渐好转。之后号称"中关村周杰伦"的董宇辉开启了双语带货模式，"东方甄选"终于一炮而红。

这个直播间打破了以往同质化的直播带货模式，不同于众多其他直播间各种声嘶力竭的叫喊卖货，没有"321 上链接"，有的是带你回到童年场景的玉米和诗与远方；没有花式催单，有的是文艺浪漫清新的产品介绍。它像是一个安静、平和的聊天室，传递着令人耳目一新的优质内容。以董宇辉为代表的主播们，一边介绍产品，一边进行英语教学，时不时还穿插着讲点历史、哲学、文艺、爱情。在"带货为王"的行业氛围中，这些主播是如此与众不同。他们不仅有货，还有文化、有情怀，侃侃而谈，幽默风趣。就这样，在倾听、共情、感动当中，网友们不知不觉地下单成交。有人调侃地说：选择"东方甄选"其实是在"为知识付费"。

"东方甄选"的成功出圈，深究其背后的原因有很多。"知识的力量"是原因之一，正是文化与知识的加持，让新东方主播们脱颖而出，他们凭着文化直播的差异性，走心的情感共鸣，收获了千万粉丝的心，在时代的巨变中实现了华丽转身。一个优秀的主播固然重要，但是更离不开其团队的合作。所以"东方甄选"能够突围还有一个关键因素，就是背后有一个实力强悍的团队，从直播团队到运营团队，从产品质量的把控，到厂商的直接合作，不收坑位费，到营销方案的整体策划，再到优质内容的呈现，每个环节都离不开团队成员的凝心聚力，发挥了团队的整合力量，最终实现了东方甄选"链接式"的孵化与运营，也使"东方甄选"成功突出重围，挤进了头部直播间。

3. MCN 机构直播团队

多频道网络（multi-channel network，MCN）诞生于美国，最初为内容生产者和 Youtube 之间的中介机构，协助对接、聚合优质内容并进行持续变现。国内的 MCN 机构在此基础上拓展了服务功能，主要提供网络红人的筛选与孵化、内容创作开发与生产运营、平台资源对接、社群维护与粉丝管理、技术性支持，以及商业化变现等多维度多矩阵的服务，在当前直播行业发展背景下，在"单打独斗"的个人直播团队遇到发展"瓶颈"时，更多人选择加入 MCN 机构，MCN 机构在直播行业中扮演着越来越重要的角色。

思政园地

2022年"清朗·MCN机构信息内容乱象整治"专项行动

2022年"清朗"系列专项行动聚焦影响面广、危害性大的问题开展整治，具体包括十个方面重点任务，其中第二项为"清朗·MCN机构信息内容乱象整治"专项行动。

集中整治MCN机构及其旗下账号炮制蹭炒舆论热点、引发群体对立、欺骗误导网民、发布三俗信息、利用未成年人牟利等违法违规行为。督促重点网站平台建立MCN机构分级管理制度，通过平台MCN机构入驻协议，明确MCN机构信息内容业务活动标准和责任，加强日常监管，定期开展培训，加强信息披露，建立专门举报受理渠道，强化违规处置。

1) MCN机构直播团队的组织架构

MCN机构直播团队是MCN机构管理的由主播和相关人员组成的团队，旨在通过多个平台提供多样化的内容和服务。不同MCN机构发展目标与定位不同，所以其组织架构也会有所差异，主营业务也会有所不同，一般主要覆盖直播业务、淘Live&PGC业务和直播商家业务。MCN机构直播团队组织架构如图3-3所示。

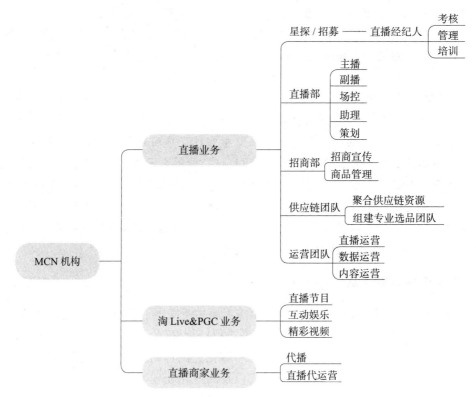

图3-3 MCN机构直播团队组织架构

（1）直播业务。直播业务是MCN机构的重要业务之一，是MCN机构的主要收入来源，也是MCN机构未来发展的重要方向。保证直播业务能够顺利开展的人员团队主要包括星探／招募、直播部、招商部、供应链团队、运营团队等（见图 3-3），各部门的组织架构与工作内容如下。

① 星探／招募。一般是指直播经纪人，主要负责招募签约主播，并对其进行培训、考核、管理，还会为主播争取、对接资源，安排主播的直播活动。

② 直播部。直播部人员主要包括主播、副播、场控、助理、策划等，负责策划直播主题与内容，确定受众需求，保证直播活动顺利进行并达到预期效果。

③ 招商部。招商部的职责主要包括招商宣传与商品管理，具体负责寻找拥有优质产品的商家、洽谈合同并达成合作，为主播或直播活动提供赞助和广告机会，协助主播与商家或品牌合作，制订推广计划，做好商品的更新与管理工作等。

④ 供应链团队。供应链团队主要负责两项工作，一是聚合供应链资源，二是组建专业选品团队。聚合供应链资源就是要做好上游供应链管理工作，保证稳定的货源供应和价格优势，以应对高频率直播带货背景下的商品需求和价格需求。

直播间售卖的商品品质会直接影响主播的带货效果与客户的购买率，组建专业选品团队就是对招商的产品进行试用、评估，进行严格筛选，保证商品质量。

⑤ 运营团队。运营团队主要负责内容包括直播运营、数据运营、内容运营，其中直播运营负责参与、配合各项与直播业务相关的工作；数据运营负责监控、分析直播表现数据，预测市场趋势，为优化直播决策提供数据支持；内容运营负责直播前后的宣传推广，以吸引更多观众，提高直播的曝光度和知名度。

（2）淘 Live&PGC 业务。2016 年淘宝推出"淘宝直播平台"，淘 Live&PGC 业务就是 MCN 机构入驻淘宝平台，与淘宝商家深度合作，涵盖直播节目、互动娱乐、精彩视频三个模块。MCN 入驻淘宝平台后，可享受淘宝平台从流量到货品等不同方面的权益。

其中，淘 Live 是集合淘宝直播中明星红人、精华节目、精彩视频和互动娱乐栏目等多种形态的综合直播视频平台，是淘宝直播精品内容的展现阵地。淘宝 PGC（professional generated content）栏目则是需要具有专业领域视频直播制作能力的机构，能传播针对淘宝用户感兴趣的、有价值的、并能和电商关联的高质量直播视频内容。想要入驻 PGC 栏目，需要 MCN 机构满足以下条件：① 企业必须为独立法人，有固定办公场地，且为一般纳税人资质；② 公司注册时间 1 年以上，且从事广告、达人、自媒体、红人、电视、电影制作等相关业务 1 年以上；③ 公司注册资金大于等于 100 万元。

（3）直播商家业务。直播商家业务主要包括代播和直播代运营。

① 代播。代播是指 MCN 机构根据品牌／商家的需求，为其提供主播、直播间等一系列直播服务。

② 直播代运营。直播代运营是指 MCN 机构为品牌／商家提供直播以及与直播相关的各项业务的全流程服务，包括提供与管理主播、直播场地、运营团队，承接直播活动，策划直播内容等。

2）MCN 机构直播团队的优势

（1）获得资源与流量扶持。MCN 机构具有体系化、专业化的特点，与零散、个人的直播团队相比，MCN 机构更受各大平台的青睐。MCN 机构的加持，可以帮助直播团队迅速找准定位，并获得平台巨大的资源倾斜与流量扶持，也可以通过 IP 流量互引，迅速提高直播团队的曝光度，扩大受众群体。

（2）形成规模效应，分散风险。MCN机构通过会集不同类型的主播与直播团队，涵盖不同领域的内容，从而可以更容易地吸引广告方和品牌合作伙伴；也可以吸引更广泛的观众，避免过度依赖单一的主播或直播团队，可以降低风险。

（3）具有专业支持，更好地获得商业变现。与个人直播团队"单打独斗"相比，MCN机构在主题定位、后台运营、商业变现等方面具有巨大优势。①MCN机构为旗下直播团队提供专业的支持，包括提供技术设备、社交媒体管理和法律事务等，以帮助他们专注于直播运营。②MCN机构可以打通平台与品牌的桥梁，增加合作机会，提升品牌溢价，建立三方互利共赢机制，从而更好地获得商业变现。

（4）提供专业培训，帮助主播成长。部分MCN机构具有专业的编剧团队、市场公关团队、主播培训团队等，可以为入驻主播与直播团队提供专业指导与建议。同时MCN机构还利用自有渠道与媒体资源对主播进行品牌包装和个人IP打造，提升其商业价值和影响力。

3）MCN机构直播团队的劣势

（1）创作自由度受限。为了维护品牌一致性，MCN机构可能需要在内容创作者之间施加一定程度的控制，这会限制创作者的自由度。

（2）合同限制独立性。主播团队需要遵守MCN机构的合同规定、管理制度与相关协议，可能会影响其独立性。

（3）合作存在风险性。目前MCN机构数量较多，机构水平良莠不齐，要求也是各有差异。有些MCN机构可能存在管理不规范、利益分配不合理、收取各种名目的费用，有些存在机构易进难出的问题，造成加入者权益受到损害。

延伸学习

MCN机构在中国的发展历程

国内早期MCN主要以微博、微信、图、文、短视频内容运营为核心，随着各类短视频平台、淘宝直播的崛起，基于新平台的MCN机构不断涌现、更新迭代，衍生出一系列具有中国特色的MCN机构。MCN机构在我国的发展历程大致可以分为以下五个阶段。

第一阶段：萌芽期（2012—2014年）。

随着微博自媒体影响力的提升，国内开始出现早期的MCN机构，多为广告营销公司转型而来，少部分由自媒体自行成立。该阶段由于缺乏一定的市场基础和平台支持，MCN发展较为缓慢。

第二阶段：成长期（2015—2016年）。

在此阶段，一方面，微博、微信、短视频、自媒体走向成熟，短视频PGC创业浪潮兴起；另一方面，部分电商类MCN孵化网红个人电商品牌，淘宝直播开始培育主播，电商成为网红产业的变现模式。

第三阶段：爆发期（2017—2018年）。

各类内容平台投入资本扶持MCN机构，短视频直播行业的发展也进一步带动MCN机构爆发式增长。

第四阶段：进化期（2018—2019 年）。

在此阶段，MCN 行业继续扩张，MCN 机构在内容输出的基础上深化商业输出模式，与社交媒体平台合作，淘宝直播上商品交易总额（gross merchandise volume，GMV）增长迅猛，网红直播带货成为新的风口。

第五阶段：冷静期（2020 年—至今）。

在此阶段，MCN 行业继续发展，但也发生了变化。MCN 行业开始面临竞争和监管方面的挑战，平台算法更新、广告政策变化也导致一些 MCN 机构受到冲击。内容生产者开始考虑更多的自主管理，寻求直接与品牌和广告商合作，以减少对 MCN 的依赖。

4. 供应链基地直播团队

随着电商直播行业的发展，仅靠招商获得货源的方式已经无法保证直播间库存的充足来满足客户的需求，于是供应链基地直播团队应运而生。供应链基地直播团队是对商家的生产活动进行前伸和后延，从供应链条上的生产基地、供应商、制造商、分销商等各环节着手，将直播团队与其进行捆绑，旨在通过直播平台展示制造过程或生产流程，减少生产厂家与消费者的中间环节，直接销售产品，提高供应效率。

根据对接供应链条节点的不同，供应链基地直播团队一般分为四种类型，分别是直播基地、直播产业带、线下市场、设计师直播基地。

1）直播基地

目前的直播基地运营主体主要包括两种：一是流量平台自建，如京东、快手、淘宝等平台在全国建立直播基地；二是 MCN 机构为发挥集聚效应，提升流量价值，延展了业务链条，打造直播基地。

此外，批发市场、具有产业运营经验的园区、联合办公场地等也利用自身优势搭建直播基地。

2）直播产业带

直播产业带是由货源厂家 / 生产基地、直播团队以及其他相关人员组成的一个根源化的供货团队。对货源厂家来说，通过线上直播与线下产业带供应链相结合，能够拓宽销路，提升从生产端到销售端的效率，也有助于客户建立信任，转化购买，提高销售率。此外，厂家或基地可以获得用户即时反馈，了解市场的需求和客户的偏好，从而驱动供应链和产品策略的转型。对于直播团队来说，直接对接供货源头，有效解决了产品的供给问题。对客户来说，该团队从源头出发，直观展示产品的来源和制作的过程，减少中间环节的干预和影响，让商品的品质与售后服务更有保障。

3）线下市场

线下市场是立足于传统实体市场，在传统供应链各个节点与直播团队相结合，实现"线上 + 线下"同步销售的经营方式，主要是以二级和三级供应商、分销商的线下经营的实体市场为货源的一种供应链方式。

4）设计师直播基地

设计师直播基地，是指以设计师为核心而形成的特色型供应链，即直播基地与设计师合作，由设计师进行精心设计打版，再由工厂生产样品，寄给主播后邀请其直播。该方式的成本较高，款式更新换代较快，所以要求直播团队能够把握市场流行趋势，精准定位目标群体。

任务实训

1. 实训目的

通过实训，加深对四种直播团队类型的理解与认识。

2. 实训内容及步骤

（1）将全班同学划分为若干任务团队，各任务团队推选一名负责人。

（2）各任务团队对不同类型的直播团队进行了解、调研、访谈，了解直播团队组成与运营情况。

（3）各任务团队将所获的一手和二手资料进行整理、分析，分别形成四种直播团队的典型代表案例。

（4）任务团队负责人进行介绍，授课教师进行点评。

3. 实训成果

实训作业：不同直播团队的典型案例分析报告。

任务 3.2   掌握直播团队组建的方法

任务引入

2022 年年初，山东新华书店集团济宁分公司漫舟书城建起了专业的直播运营团队，决定构建多元化多场景的直播矩阵。在组建初期，直播团队只有 4 人，他们进行了多个平台的直播尝试，最终选定了具有巨大流量红利也更适合自身发展的抖音直播赛道。通过利用新华荐品、爆品图书价格低、品质优的特点，这个团队快速吸引到了抖音公域流量里的潜在消费者群体。但是 2022 年 8 月中下旬，漫舟书城直播陷入"瓶颈"期，流量骤减，团队斗志也越来越低迷。

后来经过多次开会复盘分析，观看学习头部主播直播间的运营模式，漫舟书城直播团队找到自身的症结所在，设置了功能完备的直播间，打造专业场景，提升顾客线上购书体验，同时完善了直播团队，将直播团队扩充到 10 多人，分布在直播选品、脚本策划、店铺维护、中控场控、直播互动等岗位上，并以"两班倒"的方式常态化开展直播带货。在团队伙伴的共同努力下，漫舟书城直播间流量慢慢回暖。

问题：你觉得扩充后的团队与初期的团队相比有何优势？要想继续提升直播间流量，还要做好哪些工作？

相关知识

每场直播都离不开团队的支持。无论是个人、商家还是机构，要想做好直播，组建直播团队并进行精心的准备与策划是非常必要的。根据直播活动的预算、内容、流程、预期效果等不同，个人或商家可以组建不同层级的直播团队。

1. 低配版直播团队的组建

在预算与资源有限的情况下，为了保证直播活动顺利进行，可以组建低配版直播团队，这种团队至少包括 1 名主播、1 名运营。低配版直播团队成员的构成与职责分工如表 3-1 所示。

表 3-1　低配版直播团队成员的构成与职责分工

运营职责			主播职责
营销任务分解 货品组成 品类规划 结构规划 陈列规划 直播间数据运营	商品权益活动 直播间权重活动 粉丝分层活动 排位赛制活动 流量资源策划	商品脚本 活动脚本 关注话术脚本 控评话术脚本 封面场景设计 下单角标设计 妆容、服饰、道具等	直播设备调试 直播软件调试 保障直播效果 设备维护与故障排除 控制画面切换 发券、配合表演 后台回复 数据登记反馈 熟悉商品情况 熟悉活动脚本 运用话术 讲解商品 控制直播节奏 做好复盘总结

这种职能分工要求运营集多种身份于一身，既要懂技术，还要会策划，会营销，能统筹，懂运营，会控场，并且能够自由转换身份，顺利开展工作。此外，这种团队对主播的依赖度比较高，一旦出现主播生病、流失等问题就会影响直播活动的正常进行。

2. 标配版直播团队的组建

标配版直播团队是对低配版直播团队的分工进一步细化，增加了人员配置，一般为4 ～ 5 人，减轻了低配版直播团队成员的工作压力。标配版直播团队成员的构成与职责分工如表 3-2 所示。

表 3-2　标配版直播团队成员的构成与职责分工

运营职责	策划职责	场控职责	主播职责
营销任务分解 货品组成 品类规划 结构规划 陈列规划 直播间数据运营	商品权益活动 直播间权重活动 粉丝分层活动 排位赛制活动 流量资源策划	商品脚本 活动脚本 关注话术脚本 控评话术脚本 封面场景设计 下单角标设计 妆容、服饰、道具等	直播设备调试 直播软件调试 保障直播效果 设备维护与故障排除 控制画面切换 发券、配合表演 后台回复 数据登记反馈
			熟悉商品情况 熟悉活动脚本 运用话术 讲解商品 控制直播节奏 做好复盘总结

3. 升级版直播团队的组建

随着团队的不断发展与直播业务要求的不断提升，企业或商家需要进一步扩充直播团队，将其打造成团队组成更庞大、分工更细、工作流程更优、专业性更强的升级版直播团队。升级版直播团队成员的构成与职责分工如表 3-3 所示。

表 3-3　升级版直播团队成员的构成与职责分工

主播团队 （3人）	主播	开播前熟悉直播流程、商品信息，以及直播脚本内容； 介绍、展示商品，与用户互动，控制直播节奏，活跃直播间气氛，介绍直播间福利； 直播结束后，做好复盘总结等
	副播	协助主播介绍商品，及时补充遗漏的信息； 回答用户问题、引导关注、介绍下单流程、介绍直播间福利； 协助调动直播间气氛； 特殊情况下担任临时主播等
	助理	负责直播间的日常事务，准备直播商品、使用道具等； 协助主播和副播执行宣传策略，推广直播间，提高关注度； 协助配合主播工作，做主播的模特、互动对象，完成画外音互动等
策划 （1人）		规划直播内容，确定直播主题； 规划好开播时间段，准备直播商品； 做好直播前的预热宣传，做好直播间外部导流和内部用户留存等
编导 （1人）		编写商品脚本、活动脚本、关注话术脚本、控评话术脚本； 做好封面场景策划、下单角标设计； 负责妆容、服饰、道具等
场控 （1人）		直播设备调试、直播软件调试、设备维护与故障排除，保障直播效果； 负责直播中控台后台操作，包括直播推送、商品上架、发券，监测直播实时数据； 接收并传达指令，实时提示主播、副播，发现有异常时反馈给直播运营
运营 （2人）		营销任务分解、货品组成、品类规划、结构规划、陈列规划、直播间数据运营、活动宣传推广、粉丝管理等
选品 （2人）		结合直播间定位及主播特性选择合适的产品； 对产品资源进行对接并把控产品质量； 筛选提炼，挖掘爆品
导购 （2人）		帮助主播介绍商品特点，强调商品卖点，向用户推荐商品； 协助主播与用户互动

续表

摄影剪辑 （1 人）	负责直播间画面合成、特效和转场等视觉效果，控制画面切换，确保画面质量； 负责视频拍摄与剪辑（包括直播花絮、主播短视频、商品相关视频）、产品图片后期修图与编辑； 负责音频质量，包括话筒、音效和音乐控制
客服 （2 人）	配合主播为用户进行在线答疑； 修改商品价格，上架优惠链接； 对下单客户进行持续维护，解决发货、物流、售后等问题

案例分析

携程"直播天团"

2020 年携程联合创始人梁建章在小程序上直播带货。从 2020 年 3 月开始，梁建章和由携程员工新组建起来的"直播天团"，已经走了 17 个省 45 市（自治州），几乎走了四分之三个中国，总行程 5 万 km。每场直播中，梁建章都有不同扮相和技能亮相。从贵州"苗王"、江南古装 Cosplay 李慕白，到川剧变脸装扮、摇滚装扮，他在直播镜头前的角色扮演跨越不同朝代、不同民族、不同身份。技能展示也是涵盖天南地北古今中外：唱 Rap、跳舞、天津"贯口"、少林棍法、"国粹"变脸、摇滚演唱……

"携程 BOSS 直播"固定在每周三，梁建章通常在上一个周日到达直播所在地，用两三天体验当地的景区、餐厅、高星级酒店，有时自己拍摄剪辑一段景区打卡 Vlog，然后留出时间学习下次直播要展示的新技能。有时他也会亲自参与直播创意。比如在成都宽窄巷子里看到"国粹"变脸，梁建章想到要在直播中表演变脸，时间紧迫，于是他边吃早饭边练习。直播团队则迅速买来道具，将携程高星级酒店 999 元特价写在变脸脸谱上。此外，河南直播中的少林棍法、少林劈砖，天津场的"贯口"报酒店名，东北场抱着吉他摇滚嘶吼，也都是梁建章的主意。

携程"直播天团"和所有的直播团队要做的工作一样，一面选品，一面带货，带的则是更为复杂的旅行产品。在一轮轮马不停蹄直播带货的背后，是一支共十几人的小队，主要构成来自携程 PR、程梦 MCN、市场部员工。参与的高管中，除了负责出镜的梁建章，还有携程 CMO 孙波。另一位每场直播都和梁建章一同出现的"小助理"孙天旭，实际是该公司的公关事业部负责人。携程负责数字营销的副总裁何赞，在幕后与数据、技术、营销团队连轴运转，与大批高星级酒店谈折扣，谈退改政策，要求更长的预约有效期。

据携程的数据统计，梁建章首场直播持续 57 分 47 秒，收获 61 万观众和 167 万累计互动人次，最终达成 17 000 单交易量，超过 2 000 万 GMV（商品交易总额）。"直播天团"的 15 场携程直播，成交总额达 6 亿元，观看总人次共计 4 000 万；梁建章直播以来共为 600 多家高星级酒店"带货"；在 2020 年 5 月至 6 月，携程上直播目的地的旅行收入平均提升 8%，其中海南、湖州旅行收入提升近 20%。

案例分析：本案例主要讲述了携程联合创始人梁建章在2020年新冠疫情期间亲自带领团队直播带货，帮助公司自救并推广旅游业务的故事。梁建章的直播团队人员搭配合理，能够充分发挥每位成员的专长，而且非常努力，也非常注重直播细节和创新。统计数据显示，携程的直播带货为携程带来了很好的销售效果。

携程的直播带货不仅帮助携程渡过了难关，也提高了人们对旅游业的关注度。携程的直播展示了中国各地的美丽景点和特色文化，让更多的人了解和喜欢上了旅游，携程直播带货的成功案例值得其他企业学习和借鉴。

任务实训

1. 实训目的

通过实训，加深对直播团队分工及各岗位职责的认识，能够在直播中立足各岗位，保证直播顺利进行，增强团队凝聚力。

2. 实训内容及步骤

（1）将全班同学划分为若干直播团队。

（2）直播团队内进行岗位分工，明确各自职责。

（3）任选某一商品，设计直播宣传资料与话术，策划直播。

（4）选择一个直播平台，按照脚本进行直播。

（5）对直播效果进行复盘与总结。

3. 实训成果

实训作业：团队直播效果总结报告。

任务3.3　熟悉主播的选择与人设打造

任务引入

"大家可以点点购物车，去看一下这个产品。今天主要为大家推荐的是这一款婴儿泡泡洗发沐浴露，它含有纯天然温和氨基酸的成分。"

正在直播的罗明，是两个孩子的妈妈，也是一名母婴行业的主播。很多人都觉得全职宝妈受制于时间与精力的关系，无法出门工作去参与社会劳动。但随着平台经济的迅猛发展，大量女性进入各平台成为电商主播。母婴行业的迅猛发展使"宝妈"这一人设获得了较高的社会热度与商业潜力。

37岁的罗明，出生在武汉一个普通的工人家庭中，中专毕业后，为了减轻家庭负担，她选择了外出务工。没有工作经验，学历不高，那时的她找工作四处碰壁。经历两段不成功的工作后，罗明去了一家医药公司做销售，在这家公司，她一干就是十年。2017年，罗明丈夫的工作有了调整，需要经常出差；孩子的学业压力也越来越重，心理和生活上都需要她投入更多的精力。思虑再三，罗明决定把生活的重心转移到家庭中，辞去较为繁忙的医药公司工作。2021年她重新回到职场。恰好此时，公司正引进一个新项目——母婴行业主播创业扶持计划。经过公司一番筛选，罗明有幸成为该计划中的一员。

罗明接受的第一节主播行业培训课就是实操训练，如开通账号，完善脚本，以及品牌方的产品讲解等。在参加完两期系统培训课程后，罗明正式上播了。在生活中本不爱说话的罗明，要在直播间不间断地与网友互动，这着实让她吃不消。另外，由于罗明从事的是母婴产品类直播，只要触碰到关键敏感词，公屏就会弹出违规字样。罗明只好"摸着石头过河"，一边直播一边探索，不断调整直播脚本。整整一个月，罗明通过实践不断调整完善直播内容，终于有了收获。

问题：案例中罗明的主播经历对你有何启示？你觉得该如何打造主播人设？

相关知识

1. 主播的选择

1）主播的类型

随着直播行业的发展，越来越多的人从事主播这个职业。主播是一场直播的灵魂所在，一个优秀的主播会吸引大量观众，增加对其喜爱度和信任感，并转化为忠实粉丝。根据其内容、风格和隶属等不同，主播也分为不同类型，以满足不同受众的需求。常见的主播分类包括以下几种。

（1）根据主播的直播内容进行分类，主要分为以下几类。

① 游戏主播。这类主播主要在游戏直播平台上播放视频游戏或进行游戏过程演示。他们可能专注于某个特定游戏，也可能涵盖各种不同类型的游戏。

② 生活主播。生活主播分享他们在日常生活、兴趣爱好、美食、旅行、家居装饰等方面的内容，他们的内容通常是与生活品质和个人经验相关的。

③ 美妆主播。美妆主播专注于化妆、护肤、美发和时尚，他们经常展示化妆教程、产品评测与推荐，以及美容技巧等。

④ 娱乐主播。娱乐主播的内容通常包括喜剧、娱乐新闻、访谈和各种形式的娱乐表演。

⑤ 体育主播。体育主播主要负责介绍体育直播内容，分享体育赛事，进行赛事解说，对话运动选手等。

⑥ 教育主播。教育主播专注于教育和知识传播，他们可能提供在线课程、学习建议、学科解说、教育资讯等。

⑦ 健康与健身主播。这些主播聚焦于分享健康生活方式、健身锻炼、营养信息和健康建议。

⑧ 音乐主播。音乐主播主要演奏乐器、唱歌或分享音乐表演。他们还可能在音乐平台上进行直播演出。

⑨ 政治和时事主播。这些主播关注政治事件、时事新闻和社会问题，通常在新闻评论或政治讨论方面提供内容。

⑩ 科技主播。科技主播关注科技领域的最新发展，一般进行产品评测、科技新闻解说和技术教程等。

⑪ 亲子主播。亲子主播通常是为家庭和儿童提供内容的，例如儿童教育、游戏，亲子

关系，家庭生活等。

（2）根据主播的直播风格与表现形式进行分类，主要分为以下几类。

① 娱乐幽默型主播。主播多以幽默风趣的语言或娱乐性的形式进行直播，使观众能够放松身心，舒缓情绪，满足人们的心理需求。

② 表演型主播。表演型主播是指在直播过程中，主播通过表情、神态、肢体动作等呈现直播内容，如舞蹈、唱歌、魔术、情景表演、模仿等。

③ 培训教学型主播。主播以授课方式，在直播中传授知识与技能，如网络在线课程、美食制作教学、化妆教程演示等。

④ 卖货型主播。这类主播主要就是直播带货，在直播过程中向观众推荐商品，引导观众购买产品。

⑤ 测评型主播。测评型主播主要负责对产品进行客观、诚实的介绍与描述，并介绍产品的使用体验，让观众对产品的外观、功能、性能、特点、优缺点等有更直观、全面、真实的了解。

（3）根据主播的隶属与性质进行分类，主要分为以下几类。

① 个人主播。个人主播就是直播前后全过程由个人进行操作的主播。个人主播根据自己的爱好、特长选择内容领域，确定直播形式，定位目标用户，策划直播内容，进行直播推广。

② 团队主播。团队主播就是由几个人组成团队，进行多人直播或分工合作运营，团队成员集思广益，各司其职，扬长避短。与个人主播相比，团队主播可以减少个人工作量，发挥团队整合优势。

③ 商家主播。商家主播就是隶属企业/品牌，由企业/品牌直接选择相关人员作为主播进行直播。商家主播对本企业/品牌往往了解更深入，在介绍商品时会更全面、更能凸显优势。

④ 机构主播。机构主播主要是主播依靠MCN机构，由MCN机构制订培养计划，打造主播人设，主播需要按照MCN机构对其定位与安排进行直播。

2）获取主播资源的方式

要想寻找到合适的主播，可通过多种渠道去搜集、获取，常见的方式如下。

（1）利用BOSS直聘、前程无忧、智联招聘等在线招聘平台，发布主播招募信息。

（2）通过各个直播平台查找、筛选主播，可以通过直播间留言或者私信等方式与主播沟通合作事宜。

（3）如果主播隶属MCN机构，可以通过主播所在MCN机构与主播进行联系对接。

（4）由同行推荐适合的主播，往往主播与直播间的匹配度会更高。

（5）通过直播团队轮换岗位到主播岗位上，如通过对直播助理、运营等岗位的人员进行培训，让其胜任主播工作。

2. 主播人设的打造

对于主播来说，人设形象的打造是非常重要的，这是在当下竞争愈加激烈的电商直播行业中能够给用户留下深刻印象，并快速吸粉的关键。优秀的主播除了有着较高的直播技能和水平，还会在直播内容中展现自己的独特风格与人格魅力，逐渐形成个性化标签与固定形象，增加粉丝的信任度，从而扩大自身影响力，从而更好地进行转化。

微课堂

主播人设的打造

1）主播能力的培养

在直播中，主播是商家与用户联系的唯一环节，主播的表现很大程度上决定直播能否吸引用户的关注，甚至还会影响商家的品牌形象。主播要想获得更多用户的喜欢，提升能力是关键，所以培养主播的各项能力，才能保证其在众多同类主播中脱颖而出，并顺利完成商品的销售。

（1）基本能力。

① 形象管理能力。主播的外在形象是吸引观众关注的第一要素，大方得体是对主播形象最基本的要求。主播应注重形象造型的个性化和与自身特点的契合，并与直播内容、直播环境、商品特点、受众群体等保持一致，实现"人""货""场"的协调，这样有助于赢得目标群体的信任。

② 语言表达能力。语言表达能力指主播能够将自己的思想、情感、想法、意图等清晰准确地表达出来的能力，是主播最基本的业务技能。主播说话时应口齿清晰、表达清楚、通顺流畅、逻辑清晰，对商品的基本信息与特点了然于胸，并向用户进行细致的介绍与丰富的阐释，及时耐心解答用户提出的问题。说话要幽默风趣、亲切自然、真诚随和，语气语调不能过于夸张，注意把握语言表达的分寸和节奏，避免引起用户的质疑甚至反感。

③ 灵活应变能力。虽然直播前会做好充分准备，但仍不可避免会遇到一些意外情况，影响直播的顺利进行，造成观众的流失，这就需要主播迅速做出反应，巧妙化解。

（2）专业能力。

① 商品讲解能力。对直播产品卖点、特点、功能等专业信息了解非常全面，讲解商品时能够突出亮点，放大产品优势，并延伸话题，将产品带入应用场景，提升用户的信赖感。

② 销售带货能力。主播属于一种新型的销售人员，不仅要能洞察观众心理，抓住观众需要，针对性地推荐商品，还要能快速解答观众的各种问题，塑造专业性较强的形象，打消观众疑虑，引导观众做出购买决策。

③ 直播控场能力。直播控场的目的就是增长直播间人气，与用户进行互动，吸引其注意力，并促成其下单。这要求主播要知道在什么情况下需要活跃拉升气氛，调动观众积极性，把控好直播间氛围，提升观众的直播观看体验。

（3）心理素质。

① 保持同理心。学会换位思考，将心比心，站在消费者角度介绍推荐产品，客观提供建议，避免引起观众的反感。

② 自信乐观。要保持良好的直播心态，就必须要自信乐观，不过分关注观众对自己的负面评价，不焦虑不慌乱，不过度纠结，相信自己。

③ 抗压能力。主播可能会面临压力和批评，需要具备心理韧性，才能够处理挑战和压力。

④ 心胸开阔。作为数量庞大的主播行业中一员，不要总拿自身缺点与其他主播优点对比，不要斤斤计较，要学会欣赏别人、宽容别人，也要学会赏识自己、勉励自己，学会正

向思维，保持积极的心态。

2）主播自身调性的构建

每个主播都有自己的独特性，独特性决定了主播的调性。优秀的主播应确立富有个性化的自我调性，以便圈定精准的目标群体，在其心中留下深刻的印象。

主播的调性对直播的效果有重要的影响，所以要培养主播形成独特的风格，构建自身调性，具体可以从直播方式、镜头感、情感、情绪、语速语调、音量六个方面着手。

（1）直播方式。首先确定直播主题或领域，然后选择自己擅长的直播方式，如严肃式、表演式、幽默式等，进行内容输出。

（2）镜头感。锻炼自己的镜头感，眼神坚定，和观众有交流，有节奏地看手机公屏查看用户互动留言，努力给观众营造面对面交流的感受，给人以真实感。

（3）情感。倾听观众的观点与看法，真诚地回答，客观地介绍，要能够换位思考，以达到情感共鸣。

（4）情绪。情绪热情饱满，有感染力，能够带动观众情绪起伏波动。

（5）语速语调。口齿清晰，发音标准，语调柔和活泼且不沉闷，语速能随着情绪、内容随时调整快慢。

（6）音量。音量稍大，清晰传达信息，并随着语速和情绪有波动起伏。

3）主播人设的定位与打造

所谓"人设"，就是指人物形象的设定，通过设计人物的外貌特征、服装样式、性格特点、行为习惯等来营造自己在别人心中的形象。"人设"的出现，在一定程度上是为了迎合大众需求，投其所好，强化受众群体对其认同与喜欢。

打造人设，就是为了让主播的定位更加鲜明、立体，控制观众对主播所形成的印象，快速记住主播，并对主播产生关注欲望，进而提升直播间的流量。

要想打造一个成功的主播人设，需要考虑以下几个方面。

（1）选对商品，明确目标受众。主播需要明确想要吸引的目标受众是谁，并确定用户画像，包括受众对象的地域、年龄、偏好、收入、消费能力等。不同的受众群体对于主播的人设有不同的要求和期望。一旦确定了目标受众，就可以开始塑造主播的人设，选择契合自身人设的商品，分享给受众，以满足他们的需求。

（2）确定专长，选择合适的领域。在塑造主播人设时，要挖掘主播的闪光点与自身特点，并以此为出发点，利用主播的专业知识、才艺、兴趣等优势去吸引和感染用户。需要注意的是，人设一定要真实，切忌为了追求完美人设而脱离实际。

（3）增设标签，塑造个性和风格。为了打造一个成功的主播人设，需要建立自己的品牌形象，包括选择一个独特的主题、确定标志或标志性口号。同时可以增设人物标签，突出自己的核心竞争力，如可爱、活泼、颜值、手艺人等各种各样的标签，这样提到某个标签时，观众就可以很容易地联想到该主播的风格，进而不断提升直播间观众的黏性。

（4）持之以恒，提供有价值的内容。主播人设不仅仅是外表形象，还包括主播提供的内容。主播的内容对目标受众有价值，才能够吸引他们并保持他们的兴趣。而吸引大量受众群体通常也不是短期内就能实现的，需要时间和努力，要坚持不懈，持续改进内容质量，才能建立起一个稳定的观众群。

（5）利用社交媒体，渲染主播人设。直播带货前，在各个社交媒体上积极宣传和推广主播的人设形象也是很重要的一部分。利用不同的社交媒体平台来扩大主播的影响力，吸引平台用户的广泛关注，积累一定数量的基础粉丝，然后将这些用户引流到直播间，产生粉丝效应。

总之，打造一个成功的主播人设需要明确目标受众、选择合适的领域、塑造个性和风格、提供有价值的内容，同时在社交媒体上积极参与，并保持坚持不懈的精神。通过这些努力，才可以建立一个引人注目的主播人设，吸引更多的观众。

任务实训

1. 实训目的

通过实训，加深对主播类型、能力要求与人设塑造等内容的认识与了解。

2. 实训内容及步骤

（1）全班同学以个人为单位，分别登录淘宝或抖音等具有直播功能的 App，进入直播频道，选择自己感兴趣的领域；

（2）同学在所感兴趣的领域，选择两组播放量（或粉丝量）较高的直播进行观看；

（3）记录两组主播的语言表达、引入商品、商品讲解、下单引导、销售量等信息；

（4）同样在该领域，选择两组播放量（或粉丝量）较低的直播进行观看；

（5）将两类直播间所记录的内容进行对比分析，从主播角度分析其播放量（或粉丝量）差距较大的原因。

3. 实训成果

实训作业：主播对直播间影响的对比分析。

任务 3.4　熟悉副播与助理的选择

任务引入

助理小袁入行一年，她累计合作过两位数的主播，卖过女装、红酒、美妆、零食等各式商品。"身经百战"的她知道，直播带货有多火，"翻车"就有多频繁。一个优秀的"小助理"，必须确保直播流程能够快速、效率、便捷，不"翻车"地进行下去。

"开播、上架、下架、下播"，小袁身处的直播团队有五六个人，每天晚上六点到十二点半，这是开播时间，也是他们一天中最严阵以待的时刻。在开始前，她还和团队一起制定直播策略，并提前确认直播场地和灯光布置。直播间有三个区域：镜头里的直播区域、满是电脑的办公区域、堆满样品的存货区域。小袁是现场唯一一个必须时不时穿梭全场的人，按她的话说，是"一只脚在屏幕前，一只脚在屏幕后"的人。

直播间就像一个每天都在打折的大商场。主播在旁边换着花样给你种草，让各色商品出现在你面前，而助播更像是让这个商场运作起来的人。在直播的过程中，你永远不知道下一秒的评论会提什么样的要求，就比如主播刚刚还在介绍一条连衣裙，马上就有评论说要看防晒服。一旦看到有新的需求出现，助播必须火速跑到旁边找出主推的服装，然后在主播还在换衣服的过程中"上线营业"，让场面不要冷下来。

直播结束、收拾完现场后，助理还需要做总结和复盘，分析数据，推爆款衣服，并为下一场直播做准备。小袁有的时候凌晨五六点才入睡，闭上眼睛了，脑海里还是直播间的环形灯架和密密麻麻的数据。她这样评价自己的工作："身体累，心更累。"

问题：结合案例，请谈谈你认为想要成为一名优秀的直播助理，需要具备哪些能力。

相关知识

1.副播的选择

在一场直播当中，仅仅依靠主播一个人是无法保证直播顺利完成的，需要直播团队的配合。而在大多数直播间中都有副播，与主播默契配合，确保直播流畅进行，有条不紊。副播的主要工作是配合主播进行直播，包括补充产品信息点、回答用户问题、引导关注、介绍下单流程、协助调动直播间气氛等。他们需要时刻关注主播的直播内容，及时补充遗漏的地方，让直播内容更完整。副播可以称为主播的"左右手"，在直播过程中与主播一起扮演重要的角色。

1）副播的类型

（1）根据工作内容与出镜情况划分，副播可分为出镜和不出镜两种。

①出镜副播。除了在语言与话术上配合主播，还会与主播一同出镜，充当直播间的模特，帮助试穿衣服，试用商品，辅助主播演示等。当主播有特殊情况时，副播可以临时充当主播的角色。

②不出镜副播。在场外通过画外音或文字形式对主播提到的商品或优惠信息进行补充、强调，配合主播完成直播。

（2）根据工作性质与角色定位划分，副播可分为聊天搭话型、实验配合型、频繁提示型、拔草促单型。

①聊天搭话型。与主播形成整场脱口秀似的"双人相声"，通过与主播聊天、搭话、问答以及附和主播，来突出产品特点，增加产品卖点，关注与直播间观众的互动，引导理性消费，从而达到较理想的、具有趣味性的带货直播效果。

②实验配合型。在主播讲解产品后，副播通过自身真实演练，如试穿、试化、试用、试吃等，将切身感受体验反馈、分享给直播间用户，增加真实度与体验度，提高产品下单率。

③频繁提示型。配合主播介绍产品活动、价格、尺码、优惠、物流等信息，帮助解答客户疑问。在促单环节、互动环节，时刻抓住主播话术的空隙，不间断地引导粉丝点关注、点赞，打开商品链接等。

④拔草促单型。主播负责塑造产品的价值，展示产品的优点，向直播间客户"种草"。副播则在此基础上在促单环节不断输出，营造货品紧缺、市场好评的氛围感，积极推进客户下单。

2）副播的能力素质要求

（1）沟通表达能力。具备良好的沟通表达能力与技巧，能够与主播保持良好、紧密、默契的沟通，并及时做出反应，能够回答观众的问题，参与聊天，营造良好的直播间氛围，与观众建立良好的互动关系。

（2）团队协作能力。能够有效地与主播、直播团队其他成员合作，听从后台提示与指挥，配合团队共同实现直播的目标。

（3）宣传营销能力。全面了解产品的信息与卖点，能够与主播一起制定宣传策略，吸引更多的观众，增加关注度和粉丝数量。

（4）突发应急能力。在直播中可能会遇到各种突发情况，副播在突发情况下应能够保持冷静，应对压力，灵活应对，如主播离席时副播能够及时补位，声音、画面不正常时及时示意后台，商品信息和活动与主播介绍不符时能巧妙提醒等。

2. 助理的选择

助理也是直播工作团队中的重要成员之一，可以帮助主播提高工作效率和质量。助理的工作更多集中在幕后，为确保直播节目顺利进行，提供支持和协助。助理一般不需要在镜头前表现，所以通常被称为后台助理。

助理主要负责直播间的各种日常事务，从直播前的准备，到直播中的运行，再到直播后的复盘总结，全过程各个环节都会有助理的参与，助理扮演的角色多种多样，工作内容纷繁复杂，对其能力素质要求也更综合全面。

1）助理的工作内容

直播间助理的具体工作内容见表3-4。

表3-4　直播间助理的具体工作内容

直播前	协助团队选品，与主播进行开播前的排品，梳理商品的卖点，摆放备播商品； 确认直播场地，做好直播间场景布置，检查使用道具是否到位，调试直播设备； 提前核对好库存、物流、发货时间等信息； 协助主播和副播执行宣传策略，推广直播间，提高关注度；协助主播拍摄开播前需要发布的视频等
直播中	活跃直播间气氛，帮助主播掌握直播节奏，增加整场热度，及时解答主播未回答的提问； 实时关注直播后台数据，全方位配合主播、副播，及时提醒主播货品、库存、活动等信息； 递送产品和样品展示板，做好要介绍的产品之间的替换与衔接工作； 采用配合主播的话术，促单时烘托气氛
直播后	根据直播数据分析用户需求和直播效果，参与复盘、总结工作； 对于直播间收到的投诉、建议等及时整合，尽快给出合理的解决方案； 协助主播维护粉丝群，保持下播后和粉丝的互动

2）助理的能力素质要求

一个优秀称职的直播助理需要具备7项基本能力，具体如下。

（1）传媒与引流技能。助理需要具备一定的传媒知识，了解直播平台运营机制，掌握运营技巧，能够为直播间获取更多的流量，吸引更多粉丝客户，提高直播间人气。

（2）活动策划能力。助理需要具备一定的活动策划能力，能够参与直播活动的策划和执行，设计直播环节并提前做好准备，提升直播活动的趣味性和互动性。

（3）沟通能力。助理需要具备良好的沟通能力，能够与主播、商家、客户、粉丝等多方进行有效沟通，提高工作效率和质量。同时在直播时处理大量观众互动信息，要能够耐心细致地回应观众。

（4）细节注意力。助理需要具备细节注意力，能够注意到直播间的每一个细节，提供更好的服务和支持，协助做好直播间管理工作。

（5）压力处理能力。助理需要具备一定的压力处理能力，能够在高强度的工作压力下保持冷静，及时处理突发情况，保证直播顺利进行。

（6）团队合作精神。助理需要具备团队合作精神，能够积极协调各方资源，与主播、副播、其他部门紧密配合，共同完成直播工作。

（7）持续学习能力。助理需要具备全面的专业技能和综合素质，能够快速适应新环境和掌握新技能，所以需要助理具备持续学习能力，能够不断学习新知识和技能，提高自身素质，以适应行业发展的需求。

总的来说，副播更注重在前场与观众的互动和直播的推进，而助理则更侧重于直播前后的日常事务处理与提供幕后支持。在某些情况下，一个人可以同时担任副播和助理角色，并根据需要切换工作职责。但是无论作为副播还是助理都需要积极参与直播过程，维护观众互动，确保直播顺利进行。

任务实训

1. 实训目的

通过实训，加深对副播的认识与了解。

2. 实训内容及步骤

（1）全班同学以个人为单位，分别登录淘宝或抖音等具有直播功能的 App，进入直播频道，选择自己感兴趣的领域；

（2）同学在所感兴趣的领域，选择两组播放量（或粉丝量）较高且有副播的直播进行观看；

（3）详细记录两组副播在直播中的互动技巧、语言表达、商品展示、辅助讲解、引导下单等方面具体的做法；

（4）同样在该领域，选择两组播放量（或粉丝量）较低且有副播的直播进行观看；

（5）记录两组副播在语言表达、引入商品、商品讲解、下单引导、销售量等方面的做法；

（6）将两类直播间所记录的内容进行对比，分析副播之间是否有差距，与主播配合是否默契。

3. 实训成果

实训作业：副播岗位说明书。

练习题

一、单选题

1. 负责策划直播活动，并根据主播人设、受众对象、商品特性等撰写直播策划方案与直播脚本的岗位是（　　）。

    A. 主播　　　　　　　B. 助理　　　　　　　C. 运营　　　　　　　D. 编导

2. 下列说法错误的是（　　）。

    A. MCN 机构直播团队更容易获得流量扶持

    B. 商家直播团队货品来源丰富

    C. 个人直播团队资源往往会受到限制

    D. 供应链团队可以通过直播平台展示制造过程或生产流程，减少生产厂家与消费者的中间环节

3. 场控主要在直播的（　　）阶段发挥作用。

    A. 前期准备　　　　　B. 过程控制　　　　　C. 直播复盘　　　　　D. 日常维护

4. （　　）不属于构建主播自身调性的关键因素。

    A. 长相　　　　　　　B. 镜头感　　　　　　C. 语速语调　　　　　D. 直播方式

5. （　　）不属于 MCN 机构直播团队主要负责的业务。

    A. 淘 Live&PGC 业务　　　　　　　　　B. 建立设计师直播基地

    C. 直播商家业务　　　　　　　　　　　D. 直播业务

二、多选题

1. 下列属于商家直播团队优势的是（　　）。

    A. 对主播依赖度高　　　　B. 有利于加强品牌建设　　C. 具有灵活性和自主性

    D. 能够及时捕捉市场趋势　　E. 与客户联系紧密

2. 直播助理可以承担（　　）工作。

    A. 协助进行直播间的布置　　　　　　B. 协助进行选品

    C. 在直播中配合主播　　　　　　　　D. 做主播的模特

    E. 直播中控台操作

3. 根据主播的隶属与性质进行分类，主播可分为（　　）。

    A. 个人主播　　　　　　B. 培训主播　　　　　　C. 测评主播

    D. 商家主播　　　　　　E. 团队主播

4. 要想成为一名主播，应具备的基本能力有（　　）。

    A. 形象管理能力　　　　B. 直播控场能力　　　　C. 销售带货能力

    D. 灵活应变能力　　　　E. 语言表达能力

5. 副播的类型有（　　）。

    A. 聊天搭话型　　　　　B. 实验配合型　　　　　C. 表演展示型

D. 频繁提示型　　　　　　E. 拔草促单型

三、名词解释

1. 个人直播团队　2. 副播　3. 商家主播　4. MCN　5. 直播助理

四、简答及论述题

1. 升级版直播团队应由哪些人员组成？

2. MCN 机构直播团队的优势有哪些？

3. 打造一个成功的主播人设应注意哪些问题？

4. 试论述副播的能力素质要求。

5. 试论述直播助理的能力要求。

案例讨论

GD 夫妇：抓住每次大促机会，内容、货架共同增长

一提到 GD 夫妇，可能想到的就是收租的画面，两人穿着一身简单随意的衣服、一双接地气的拖鞋，说着一口粤语，再带着标志性的蛇皮袋以及一串钥匙，将收租时的霸气展现得淋漓尽致。

前几年，这对 GD 夫妇凭借传神的收租段子进入大众的视野，之后一直保持着稳定的更新频率，在全网收获了不少粉丝，但他们的主阵地是抖音，目前在该平台已经积累超过5 900 万粉丝，属于抖音的头部网红，也是无忧传媒的头部达人。

现在 GD 夫妇也做起了带货主播，主要聚焦护肤美妆、家居和食品等品类的商品，并且做得有声有色，带货销售额多次刷新抖音平台的纪录。GD 夫妇在直播首秀中，短短 3 个小时，直播间的商品就被一售而空。2022 年仅凭着"美妆护肤"这一个赛道，GD 夫妇就创造了超过 1 000 元的平均客单价，一场直播销售 7 亿元，更是创下了同期抖音单场销售额最高的场次纪录。

GD 夫妇现在已经形成了固定搭配，妻子 Y 女士负责选品，丈夫 Z 先生负责制定大促策略及设计内容脚本。选品是夫妇俩非常重视的前期筹备环节。Y 女士意识到，留足时间才能在商谈中获得更多的商品、更好的优惠机制，"不是说跟这个品牌方见一次，他就能给到我满意的货盘跟机制，大牌的都要见三次以上"。在与品牌方反复商谈后，GD 夫妇成功让品牌方给到较低的价格。

GD 夫妇非常注重直播带货整个周期的消费者体验。在直播间里，严格把控整体设计，包括音乐、灯光、流程等，力图将更多信息直接呈现在消费者眼前。在 GD 夫妇的直播间，除了 GD 夫妇的讲解，他们身后也有多名团队员工负责举牌展示商品和优惠信息，相当直观。提前设计的商品链接封面图也能直接展现商品优惠力度，让消费者更快了解信息，避免浪费时间。

GD 夫妇考虑到消费者收到商品的时效以及包装，还会催促合作商家提前打包商品。Z 先生说："我们在卖货前就在确定如何保障快递能够迅速发出去，如何确保消费者收到完好无损的货品。我们要求所有的品牌都要提前一周开始打包。在我们的眼里，消费者的收货

体验，比商品卖出去更重要。"大量粉丝在 GD 夫妇的评论区称，他们在下单次日早上就收到了订单商品。

此外，他们也积极与抖音电商平台沟通方案细节，寻求流量机制、合作商谈等方面的建议。在 Z 先生看来，从他们开播的第一天开始，抖音电商平台方就提供了诸多指导和支持，"抖音电商就像一位严厉的老师，他会教你，带着你往前走"。

通过在选品、直播、发货、投流、团队等层面不断打磨，加强商品来源管控，经过 1 个半月的商品筹备，2023 年"6·18"大促期间仅仅 3 天的直播带货，他们就完成了上年同期大促期间 18 天的总销售目标。

思考讨论题

1. 结合案例，请分析 GD 夫妇成功的原因。

2. 根据所学知识，分析 GD 夫妇直播团队的组成及其各自发挥的作用。

项目3 直播营销的团队建设：汇聚力量，团队致胜

任务	掌握高效直播营销团队的组建与管理				
班级		学号		姓名	

本任务要达到的目标要求：

1. 了解直播营销团队的组建方法。

2. 熟悉直播营销团队的角色及其承担的职责。

3. 掌握打造高效直播营销团队的方法。

能力训练

1. 你所知道的成功的直播营销团队有哪些？他们是如何组建的？

2. 一个完备的直播营销团队由哪些人员构成？他们各自承担的职责是什么？

3. 如何对直播营销团队进行管理？有哪些可以借鉴的成功案例？

学生评述

我的心得：

教师评价

直播营销的商品规划：选对商品，事半功倍

📖学习目标

【知识目标】

（1）熟悉直播间选品的原则。

（2）掌握直播间选品的策略。

（3）掌握直播间商品的定价策略。

（4）掌握直播间商品的陈列策略。

（5）熟悉直播间商品的配置策略。

【技能目标】

（1）能够为直播商家提供选品建议。

（2）能够为直播商家制定直播商品定价策略。

（3）能够针对某直播间商品陈列存在的问题提供改进建议。

（4）能够客观分析某直播间的商品配置策略。

【素质目标】

（1）培养学习直播营销商品规划知识的兴趣。

（2）树立科学的直播营销商品规划理念。

（3）遵纪守法，依法依规开展直播营销选品工作。

项目情境导入

"东方甄选"直播间商品可分为自营商品和外链商品两类，前者是直接挑选源头供应商采购商品，以"东方甄选"自营品牌形态售卖的商品；后者是按约定的销售比例分成，由其他抖音电商提供的商品。

截至2023年9月，"东方甄选"旗下自营商品SKU数量已达214款，占据多个细分赛道销售榜首。外链商品方面，截至2023年6月，东方甄选第三方商品供应商数量达10 211个，占比总供应商数的98%。

财报显示，2023财年，"东方甄选"自营商品营收超26亿元，约占直播电商板块总营收的72%，其余营收则来自外链商品。

此外，"东方甄选"自营品牌中有5款商品自上架以来销售额过亿元，其中共3款商品销量达百万元级。热度最高的莫过于其自营的烤肠品类，官方数据显示，截至 9 月 19 日，"东方甄选"品牌自营烤肠累计销量 1.3 亿根，按售价 99 元三盒计算，仅一款烤肠营收就超过了 5 亿元。

问题：结合本案例，请谈谈你对直播营销商品规划的初步认识。

项目分析

直播带货必须先有商品，所有的运营和推广都从选品开始。选品恰当与否，关乎直播营销的成败。如果选品出现失误，即使直播间人气爆棚，也可能会出现零转化的情况。开展直播营销的企业必须实施科学的选品策略，以满足直播间用户的真正需求。但需要注意的是，选品成功并不意味着万事大吉，如果直播间商品定价不当、商品陈列及配置出现问题，也会导致直播营销的失败。直播营销团队在做好选品的同时，还要做好直播间商品的定价及商品的陈列与配置。因此，在开展直播营销活动之前，直播营销团队应对直播商品的选品、定价、陈列与配置做好总体规划。

那么，直播间该如何科学选品？如何为直播间商品制定合理的定价？如何做好直播间的商品陈列与配置工作？本项目将对以上问题分别进行解答。

任务 4.1　掌握直播间选品的原则与策略

任务引入

小明在大学期间学的是冷门专业，毕业前夕他投了多份简历都石沉大海。不甘沉沦的小明想到当前直播营销正值风口，自己又善于沟通，于是萌生了直播带货自主创业的想法。小明知道，直播带货首先要做好直播间选品工作。

问题：如果你是小明，你将如何做好直播带货选品工作？

相关知识

1. 直播间选品的原则

直播选品是指为直播间选择所要销售的商品。选品是直播营销活动开展的基础，必须引起直播营销运营团队的高度重视。一般来说，直播营销运营团队在选品时应遵循经济实惠、可展示性好、适用范围广这三大原则，如表 4-1 所示。

表 4-1　直播间选品的三大原则

原则	描述
经济实惠	为直播间挑选较为经济实惠的商品，可以吸引用户并促成下单。这样一来，既能吸引更多流量，又能促进销售量增长
可展示性好	选择那些能够在直播间中清晰展示外观、使用方法和效果的商品，这样能够迅速获得用户的信任

续表

原则	描述
适用范围广	为了提高直播间的转化率，特别是在直播初期，需要选择面向更广泛人群的商品

延伸学习

直播间禁止销售的商品

直播间不得销售任何枪支弹药，管制刀具，易燃易爆物品如烟花、爆竹和鞭炮等。不得销售任何含有色情、暴力、低俗内容的商品。禁止销售用于监听或非法摄像的设备。禁止销售处方药、假药，以及美容针剂类药品。禁止销售国家保护动植物及动物捕杀器具等商品。

2. 直播间选品的策略

1）根据用户画像选品

用户画像包括用户的年龄、性别、地域分布、喜好、消费习惯和经济能力等，根据用户画像选品，可更好地满足直播间用户的不同需求。例如，若直播间用户以男性为主，适宜选择销售数码科技类产品、游戏机、运动装备、新奇物件等；如果直播间女性用户较多，适宜选择护肤品、鲜花、服饰、包包、零食、饰品等商品进行售卖。根据直播间用户画像进行选品，是选品的最基本要求。

2）根据主播人设选品

将适宜的商品交给适合的人进行销售，这是直播带货的基本规则。换句话说，无论是达人主播还是商家主播，商家都需要根据商品的特点去选择适合的主播。而主播则需要依据自己的人设定位、擅长的内容和标签来选择与自己匹配的商品。至少主播对商品不反感，并且对商品有一定的了解。只有这样，才能更好地展示商品的优势，提高销售率。例如，如果是推荐母婴用品，选择未婚的女性主播可能会缺乏说服力，因为观众很难相信她的经验和专业知识，从而导致交易难以达成。因此，商家应该选择有经验的宝妈来担任主播，她们能够更自然地展示商品，也更容易获得观众的信任和认同。

根据商品分布类型，主播带货可以划分为两种情况，如图 4-1 所示。对于刚进入主播行业的新手来说，可以先选择与自己账号定位相关的，自己擅长的、喜欢的垂直领域的商品进行销售，等到熟练掌握销售技巧后再考虑拓展其他类目的商品。

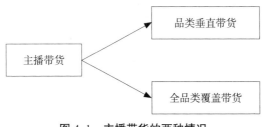

图 4-1　主播带货的两种情况

3）上架商品要少而精

为获得更好的销售成果，打造直播间爆款商品，应谨慎挑选优质商品，避免上架商品多而全。如果直播间商品太多，消费者会感觉搜索困难，体验感变差。而且上架靠后的商品曝光率和点击转化率也会很低。

上架商品精是指要确保商品品相和商品品质好，商品需要具备自身特点，并且性价比较高。

4）突出爆款

随着社交媒体的发展，人们对于爆款商品的关注度越来越高，即使没有购买，也会在直播间里积极讨论相关话题，以此可以增加直播间的热度，吸引更多的用户进入直播间，从而极大地提升其他商品的销售额。当然，选择爆款商品也可能面临高度同质化的风险，如果很多主播售卖的商品相同或相似，并且重复率较高，将会导致销售转化率降低。因此，主播在选择商品时，必须进行多次对比和考察，尽量避免与其他直播间售卖的商品重复，最好选择有创新和突破的品类。

5）商品结构要合理

合理的商品结构可以提升直播间抗风险的能力，更快地达到预期销量。直播间的商品可分为印象款、引流款、福利款、利润款、品质款等类型。上述不同类型的商品在直播营销中各自承担不同的角色。

（1）印象款商品。印象款商品，即能给用户留下深刻第一印象的商品。这类商品通常是用户在直播间进行首次交易的商品。通常来说，第一次购买的商品会影响用户对主播、直播间和商品的总体印象。这些商品的价格、质量和特点都会直接影响用户的信任度，决定用户是否再次光顾直播间。因此，第一次购买的商品即印象款商品的重要性不容忽视。如果消费者对印象款商品有着良好的认知，他们重新回到直播间的概率更大。

印象款商品应当是高性价比且低客单价的普通商品。比如，在直播间销售包包的主播可以选择钱包、卡包、钥匙包等作为印象款商品；销售服饰类商品的主播可以选择腰带、围巾、饰品等作为印象款商品。印象款商品的特点是实用，且适合各年龄阶段人群使用。

（2）引流款商品。引流款商品是指能够为直播间引进流量的商品。引流款商品是目标用户群体中大部分用户可以接受的商品，是直播间必不可少的商品，商品的价格相对较低，能够吸引用户进入直播间，进而提升直播间流量。但是，流量的增加并不能保证提高引流款商品的销售转化率。要想提升销售转化率，引流款商品必须是大多数用户所能接受的、欢迎的通用商品。

引流款商品通常会出现在一场直播的开播初期，比如主播在直播开始时就推出2.9元包邮、9.9元包邮的商品。因商品单价低又有包邮，能够瞬间引发用户购买，从而带动整个直播间的购物氛围。也有不少主播把一场直播定位为全场商品低价包邮，让观众享受更多的优惠，从而获得更多的粉丝，增加直播间的流量。某直播间的引流款商品如图4-2所示。

（3）福利款商品。福利款商品通常是粉丝专属，也就是所说的"宠粉"款，是主播为加入粉丝团的客户专门提供的商品。直播间的客户必须加入到粉丝团之后，才有可能抢购"宠粉"款商品。"宠粉"款商品要保证低价且高品质，否则就有欺骗粉丝的嫌疑。

主播进行福利款商品售卖时，有的是直接送出某款商品，作为对粉丝的回馈；有的则

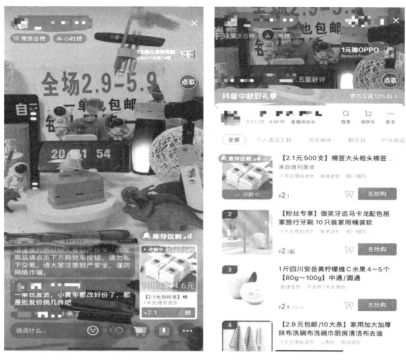

图 4–2　某直播间的引流款商品

是将某款商品以低价出售，比如以"原价 99 元，今日宠粉，19.9 元秒杀，仅限 1 000 件"的方式。直播间销售福利款商品，从收益方面来看，很可能会亏本。其存在的目的是提高粉丝对直播间的黏度，提高粉丝们的购买热情，瞬间改善直播间的购物氛围。因此，即使是亏本销售，在直播间销售一定数量的福利款商品也是必须的。

（4）利润款商品。利润款商品是指直播间里旨在获得利润的商品，也是直播间要重点推荐的商品。利润款商品通常品质高，有独特的卖点。直播间利润款商品的定价模式分为两种：一是直接对单品进行定价；二是针对组合商品进行定价，如护肤品按系列定价、服装按套定价等。

在引流款商品使直播间人气达到一定高度后，及时推荐利润款商品，可以利用火热的营销氛围促进用户下单，提高销售转化率。

（5）品质款商品。品质款商品又称为战略款商品、形象款商品，具有提供直播间信任背书和提升品牌形象的重要作用，能够为直播间带来良好的声誉。通常品质高、格调高、客单价高的小众商品适宜作为直播间的品质款商品。

6）考虑时令和节日

根据时令和节日来选择商品是直播间选品的基本技能。在直播营销中，有许多商品的销售会受到时令和节日的影响，出现旺季和淡季的情况。对于这类商品，直播运营团队要提前对其销售的各个时间节点进行预判，以提前做好商品规划。如直播运营团队在选择冬季服饰时，需要考虑何时推出冬季新款预热，何时进行大促活动，何时开展清仓促销活动，以及何时下架商品等。

直播间预判商品销售节点如图 4–3 所示。

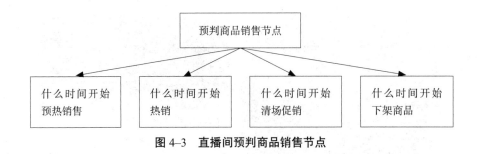

图 4-3 直播间预判商品销售节点

◆ 思政园地

唯品会的父亲节直播营销

唯品会在 2016 年利用父亲节的契机与某主播合作，采用直播营销模式。该主播以现场带娃的方式进行场景化的营销，呼应了唯品会母婴板块的时尚品质生活主题。这次活动仅持续一个小时，但互动次数达到了 60 万次，数万人在线观看。这个活动所呈现的"爸爸带娃"社会话题阐释了父亲在家庭生活中的重要性。同时，母婴产品的引入展示了唯品会保障母婴生活品质的特点。通过在父亲节期间进行营销，更能够引发受众的共鸣。

7）精选商品货源

直播营销团队在选品时，商品来源主要有四种渠道，如图 4-4 所示。

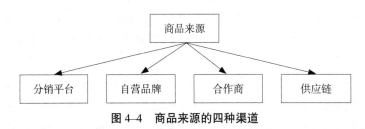

图 4-4 商品来源的四种渠道

（1）分销平台。分销平台主要指淘宝网、唯品会、拼多多、京东等电子商务平台，它可以帮助零基础的主播快速挑选直播商品。在分销平台选择货源时，主播必须确保找到可靠的商家，并与商家提前沟通好售后流程。以淘宝直播为例，主播可以利用淘宝联盟或阿里 V 任务来挑选商品。

（2）自营品牌。自营品牌的直播商品主要通过招商获得，适合头部主播。自营品牌对供应链、货品更新和仓储方面的要求较高。一般的带货主播很难采用这种方式为直播间选品。

（3）合作商。通过合作商获得直播间商品的方式有以下两种。一种是接受供货商的主动合作，另一种是主播对外招商。第一种方式适合头部主播，第二种方式适合实力有限的中小主播。

（4）供应链。超级头部主播可通过自建供应链为直播间提供货源。其优点是供货渠道自主可控，商品质量有保证；缺点是自建供应链需投入大量资金。

8）查看数据

经验丰富的主播和运营团队会根据直播实时数据的变化，仔细研究粉丝的需求，并结

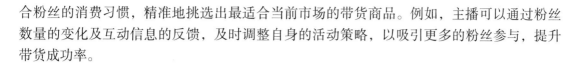

合粉丝的消费习惯，精准地挑选出最适合当前市场的带货商品。例如，主播可以通过粉丝数量的变化及互动信息的反馈，及时调整自身的活动策略，以吸引更多的粉丝参与，提升带货成功率。

课堂讨论

　　头部主播选品策略和一般主播有何不同？造成这种差异的主要原因是什么？

任务实训

1. 实训目的

通过实训，了解抖音"交个朋友"直播间的选品策略。

2. 实训内容及步骤

（1）全班同学划分为若干小组，各小组推选一名组长。
（2）各小组收集"交个朋友"直播间的选品策略资料。
（3）各小组整理、分析资料，并展开讨论。
（4）各小组在讨论的基础上撰写《抖音"交个朋友"直播间选品策略分析》。
（5）以小组为单位提交分析报告至班级学习群，各小组间相互评论。

3. 实训成果

实训作业：抖音"交个朋友"直播间选品策略分析。

任务 4.2　掌握直播间商品的定价策略

　　进入直播间的用户大都对直播商品的价格敏感。如果直播间的商品定价过高，将很难让用户下单；如果商品定价过低，虽然销量会大增，但商家将无利可图，甚至会亏损。因此，要实现直播间商品销量与利润的平衡，就必须对商品进行合理的定价。
　　问题：如何为直播间的商品制定合理的价格？可采取的定价策略有哪些？

相关知识

1. 商品定价内涵

　　在直播营销和运营中，商品定价是一个非常关键的任务。商家需要根据直播营销的目的以及商品在直播间的作用，为商品制定一个合理的价格，以达到最好的直播营销效果。

2. 商品定价分类

　　直播间商品根据定价方式通常可以分为 3 类：引流款商品、粉丝福利款商品和利润款商品。直播间上述 3 类商品的定价特点如表 4-2 所示。

表 4-2 直播间商品的定价特点

定价类型商品	定价特点
引流款商品	引流款商品的定价通常较为亲民，很难获得利润甚至会造成亏损，但可以为直播间吸引大量粉丝，促进直播间拉新，进而推动其他商品的销售。如 4.9 元包邮，9.9 元包邮
粉丝福利款商品	粉丝福利款商品的主要目的是吸引粉丝注意，并通过限时限量的低价销售或买赠活动来促进销售。例如，售价 99 元的上衣，前 20 位下单的粉丝只需 59 元
利润款商品	为了获得整体销售利润，直播销售通常会推出利润款商品。这些商品的定价一般不会过低，但为了促使销售，常采用一些特殊的定价策略，如"59 元买一发二""118 元买二发五"等

3. 直播间商品的定价策略

直播间商品的定价策略主要有单品定价和组合商品定价策略这两种，下面分别进行介绍。

1）单品定价策略

单品定价指的是对单个商品进行定价，直播间常见的单品定价策略有阶梯定价、锚点定价、惊喜定价、尾数定价等。

（1）阶梯定价策略。阶梯定价是指用户购买一定数量内的商品，是一个价格，当超过这一数量后，将是另外一个价格。例如，在某直播间第一件商品的售价为 189 元，第二件售价为 0 元，如图 4-5 所示。

图 4-5 某直播间的阶梯定价

直播间商品采用阶梯定价，可以给用户带来强烈的冲击，刺激其产生购买欲望，并能引导其进行多件购买，帮助企业实现促销目标。阶梯定价的优势如图 4-6 所示。

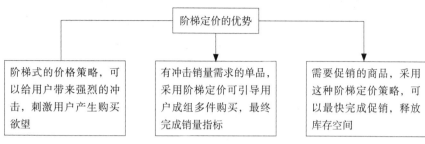

图 4-6　阶梯定价的优势

（2）锚点定价策略。锚点定价策略是指根据其他商品的价格来设定直播间所推荐的商品的价格。具体做法是将直播间的某一商品设置一个较高的初始价格（价格锚点），以此来影响直播间用户对商品价值的感知。而在真正交易时，给该商品制定一个低于价格锚点的定价，让用户感觉在直播间购买这个商品"很划算"，因而乐于购买。

（3）惊喜定价策略。惊喜定价策略是指主播在介绍商品时给出的价格略高，但在成交时给出优惠价格，这样用户在付款时就会产生惊喜的感觉。

例如，某直播间销售某一商品，主播在介绍这款商品时向用户承诺，如果一次性购买 10 件，可以享受 20 元的优惠价格。但当用户在付款时，除了享受到 20 元的优惠，还有 10 元的额外减免，用户最终的实际付款金额比预期的要低。这种惊喜的感觉能够让用户产生很好的购物体验，会在直播间产生很好的口碑效应，从而带动该款商品的热销。

（4）尾数定价策略。在直播间经常可以看到，许多商品的价格都带有尾数，如 128.73 元等。这种定价是基于消费者的一种微妙的心理感觉，使消费者觉得商家的定价很"实在"，能够精确到"分"，说明商家定价严肃，没有忽悠消费者。另外，诸如 0.99 元、9.99 元的尾数定价会让消费者觉得商品不到 1 元或 10 元，从而产生价格低廉的感觉。直播间尾数定价如图 4-7 所示。

2）组合商品定价策略

组合商品定价策略是指将两种或两种以上的相关商品捆绑打包后进行销售，并设定一个合理的价格，例如将羽毛球拍和羽毛球一起进行定价销售。

组合商品定价策略通常有买赠模式和套装模式两种模式。

图 4-7　直播间尾数定价

（1）买赠模式。买赠模式是指为所销售的商品设定一个价格，同时赠送其他相关商品的定价模式。如直播间的主播在销售口红时，可以附送一些口红的小样作为赠品。同样销售手机时，可以给顾客送上手机壳和钢化膜作为礼物。销售牙膏的时候，可以将牙刷作为额外的赠品。另外，销售大衣时还可以赠送一件围巾作为附加的礼物。

买赠模式定价有以下两大优点。一是能够有效激发用户的购买欲望。赠品让用户感觉获得了更多的利益，同时能给用户带来一种贴心的感觉。因而更容易激起用户的购买欲望，从而有效提高直播间商品的销量。二是有利于商家推广品牌。赠品对品牌宣传也具有良好的效果。通过给予用户一些福利，让顾客对品牌留下积极的印象，从而达到品牌宣传的目的。

采用买赠模式定价在选择赠品时需注意以下几点。

① 赠品与所售商品之间应存在相关性。只有赠品与所售商品有关联，才能有效地提升用户的价值感受。赠品和所售商品应相互依存、配合得当，才能达到最佳效果。例如，在某化妆品直播间销售一款卸妆水，定价 58 元 / 瓶，附赠一袋卸妆棉。尽管也可以赠送用户其他商品，如奶茶粉、糖果等，但是赠送卸妆棉对用户来说更加实用。因为用户在使用卸妆水时必然需要使用卸妆棉。直播间这样做可以让用户感受到被关心，当然更容易被用户接受。

② 赠品的质量要有保证。赠品也是商品，同样要保证质量。2022 年 2 月 15 日，最高人民法院审判委员会第 1864 次会议通过了《最高人民法院关于审理网络消费纠纷案件适用法律若干问题的规定（一）》，其中第八条规定，奖品、赠品、换购商品给消费者造成损害，电子商务经营者也应当承担赔偿责任，不得以奖品、赠品属于免费提供或者商品属于换购为由主张免责。因此，赠品虽然是免费的，但它属于经营者提供的附加商品，所以，即使是赠品也必须保证质量，必须是合格产品，否则，消费者在使用过程中一旦出现质量问题或发生事故，商家必须承担责任并赔偿损失。此外，赠品的质量问题也会影响直播间及品牌的声誉，必须高度重视。

③ 赠品的价值要明确阐述。尽管赠品的价格可能并不昂贵，但要清楚地说明其实际价值。这是因为赠品能够增强消费者的归属感，使其确信商家是真诚之举。

④ 赠品要在直播过程中多次展示。赠品在直播过程中多次展示，可以引发用户关注，并激发用户的购买欲望。另外，通过展示赠品的外观、功能、使用方法等，可以让用户更加全面地了解商品。需要注意的是，赠品在直播过程中展示的次数和频率要适当，避免影响直播效果和观众体验。

（2）套装模式。套装模式是指在直播间将不同商品放在一起组成一个套装，为套装设定一个价格进行销售。例如，直播间销售的服装，一件上衣 59.9 元，一条半身裙 49.9 元。如果用户分开购买要花 109.8 元，而直播团队将上衣和半身裙组成一个套装，定价 89.8 元（见图 4-8），这样用户购买套装就可省下 20 元。套装模式能够增加直播间销量，让用户获得实惠，还能有效节省用户的购买时间。

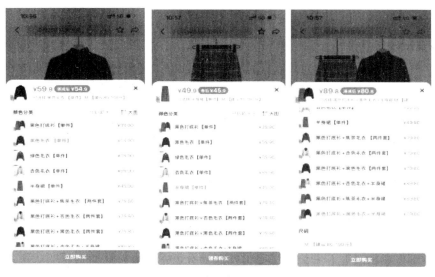

图 4-8 直播间套装模式定价

任务实训

1. **实训目的**

通过实训，掌握直播间商品定价策略。

2. **实训内容及步骤**

（1）以小组为单位组成任务的实训团队。每个小组分别观看抖音平台和快手平台头部主播的直播。

（2）各小组对所观看的直播间商品定价策略进行讨论。

（3）各小组在讨论的基础上，撰写《抖音和快手头部主播直播间商品定价策略的对比分析》。

（4）各小组根据案例制作 PPT 汇报材料并在班级分享。

（5）授课教师对本次实训进行总评。

3. **实训成果**

实训作业：抖音和快手头部主播直播间商品定价策略的对比分析。

任务 4.3 掌握直播间商品的陈列策略

任务引入

商品陈列是营造直播购物消费氛围的关键因素，它不仅仅是主播展示商品的舞台，更是影响用户体验的重要因素。只有将商品、陈列方式、空间设计紧密结合，才能创造出完美的直播效果。当用户进入直播间，最初的反应是对商品陈列的视觉反应，商品陈列如何会直接影响用户的忠诚度以及消费意愿。商品陈列是指以商品为主体，运用一定的艺术方法和技巧，借助一定的道具，将商品按主播的介绍需求有规律地摆放，以方便展示给用户。

问题：直播间商品陈列的方法和技巧有哪些?

1. 直播间商品陈列类型

直播间商品陈列方式主要有三种类型：主题式、品类式和组合式。

1）主题式

主题式商品陈列的主要特征是统一，即商品与直播间的主题风格保持一致。一般来说，直播间的直播主题可以分为以下 3 个类型：节假日、季节、商品品类，如图 4-9 所示。

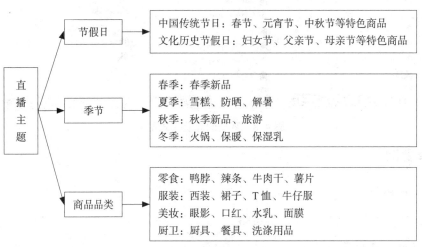

图 4-9　直播主题

例如，以美食为主题的直播间会陈列食品，如零食、快餐食品等，如图 4-10 所示；以服装为主题的直播间陈列的是各种服饰，如图 4-11 所示；以厨房用品为主题的直播间陈列的是各种厨具，如图 4-12 所示。

图 4-10　直播间食品陈列　　图 4-11　直播间服装陈列　　图 4-12　直播间厨具陈列

2）品类式

品类式陈列是指将多种品类的商品在直播间搭配陈列。品类式陈列能够为直播用户提供更多的商品选择，从而帮助他们购买到心仪的商品。

现在不少直播间的商品都采用品类式陈列。主播讲解哪个品类，直播间就陈列哪一类商品。例如，直播间售卖各类日用商品，而当主播在讲解家用清洁剂时，直播间陈列的就只有这类商品了（见图 4-13）。

图 4-13　直播间商品品类式陈列

3）组合式

组合式商品陈列，是指将联系密切的商品在直播间一并陈列，如在直播间同时陈列运动裤、运动上衣、运动鞋等。组合式陈列商品的目的是便于引导用户同时购买多种相关商品。在如图 4-14 所示的直播间里，主播先推荐了上衣，然后又推荐并试穿了裤子，为的是让用户了解服装搭配，促使其购买套装。

图 4-14　直播间商品组合式陈列

同样，美食类直播间可将美食和制作美食的器具进行组合式陈列，比如将牛排和烤盘组合陈列，或者营造吃爆米花要喝雪碧、吃牛排要喝红酒等场景，从而将这些商品进行组合销售。需要注意的是，在直播间展示商品时，应尽量避免将品类相似、价格相似的商品放在一起陈列。

2. 直播间商品的陈列策略

直播间商品的陈列不仅是按照以上分类方式摆放到直播间，还需要讲究一定的策略。通常有三种常用的策略：对称陈列策略、对比陈列策略和按节奏陈列策略。

微课堂

直播间商品的
陈列策略

1）对称陈列策略

对称陈列策略，是指资源直播间以对称的方式陈列商品。对称式陈列的商品能够让用户产生和谐均衡的心理感受，能够更好地吸引用户的注意力，因此更容易将用户留在直播间。对称陈列策略中常用的陈列方式包括轴对称和中心对称，如表4-3所示。

表4-3 对称陈列策略中常用的陈列方式

陈列方式	特点	优点
轴对称	以货架中间作为对称轴，将商品对称地摆放在两侧，根据商品的种类、颜色和数量等，摆放出矩形、梯形、三角形等不同形状的造型	整体布局稳重、摆放均衡，为用户创造和谐、均衡的视觉效果
中心对称	商品围绕一个特定的中心点对称摆放。这个中心点通常会摆放一些热销商品或者主推商品，而摆放的形式以圆形和放射形为主	更好地吸引用户的注意力，突出重点商品，使用户更容易关注到该商品

2）对比陈列策略

对比陈列策略，是指将具有不同颜色、规格、形状等特点的商品放在一起展示，突出差异性，以此来加深直播间用户对商品的印象。

商品对比主要表现在风格、色彩、质感、外形等方面。下面以色彩搭配为例，介绍对比陈列策略。

在直播间巧妙地安排不同商品的色彩搭配，能够给消费者留下深刻的印象。一般情况下，可以采用冷暖色调协调搭配的方式进行商品陈列，避免将包装颜色相似的商品放在一起，以免混淆消费者的视线。常见的商品颜色搭配方式有渐变式、跳跃式和彩虹式等，如表4-4所示。

表4-4 直播间商品颜色搭配方式

搭配方式	适用范围	陈列特点	优点
渐变式	通常适用于同一色系的商品组合	可以由浅到深陈列，也可以由深到浅陈列	使商品搭配呈现层次感和节奏感

续表

搭配方式	适用范围	陈列特点	优点
跳跃式	多用于系列化、多元化的商品	将商品依据颜色深浅间隔陈列	使商品的摆放有规律，带给用户舒适的观感
彩虹式	适用于颜色较多的商品组合	将商品依据彩虹的颜色组合陈列	能够同时展示多种颜色的商品，使用户产生丰富的视觉感受

3）按节奏陈列策略

按节奏陈列策略，是指直播间陈列的商品，分布要疏密得当、有规律。

按节奏陈列商品要将受欢迎程度高、外观美观和品质优良的重点商品放置在观众停留时间较长的黄金位置上，黄金位置的旁边可以陈列一些与重点商品相关性较强的商品，这样方便观众进行搭配购买。而那些不受欢迎或过时的商品，则应摆放在相对不易被关注的地方。

任务实训

1. 实训目的

通过实训，掌握直播间商品陈列策略。

2. 实训内容及步骤

（1）以小组为单位组成任务实训团队。每个小组各观看两场带货直播。

（2）各小组对所观看的直播间商品陈列策略进行分析。

（3）各小组在分析的基础上，分别撰写所观看直播间的商品陈列策略案例分析。

（4）各小组根据案例制作 PPT 汇报材料并在班级分享。

（5）授课教师对本次实训进行总评。

3. 实训成果

实训作业：直播间商品陈列策略案例分析。

任务 4.4　熟悉直播间商品的配置策略

任务引入

在直播营销过程中经常会出现商品款式不足、单品销量不高、部分商品滞销等问题，这其中商品配置混乱是一个重要的原因。为改变这种不利状况，需要直播运营团队对直播间的商品进行精细化配置。

问题：直播运营团队应该如何对直播间的商品进行精细化配置？

相关知识

1. 根据直播主题配置商品

不同的直播主题需要为直播间配置不同的商品。直播主题分为以下两种类型：第一种主要是场景主题，如休闲、办公、聚会等；第二种是活动主题，如上新、打折、节日等。直播主题的类型如图4-15所示。

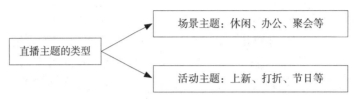

图 4–15　直播主题的类型

若以上两种类型中的每个主题都可以做成一场直播，那么就会有6场直播主题。在直播主题确定后，要根据主题为直播间配置相应的商品。

只有风格统一，整个直播间的商品调性才会一致。例如，某主播在抖音直播间推荐某一新款平衡车，主播一边使用一边推荐，并根据用户的提问及时进行解答。该直播间陈列的商品都是平衡车，风格统一，很好地吻合了直播的主题。

2. 规划商品需求

一旦确定了直播主题，主播可以使用一个简单的表格来计划商品需求，以便清楚地了解每个直播场次所需的商品特点。规划商品需求示例如表4-5所示。

表 4–5　规划商品需求示例

直播日期	主题	商品数量 / 件	商品特征	辅推商品
3月6日	春天出游拍照穿搭	600	具有优异的透气性能，穿着舒适，色彩鲜艳丰富	凉鞋、太阳伞、太阳镜、泳衣
3月7日	提升自身魅力	400	以修身款、裙装为主	高跟鞋、饰品、包包
3月8日	9.9元项链包邮宠粉活动	200	小巧精致，凸显气质	耳坠、口红、裙装

3. 规划商品配置比例

商品配置比例是精细化商品配置的核心要素之一。在规划商品配置比例时，主播应该牢记三个关键要素，即商品组合、价格区间和库存配置。合理的商品配置可以有效提高商品的利用率，最大化消耗商品库存。商品配置比例的设置主要有两种类型：单品配置比例和主次类目配置比例。例如，某直播间有三个单品，分别为主推商品、畅销单品和滞销连带商品，占比分别为 50%、35% 和 15%（见图 4-16），同时该直播间主次类目配置比例分别为 95% 和 5%（见图 4-17）。

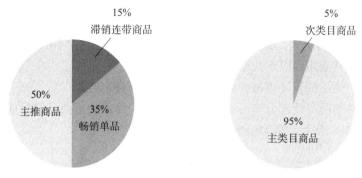

图 4-16　某直播间单品配置比例　　图 4-17　某直播间主次类目配置比例

在直播运营团队根据直播时长等因素确定某场直播的商品总数后，即可规划出 A 直播间的商品配置，如表 4-6 所示。

表 4-6　A 直播间的商品配置

直播商品总数	主类目商品 95 款					次类目商品 5 款
	主推商品 47 ～ 48 款		畅销单品 33 ～ 34 款		滞销单品	A 款、B 款、C 款、D 款、E 款
	新品数量	预留数量	新品数量	预留数量		
100 款	36 ～ 37 款	10 ～ 11 款	13 ～ 14 款	20 款	13 款	

4. 保持商品更新

为维持用户对直播间商品的新鲜感，直播运营团队需要在规划好商品配比的基础上持续更新商品。要确保主推商品和畅销单品在直播间中占有一定的比例。例如，某些头部主播每场直播至少会更新 50% 的商品，其中更新的主推商品占比达 80%，更新的畅销单品占比约 20%。

5. 把控商品价格与库存

在确定了商品需求、商品数量及更新比例后，主播需要进一步做好把控商品价格和库存这两项重要工作。

在价格方面，要基于商品和目标消费者定价，并确保部分商品在与同类直播间的对比中有一定的价格优势。如果同类商品只是颜色或属性不同，价格差距也不应过大。

在库存方面，直播运营团队应事先做好预测工作，保证直播间货品有充分的供应。在直播过程中可适当采用"饥饿营销"的策略，以营造商品供不应求的氛围，从而促成直播间用户果断下单。

6. 已播商品预留和返场

为提升商品配置的完善程度，更高效地利用商品资源，主播需要对已经播过的商品进行预留并在恰当的时间返场。

主播需要根据商品的配置，在所有直播过的商品中挑选出至少 10% 的优质商品作为预留和返场商品，并将其应用到以下几个场景中。

（1）日常直播一周后的返场直播，将返场商品在新流量中转化。

（2）当由于特殊情况导致部分商品无法及时到位时，使用预留商品进行应急补充。

（3）遇到节庆促销日时，将返场商品作为活动商品再次上架。

任务实训

1. 实训目的

通过实训，掌握直播间商品配置策略。

2. 实训内容及步骤

（1）以小组为单位组成任务的实训团队。每个小组各观看一场抖音头部主播的带货直播。

（2）各小组对所观看的直播间商品配置策略进行分析。

（3）各小组在分析的基础上，分别撰写所观看直播间的商品配置策略案例分析。

（4）各小组根据案例制作 PPT 汇报材料并在班级分享。

（5）授课教师对本次实训进行总评。

3. 实训成果

实训作业：直播间商品配置策略案例分析。

练习题

一、单选题

1.（　　）不属于直播间禁售的商品。

　　A. 生鲜食品　　　　B. 管制刀具　　　　C. 监听设备　　　　D. 处方药

2. 在直播间推荐母婴产品应选择（　　）来担任主播。

　　A. 护士　　　　　　B. 未婚女青年　　　C. 帅气小伙　　　　D. 有经验的宝妈

3.（　　）商品又称为战略款商品、形象款商品，具有提供直播间信任背书和提升品牌形象的重要作用，能够为直播间带来良好的声誉。

　　A. 特色款　　　　　B. 利润款　　　　　C. 畅销款　　　　　D. 品质款

4. 采用锚点定价策略，会将直播间商品的初始价格设置得（　　）。

　　A. 较低　　　　　　B. 较高　　　　　　C. 极高　　　　　　D. 极低

5. 主题式商品陈列的主要特征是（　　）。

　　A. 统一　　　　　　B. 杂乱　　　　　　C. 品类繁多　　　　D. 乱中有序

二、多选题

1. 直播间选品的三大原则是（　　　）。
   A. 经济实惠　　　　　B. 质优价高　　　　　C. 适用小众人群
   D. 可展示性好　　　　E. 适用范围广

2. 若直播间用户以男性为主，适宜选择销售（　　　）等产品。
   A. 数码科技产品　　　B. 游戏机　　　　　　C. 护肤品
   D. 零食　　　　　　　E. 包包

3. 直播营销团队在选品时，商品来源的四种主要渠道是（　　　）。
   A. 分销平台　　　　　B. 自营品牌　　　　　C. 合作商
   D. 供应链　　　　　　E. 自建工厂

4. 通常（　　　）的小众商品适宜作为直播间的品质款。
   A. 品质高　　　　　　B. 品质中等　　　　　C. 格调高
   D. 客单价高　　　　　E. 客单价低

5. 直播间的商品陈列方式主要有（　　　）这三种类型。
   A. 组合式　　　　　　B. 杂乱式　　　　　　C. 品类式
   D. 主题式　　　　　　E. 对称式

三、名词解释

1. 利润款商品　2. 惊喜定价策略　3. 锚点定价策略　4. 组合商品定价策略　5. 组合式商品陈列

四、简答及论述题

1. 为什么直播间上架的商品要少而精？
2. 直播间选品的策略有哪些？
3. 采用买赠模式定价在选择赠品时需注意哪几点？
4. 试论述直播间组合商品定价策略。
5. 试论述直播间商品陈列策略。

案例讨论

掌握选品方法论，罗永浩苏宁易购直播补货 33 次

2020 年 9 月 11 日晚 8 时，罗永浩"交个朋友"直播间苏宁易购专场如约开播。全场 29 轮上架商品秒空，累积补货 33 次。

大数据显示，此次直播罗永浩苏宁直播间女性观众比例大幅提升，高峰时期达到 42%。女性观众增加，也有相当一部分男性观众购买了美妆产品，导致 SK-Ⅱ神仙水这样的商品上架 1 min 就被抢空。同时，直播间母婴和食品销量暴涨，销售单数达到 12 万件。

1. 大数据选品，尝试进攻女性产品

据了解，为了给观众带来最好的选品，双方团队经过多次磋商，从上千件备选好货中精选出 48 件，做到了优中选优。

苏宁易购 MK-1 选品负责人表示，这次选品，苏宁加强了与"交个朋友"团队的合作。

借助苏宁易购和"交个朋友"直播间大数据，实现科学选品，让消费者更容易地看到更多有趣的新款产品，为用户提供更好的消费体验，也能帮助品牌商解决货不对路的难题，帮品牌做好产品全生命周期运营。

基于上述策略，双方在品类上进行了一些大胆的尝试和突破，除了 3C、食品等产品，直播间里也出现了更多能够吸引女性用户的产品，比如 SK-Ⅱ神仙水、雅诗兰黛小棕瓶、娇韵诗精华等大牌护肤品，也有 Timberland 男女靴等服装用品。

2. 强大供应链，保障购物无忧

2020 年，直播带货异军突起，成为电商竞争的"新赛道"，市场竞争极为激烈，一时间泥沙俱下，个别主播为了多带单，不惜降低货源品质，卖起"三无产品"，严重阻碍了行业的健康发展。

罗永浩对所有产品承诺质量和售后保障，"早期我们只跟知名品牌合作，尽量保证不出现有问题的产品，万一出问题，也会优先确保消费者权益"。

本次直播，苏宁易购也将货源品质放到了首位，不但价格是"心疼价"，服务也要做到极致。苏宁易购在服务上"30 年磨一剑"，凭借自建物流和专业的客服团队，彻底解决消费者的后顾之忧。

思考讨论题

1. 为什么罗永浩苏宁易购直播专场能够大获成功？

2. 本案例给我们的启示有哪些？

项目4 直播营销的商品规划：选对产品，事半功倍

任务	掌握网络直播营销的选品规范				
班级		学号		姓名	

本任务要达到的目标要求：

1. 熟悉直播营销售后服务的流程。

2. 了解处理客户投诉的基本方法。

3. 学会设计直播营销售后服务策划案。

能力训练

扫描二维码，阅读中国广告协会2021年3月18日发布实施的《网络直播营销选品规范》全文，然后回答问题。

二维码材料

《网络直播营销
选品规范》全文

1.《网络直播营销选品规范》发布实施的宗旨是什么？

2.《网络直播营销选品规范》制定的法律依据有哪些？

3.《网络直播营销选品规范》的核心内容是什么？该如何解读？

学生评述

我的心得：

教师评价

直播间互动营销：营造氛围，促成购买

◆学习目标◣

【知识目标】

（1）熟悉直播间互动营销的方法。

（2）熟悉商品卖点的展示策略。

（3）掌握直播间不同商品的卖点展示方法。

（4）掌握抽奖、发红包等直播间互动方法。

（5）熟悉打消粉丝顾虑，促成其下单的策略。

【技能目标】

（1）能够掌握直播间互动营销的技巧。

（2）能够在直播间针对不同商品类别进行卖点展示。

（3）能够为企业制定直播间互动营销策划方案。

【素质目标】

（1）培养学习直播间互动营销项目的兴趣。

（2）培养学生的创新精神和团队协作精神。

（3）培养学生爱岗敬业的工作作风和良好的职业道德素养。

项目情境导入

2020 年 4 月 27 日，快手超级品牌日系列活动为完美日记开设了直播专场，该场直播以"名人＋直播"为营销场景，集内容、粉丝效应、互动体验等多种元素于一身，由拥有超 3 600 万粉丝的快手品牌发现官小伊伊现场验货，引发了直播间 1 008 万消费者的抢购。据统计，直播当天的总销售额在 1 600 万元以上，总单量超过了 26 万单，其中雾色梦境哑光唇釉销量超 7 万单，金色牛奶肌气垫也卖出 4 万个左右。

快手超级品牌日是由快手商业化部门（快手的广告部门）和快手电商联合发起的，旨在通过打通人、货、场，为品牌创造更多元、社交性更强的营销场景。

此次，小伊伊在直播中与完美日记品牌工作人员共同担任主播，陆续为粉丝推荐了氨基酸卸妆水、十二色动物眼影等多款热卖单品，详细介绍了产品的特点和功能，让粉丝对产品有了更加直观的认知。直播时，主播常使用"官网一件 69 元，在伊伊直播间两件 99

元""这款眼影盘第二件1元，姐妹们赶紧下单，要不这价格伊伊就白给你们争取了"等话术来营造一种限时抢购的紧张感，用超值低价来刺激粉丝的神经，催促其赶紧下单。而粉丝在抢购的同时也不忘发送"抢得过瘾""为完美日记打Call"等弹幕与主播展开互动。

这场成功的直播不仅给完美日记带来了巨大的销量，还扩大了完美日记的品牌影响力。

问题：结合案例，请谈谈你对直播间互动营销的认识。

项目分析

现在很多新手主播面临不敢或者不擅长和粉丝互动的问题，从而导致直播间氛围冷清。冷场是直播的最大杀手，当粉丝进入直播间后，发现直播间只是主播在王婆卖瓜自卖自夸，又怎么愿意继续看下去呢？

那么，究竟该如何营造火热的直播营销氛围？怎样才能在直播间充分展示商品的卖点？又如何才能做好营销承诺，打消粉丝顾虑？本项目将对以上问题逐一进行解答。

任务 5.1　营造火热的营销氛围

任务引入

近年来，随着移动互联网的普及和社交媒体的迅猛发展，直播营销已成为企业重要的营销方式之一。但是，开展直播营销并不容易，要吸引并留住观众是非常困难的，除直播商品的选品准确，价格有优势，售后服务到位外，能否在直播间营造火热的氛围也非常关键。

问题：如果你是直播营销的主播，你将采取哪些措施调动直播间的人气？

相关知识

1. 打造热闹的直播营销环境

直播营销环境是指在电商直播过程中，由主播、商品、场地、灯光、声音等元素所构成的虚拟空间。热闹的直播环境是直播间购物氛围营造的重要手段之一。通过营造一种人气旺盛、热闹非凡的氛围，吸引更多的消费者加入进来，共同体验购物的快乐。直播场地的精心布置、华丽的灯光效果以及过程中与粉丝的互动，都极大地增加了直播购物的趣味性和吸引力。例如，主播可以邀请明星或网红在直播间亮相（见图5-1），并让观众积极参与，有效烘托营销的气氛。

2. 善用抢购模式

抢购模式是直播间购物成功营造热潮的关键。

图5-1　主播邀请明星在直播间亮相

直播间限时抢购、抢购秒杀等活动激发了人们的购买欲望，刺激了消费者的紧迫感。针对热门商品，直播间抢购会设定数量，设置倒计时，并通过实时展示抢购人数和剩余商品数量，拉高购买速度和抢购紧张感。这种抢购模式的设置有效引导了消费者的行为，让购物过程更具有战略性和竞争性。直播间抢购倒计时宣传如图 5-2 所示。

3. 提供优惠政策

优惠政策是直播间购物营造购物氛围的一种重要手段。直播间购物平台通过丰富的优惠方式让消费者在购物时获得实实在在的优惠感。例如，直播间内常见的满减、限时特惠等促销活动，能够让购物者在购物过程中产生"赚了""省了"的满足感。同时，直播间也会提供专属礼包、红包、积分兑换等福利活动（见图 5-3），使消费者享受到与线下购物不同的独特优惠，增加了购物的价值感。

图 5-2　直播间抢购倒计时宣传

图 5-3　直播间派发福利活动

延伸学习

调动直播间人气"五步法"

1. 剧透互动预热

一般来说，开始直播时观看人数较少，这时主播可以通过剧透直播商品进行预热。主播可以热情地与用户进行互动，引导其选择喜欢的商品。用回复口令进行互动的方式很快捷，直播评论区一般会形成"刷屏"之势，从而调动起直播间的气氛，为之后的直播爆发蓄能。

2."宠粉"款开局

预热结束之后，直播间的氛围已经开始升温，主播这时可以宣布直播正式开始，并通过一些性价比较高的"宠粉"款商品继续吸引用户，激发起互动热情，并让用户养成守候主播开播的习惯，增强用户的黏性。

3."爆款"打造高潮

主播可以利用直播最开始的剧透引出"爆款"，并在接下来的大部分时间里详细介绍爆款商品，通过与其他直播间或场控的互动来促成"爆款"的销售，将直播间的购买氛围推向高潮。

4.福利款制造高场观

在直播的下半场，即使观看直播的人数很多，还是会有不少用户不是主播的粉丝。为了让这些用户关注主播，成为主播的粉丝，或让新粉丝持续关注主播，留在直播间，主播就要推出福利款商品，推荐一些超低价或物超所值的精致小商品给用户，引导用户积极互动，从而制造直播间下半场的小高潮，提升直播场观。

5.完美下播为下场直播预热

主播在下播时可以引导用户点赞，分享直播；使用秒杀、与用户聊天互动等方式在下播之前再制造一个小高潮，给用户留下深刻的印象，使用户感到意犹未尽。同时主播可以利用这一时间为下次直播预热，大概介绍下场直播的福利和商品等。

任务实训

1.实训目的

通过实训，掌握直播间营销氛围营造的方法。

2.实训内容及步骤

（1）以小组为单位组建任务实训团队。

（2）各小组成员分别观看一场不同平台头部主播的直播营销，重点关注该直播间营造营销氛围的方法。

（3）各小组成员看完直播后，各自分析直播间营造营销氛围的方法。

（4）各小组汇集各成员的分析，经讨论之后，撰写直播间营销氛围营造方法的总结报告。

（5）提交报告给授课老师，由老师进行点评。

3.实训成果

实训作业：基于实例的直播间营销氛围营造方法报告。

任务 5.2　充分展示商品的卖点

任务引入

商品卖点的展示是直播营销效果转化的重要因素。直播间商品展示水平的高低，往往能决定一场直播活动的成败。对于那些经验丰富又精通商品展示的主播来说，很容易就能促成用户在直播间下单，而对于新手主播来说，这却并不容易。

问题：如果你是主播，你将如何在直播间展示商品的卖点？

相关知识

1. 注重展示商品细节

1）远近结合

主播可以从远处开始，全方位地展示商品。当观众从远处看商品时，能够获得商品的全貌，并对商品的整体形状和大小有一个清晰的印象。然后逐渐靠近，以便观众可以更清楚地看到商品的细节和质感。通过远近结合的展示方式，观众可以获得对商品的整体把握。例如，在展示一款手机时，主播可以先从远处展示手机的外观设计和色彩搭配，然后逐渐靠近展示手机的屏幕、相机镜头等细节部分，让观众充分了解手机的外观和功能。

2）特写镜头

当整体展示完商品后，主播可以使用特写镜头来展示商品的细节。观众不仅想了解商品的整体表现，还想看到更真实的商品细节，以便确定商品的质量和工艺。一些主播在直播中只是简单展示商品，而忽视了商品细节的特写镜头。这样一来，直播的营销效果就会大打折扣。例如，主播在展示一种化妆品时，可以特写展示商品的包装细节、成分清单、质地等，甚至展示搭配使用的刷具的细节和材质，让观众更加了解商品的品质和实用性。

3）互动解答

展示完商品的细节后，主播可以与观众进行互动，了解观众对某些内容是否有疑问，并进行解答。如果观众希望看到商品的某个部分或功能，主播应使用镜头进行展示，满足观众的需求。例如，当主播展示一款智能手表时，观众可能会对其防水性能或特殊功能感兴趣。此时，主播可以与观众互动，询问他们希望看到手表的哪些细节或功能，并通过特写镜头展示给观众，以解决他们的疑问。

2. 突出直播间不同商品的卖点

微课堂

所谓"卖点"，是指所卖商品具备了前所未有、别出心裁或与众不同的特色、特点。这些特色、特点，一方面是商品与生俱来的，另一方面是通过营销策划人的想象力、创造力来"无中生有"的。不论它从何而来，只要能使之落实于营销的战略战术中，化为消费者能够接受、认同的利益和效用，就能达到产品畅销、建立品牌的目的。

突出直播间不同
商品的卖点

1）服装类

在介绍服装类商品时，主播可以采用亲自上身试穿，介绍服装的风格、尺码与款式、颜色、面料、设计亮点、穿着场景或搭配，服装报价，说明库存量等方法。但一般而言，都是先介绍款式，再抛出价格，最后阐述商品的价值。因为对于服装类商品来说，只有消费者看上了款式，觉得喜欢合眼缘，才会产生购买兴趣。服装类商品直播如图5-4所示。

图5-4　服装类商品直播

2）生活用品类

生活用品类的商品，最重要的是实用，能够给消费者的生活带来便利，能够让他们觉得拥有这个商品生活会更省时省力省心，所以要制造出生活的场景，让消费者觉得自己有这方面的需求，从而去下单购买。直播间生活用品类商品展示如图5-5所示。

图5-5　直播间生活用品类商品展示

3）美妆类

在直播间推荐美妆类商品时，主播要着重介绍商品的质地、价格、容量、使用方法、试用感受等。美妆类商品的目的就是让用的人变得好看，所以卖点就是使用效果，这时候就需要主播把话术和效果展示进行结合，主播可以先在手臂上或脸上尝试，直观地向用户展示商品的使用效果，同时非常详细地讲解商品的成分，确保商品的安全性。美妆类商品直播如图 5-6 所示。

图 5-6　美妆类商品直播

4）食品类

食品类商品主要是注重味觉的体验，吃的东西讲究色香味，消费者在直播间能看到卖相，但是对于味觉和嗅觉是没办法体验的，这时候，就需要通过主播的描述来感受，所以主播的描述一定要生动，要让消费者有自己吃到嘴的感觉，觉得好吃有食欲，就会有转化。食品类商品直播如图 5-7 所示。

图 5-7　食品类商品直播

5）数码类

数码类商品的主要卖点在它的功能上，使用体验和性能是消费者比较关注的，但是在介绍数码类商品的时候一定不能照着说明书读，一定要口语化，让消费者能够很快地理解这个功能的优势和作用，要快速切中消费者的需求点才可以达成转化。数码类商品直播如图5-8所示。

图5-8　数码类商品直播

6）图书类

图书作为一种传播知识的载体，既是精神产品又是物质产品，其精神产品属性集中体现在内容方面，而物质产品属性则主要体现在载体方面。因此，主播在直播间推荐图书类商品时，就需要围绕图书内容和物质载体来讲解，如果作者知名度高，也要重点介绍作者。另外，主播可以针对不同的目标用户群体做具体、有针对性的介绍。例如，在推荐中国的四大名著时，主播可以根据用户定位来介绍：基于年龄划分，为幼儿群体介绍改编版，浅显易懂，并配有卡通插画；为学龄儿童群体介绍注音版；为老年人群体介绍大字版等。图书类商品直播如图5-9所示。

图5-9　图书类商品直播

7）教育类

对于教育类商品来说，直播营销中比较常见的是网课。网课开辟了互联网教育的新模式，教师通过在线教学将知识传递给大众。在线教学也可以实现教师与学生面对面答疑，学生不懂就能问，教师也能在线解答。在推荐网课时，主播可以从名师效应、金牌课程、优惠活动等几个方面来展开。教育类商品直播如图 5-10 所示。

图 5-10　教育类商品直播

思政园地

助农直播跑出乡村振兴加速度

中秋假期期间，陕西省汉中市勉县助农带货直播间，来自中国铁路的支教老师和驻村第一书记组成的"带货团队"直播带货吸引了众多网友围观下单。

进入新时代，直播带货农产品已经不是新鲜事，各地政府工作人员、网红、村民纷纷加入直播大军。他们走进田间地头，以创新的直播方式、丰富多彩的载体、特色多样的形式帮助村民解决农副产品销售问题，实现村民增收致富，带动当地经济发展。

受益于互联网和物流产业的发展，越来越多的人利用自媒体、电商等平台帮助村民直播带货，整合了农业资源，形成紧密衔接的产业链。通过网络直播，地里水里鲜活的农产品按照订单打包装车，消费者只需通过直播链接下单，就能快速收到带着田园气息的新鲜农产品。

助农直播也在一定程度上解决了消费者对货源不信任的问题。直播者通过网络直播宣传了家乡特产、地质风貌，甚至在粮田、林场、牧场、集市等场所，只需一部手机，农民就可以进行直播，让消费者直接面对货源。

助农直播、乡村驻点，因地制宜采取有力的举措助推沿途产业加快发展，同时，网络直播新业态也有效吸引了年轻人回流农村，反哺家乡，给年轻人提供了就业创业的平台与机会。

充满活力的直播形式，为乡村振兴注入了新的动能，助力农业增效、农民富裕，为美丽乡村的画卷增添了绚烂色彩！

任务实训

1. 实训目的

通过实训，熟悉直播间服装类商品卖点展示技巧。

2. 实训内容及步骤

（1）以班级为单位完成此次实训。
（2）班级中选出 5 人组成直播团队，并模拟开展一场服装类商品直播营销活动。
（3）直播团队选定服装样品，撰写商品卖点展示脚本。
（4）直播团队在直播间展示所选服装的卖点，其他同学认真观看。
（5）直播结束后，同学们对该团队的表现进行点评。

3. 实训成果

实训作业：服装类商品直播间卖点模拟展示。

任务 5.3　设置抽奖、发红包等互动环节

任务引入

小刘是一名带货主播新人，他的直播间人气一直不旺，于是打算采取一些互动玩法来提升直播间的氛围，以吸引更多的观众。小刘先尝试在直播间给大家唱歌、跳舞，希望通过才艺来调动气氛，但奈何才艺不佳，直播间用户对此不感兴趣，不少用户进入直播间后停留不到 2 min 就离开了，这让小刘非常沮丧。

问题：小刘在直播间设置的互动环节出了什么问题？小刘该如何对其进行改进？

相关知识

1. 设置抽奖环节

1）合理安排抽奖次数与奖品价值

为了确保抽奖环节的有效性，直播间应该合理安排抽奖的次数和奖品的价值。过于频繁的抽奖可能会引起观众的疲劳感，而过于稀少的抽奖则可能导致观众参与度的下降。因此，直播间主持人或运营团队需要根据不同直播类型和观众数量，科学地确定抽奖的频率。同时，在选择奖品时，应注重奖品的实用性和吸引力，以增加观众的参与热情。例如，在美妆直播间可以设置化妆品、护肤品等相关产品作为奖品，而在游戏直播间可以设置游戏装备、道具等。

2）明确公布抽奖规则和参与条件

在进入抽奖环节前，主持人或直播间工作人员应当明确公布抽奖的规则和参与条件，以保证抽奖的公正性和透明性。观众应清楚了解他们需要完成什么任务或满足什么条件才有资格参与抽奖。例如，在某家电直播间，主持人要求观众在直播间内购买商品，才能获得参与抽奖的机会。这样的设计既能增加销量，也能提高观众的积极性。

此外，直播间还可以使用一些技术手段来提升抽奖环节的效果。例如，可以使用随机数生成器来保证抽奖过程的公平性，避免人为操作。另外，直播间可以针对不同的抽奖形式使用不同的技术手段。比如，可以设置幸运转盘抽奖，观众只需在屏幕上点击抽奖按钮，即可获得抽奖结果；或者可以设置弹幕抽奖，观众在发送指定弹幕后，系统会根据设定的规则从中随机选取获奖者。

3）设置特殊抽奖活动以增加趣味性

为了进一步提高抽奖环节的趣味性，直播间可以设置一些特殊的抽奖活动。例如，可以针对直播间内观看时间最长的观众进行专场抽奖，或者针对积分排名前几位的观众开展大型抽奖活动。这样的设计既能增加观众的互动参与度，也能激发观众的竞争欲望。

总体来说，直播间抽奖环节的有效设置是直播运营的重要环节之一。只有通过合理规划和科学设计，才能让观众真正享受到抽奖带来的乐趣和惊喜。

2. 派发红包

1）合理设置红包金额和数量

红包的金额应该根据直播内容和观众的特点来定，可以根据商品价格区间进行分配。例如，对于高端奢侈品直播，可以设置较高金额的红包，以吸引有购买力的观众；而对于普通商品的直播，可以设置适中金额的红包，以满足大部分观众的需求。此外，红包数量也需要谨慎规划，过多的红包派发可能导致观众变得麻木，降低其参与热情。

2）选择合适的派发方式

目前，主流的红包派发方式主要有抽奖式派发和随机红包派发两种。抽奖式派发能够激发观众的期待心理，增加参与积极性。例如，在直播过程中设置几个特殊时刻，派发较大金额的红包作为奖励，这样既能吸引观众的注意力，又能保持他们对整场直播的关注。而随机红包派发则能够有效避免"抢红包"的困扰，让观众更加平等地参与到活动中来。

3）选择合适的派发时间

选择合适的时间派发红包也是非常重要的。比如，在直播高峰期或者特定的活动时段，对于有参与度的观众进行集中红包派发，可以让他们感受到被重视和关注的程度，从而增加其对直播间的好感度和黏性。同时，在直播过程中适当穿插红包派发的环节，则能够增添一份悬念和惊喜，提高观众的紧张感和参与度。

4）注意红包派发的公平性

为了避免观众对直播间的否定情绪，必须确保红包派发的公正性和透明度。可以借助现有的直播平台提供的工具，如随机抽奖等功能，对红包派发进行监管和管理。此外，还可以设置一些特殊规则，如每人限参与一次、设定红包领取上限等，以确保观众有公平的机会参与红包抢夺，从而增加他们的参与积极性和互动频率。

3. 与其他主播、名人或企业领导合作

1）与其他主播"连麦"

在抖音、快手这两个平台中，主播之间"连麦"已经成为一种常规的玩法。所谓"连麦"，是指正在直播中的两位主播连线通话。"连麦"的应用场景有以下两种。

（1）账号导粉。账号导粉是指引导自己的粉丝关注对方的账号，对方也会用同样的方式回赠关注，互惠互利。在引导关注时，主播可以与对方主播交流，也可以点评对方主播的粉丝关注对方的理由。同时，主播还可以引导自己的粉丝去对方的直播间抢红包或福利，带动对方直播间的氛围。

（2）连线PK。连线PK的形式通常是两位主播的粉丝竞相刷礼物或点赞，以刷礼物的金额或点赞数判决胜负。这种方式更能刺激粉丝消费，活跃直播间的气氛，提升主播的人气。直播间主播连线PK如图5-11所示。

图5-11 直播间主播连线PK

2）邀请名人进直播间

一般来说，有能力邀请名人进直播间的主播大多是影响力较大的头部主播，且名人进直播间往往与品牌宣传有很大的关联。名人与主播的直播间互动可以实现"双赢"，因为名人的到来会进一步增加主播的粉丝量，并且名人与主播共同宣传，对于提升主播的影响力会有很大的帮助。与此同时，主播也会利用自己的影响力为名人代言的商品进行宣传推广和销售。值得一提的是，头部主播邀请名人进入直播间也是主播积累社交资源的重要部分。

3）企业领导助力直播

很多企业领导看准了直播的影响力和营销力，纷纷站到直播镜头前"侃侃而谈"，且大多数企业领导所参与的直播都获得了成功。例如，格力电器董事长亲临直播间为主播"站台"（见图5-12），不仅增加了直播间的人气，为直播增加话题性，同时也给主播信任背书，增强主播的个人特质。

图5-12 格力电器董事长助力直播

案例分析

果农小李的直播营销

小李是一位种植水果的农民，他拥有一片优质的果园，但由于交通不便和销售渠道有限，他面临着销售困难的问题。于是，他开始尝试利用直播平台进行果园的营销。

1. 策划阶段

小李在一家知名直播平台注册了账户，创建了自己的直播频道。他制定了直播营销计划，包括展示果园的美景、介绍水果种植技术、分享果园日常工作和生产过程等内容。

2. 直播准备

小李与直播平台合作，确定直播时间和推广方式，以吸引更多观众。他准备了高质量的拍摄设备和工作人员，确保直播画面清晰、稳定，并提供专业的解说和讲解。

3. 直播过程

小李在直播中展示了果园的美景，介绍了果树的种植和养护过程，向观众展示了水果的采摘和处理过程。他详细介绍了水果的品种、营养价值和口感特点，引导观众了解水果的优势和特色。小李通过直播互动与观众进行沟通，回答他们的问题，提供购买指导和售后服务等。

4. 营销效果

小李的直播吸引了大量观众的关注，引发了他们的购买兴趣。他提供了专属的优惠码和购买链接，方便观众直接购买水果，并提供快递配送服务。通过直播销售，小李增加了水果的销售额，扩大了知名度，并建立了一批忠实的顾客群体。

5. 宣传和推广

小李利用社交媒体、短视频平台等多种渠道宣传自己的直播活动，吸引更多观众关注和参与。他邀请一些知名的食品博主、美食达人或影响者参与直播合作，增加曝光度和影响力。

6. 品牌建设和维护

小李注重品牌形象的塑造，通过直播展示产品的质量和安全保障，提升消费者对其品牌的信任和认可。他定期进行直播活动，与消费者保持良好的互动和沟通，解答疑问，处理投诉，建立良好的客户关系。

7. 数据分析和改进

小李通过直播平台提供的数据分析功能，了解观众的喜好和购买行为，进行市场分析和产品优化。

他根据观众的反馈和需求，不断改进直播内容和服务，提升用户体验和满意度。

案例分析：这个案例展示了农产品直播营销的综合实施过程。通过直播平台，农民能够直接与消费者进行互动，展示产品的特点和优势，提供购买指导和售后服务，从而增加销量和品牌认知度。重要的是，农产品直播营销需要注重策划、准备、执行和分析，不断改进和创新，以实现更好的营销效果和消费者满意度。

任务实训

1. 实训目的

通过实训，熟悉直播营销发红包及抽奖活动的玩法。

2. 实训内容及步骤

（1）以小组为单位组建任务实训团队。

（2）各小组观看一场主流直播平台头部主播的带货直播，重点关注直播间的发红包及抽奖活动。

（3）各小组对所观看的直播间发红包及抽奖活动进行讨论，分析其成功与不足之处。

（4）各小组根据讨论结果撰写《××直播间发红包及抽奖活动分析》。

（5）各小组将分析材料发至班级学习群，供其他小组评议。

3. 实训成果

实训作业：××直播间发红包及抽奖活动分析。

任务5.4 做好营销承诺，打消粉丝顾虑

任务引入

直播带货新人小周最近很烦恼，因为他的直播间经常会出现在线人数很多，但下单的用户却寥寥无几的情况。小周直播带货时人气不错，是因为小周多才多艺，直播内容有趣，加之他又舍得发红包，用户还是挺愿意留在他的直播间的。经多次复盘，小周发现自己的直播间选品没有什么问题，商品的价格不高，互动环节做得也不错，但一直未对用户做过营销承诺。这应该是客户不愿下单的主要原因。

问题：如果你是小周，你将如何在直播间做好营销承诺？

相关知识

对于主播来说，最终的目的是要促进商品的销售，让用户下单。因此，直播中如何做好营销承诺，打消用户顾虑，把话说到他们的心坎上，激发他们的购买欲望，从而促成下单是至关重要的一环。

1. 权威背书

背书是指通过第三方的知名度、美誉度等做出的一种支持、赞美。由于权威机构或人物本来就自带"光环"，能得到大多数人的信任和认可，其本身就具有极强的说服力，如果是权威机构或人物来为商品背书，会大大提升商品在用户心中的好感度。主播可以从多方面来介绍权威内容，如权威投资人、名人代言、名人同款、行业专家推荐、权威媒体报道等。

2. 数据证明

主播可以用具体的销量、店铺评分、好评率、回购率等数据来证明商品的优质及受欢迎程度。例如，这款商品已经累计销售 100 万件了，顾客评分 4.9 分，回购率超过 80%。

3. 现场体验

一定要在你的直播间现场试用商品，分享使用体验与效果，验证商品的功效。这样才有足够的说服力，证明你在用，你觉得很好，才能让你的粉丝信服你，买你的商品。同时要描述出商品的使用需求和购买需求，双管齐下，激发用户的购买欲望。

4. 介绍售后保障

打消用户对商品的疑虑，可以给用户某些保证，比如用户拿回家之后，若穿上不太喜欢或不合适，你直接退回来，运费险卖家出，或者在直播间做试验打消用户的疑虑，比如想说明一条裤子水洗不褪色，可以直接把在水里浸泡的牛仔裤给大家拿出来看，让直播间观众确定其不掉色。

5. 展现价格优势

主播可以将商品的市场价与直播间的售价进行对比，营造价格优势，从而让用户感觉物超所值。例如，主播在直播间说："我手里拿的这款化妆品在某某旗舰店的价格是 99.9 元一瓶，我们只卖 68 元，仅此一次。"

几乎每个直播间用户都有"等待促销""等待更低价"的心理，都想用更便宜的价格买到更好的商品。因此，主播在直播中要充分利用用户的这种心理，营造紧张感、放大稀缺效应，不断强化"机不可失，时不再来"的感觉，让用户产生尽快下单的冲动。

| 课堂讨论 |

　　作为消费者，你最关心的直播营销承诺是什么？请说说你的理由。

✈ **阅读资料**

直播间违法行为典型案例

案例 1：不正当竞争

当事人在 2020 年 9 月至 2021 年 5 月，通过电商平台直播销售珠宝、首饰、玉石等产品时，在宣传中存在假冒商品产地、年份，伪造、套用鉴定证书，将人工制造产品宣传为纯天然产品等虚假宣传行为，吸引消费者购买。其行为违反了《中华人民共和国反不正当竞争法》第八条的规定，市场监管部门依法予以行政处罚。

法条指引：第八条　经营者不得对其商品的性能、功能、质量、销售状况、用户评价、曾获荣誉等作虚假或者引人误解的商业宣传，欺骗、误导消费者。

案例 2：违法广告

当事人在没有任何证明材料的情况下，在直播平台上发布标注有"公安部门批准的电动车防护罩"的附有防护罩的电动车宣传视频。其行为违反了《中华人民共和国广告法》第九条的规定，市场监管部门依法予以行政处罚。

法条指引：第九条　广告不得有下列情形：（二）使用或者变相使用国家机关、国家机关工作人员的名义或者形象。

案例 3：产品质量

当事人直播销售的"WHPOLOSPORTS"保罗衫，面料标识为70%棉，30%聚酯纤维。实际检验后纤维含量不符合标准要求。其行为违反了《中华人民共和国产品质量法》第三十九条的规定，市场监管部门依法予以行政处罚。

法条指引：第三十九条　销售者销售产品，不得掺杂、掺假，不得以假充真、以次充好，不得以不合格产品冒充合格产品。

案例 4：商标侵权

当事人在未取得商标注册及授权的情况下，在直播平台网店上销售带"奥迪"标识的太阳镜及带"Dior"标识的太阳镜。其行为违反了《中华人民共和国商标法》第五十七条的规定，市场监管部门依法予以行政处罚。

法条指引：第五十七条　有下列行为之一的，均属侵犯注册商标专用权：（一）未经商标注册人的许可，在同一种商品上使用与其注册商标相同的商标的。

案例 5：食品安全

当事人在直播平台网店销售一款澳大利亚进口的"澳洲HC辅酶Q10软胶囊"保健食品，该保健食品未经国务院食品安全监督管理部门注册，且中文标签上未标注生产日期和保质期。其行为违反了《中华人民共和国食品安全法》第六十七条和第七十六条的规定，市场监管部门依法予以行政处罚。

法条指引：第六十七条　预包装食品的包装上应当有标签。标签应当标明下列事项：（一）名称、规格、净含量、生产日期；（四）保质期。

第七十六条　使用保健食品原料目录以外原料的保健食品和首次进口的保健食品应当经国务院食品安全监督管理部门注册。但是，首次进口的保健食品中属于补充维生素、矿物质等营养物质的，应当报国务院食品安全监督管理部门备案。其他保健食品应当报省、自治区、直辖市人民政府食品安全监督管理部门备案。进口的保健食品应当是出口国（地区）主管部门准许上市销售的产品。

案例 6：价格违法

当事人在某直播平台上对所销售的某款粽子产品称："我们过几天就会恢复到原价。"但是该产品的价格一直都是19.8元，并不存在其他价格。其行为违反了《中华人民共和国价格法》第十四条的规定，市场监管部门依法予以行政处罚。

法条指引：第十四条　经营者不得有下列不正当价格行为：（四）利用虚假的或者使人误解的价格手段，诱骗消费者或者其他经营者与其进行交易。

任务实训

1. 实训目的

通过实训，熟悉直播间营销承诺。

2. 实训内容及步骤

（1）以班级为单位完成此次实训。

（2）班级中选出 5 人组成直播团队，并模拟开展一场带货直播活动。

（3）班级其他同学观看直播，考察该直播团队在直播间所做的营销承诺。

（4）直播结束后，同学们对该团队的直播间营销承诺进行讨论。

（5）课代表对此次实训活动进行总结，形成文字材料后提交至班级学习群。

3. 实训成果

实训作业：直播间营销承诺实训总结。

 练习题

一、单选题

1. （　　　）是直播间购物氛围营造的重要手段之一。

　　A. 安静的直播环境　　　　　　　　B. 热闹的直播环境

　　C. 展示价高质优的商品　　　　　　D. 展示价低质低的商品

2. 服装类商品一般先展示（　　　）。

　　A. 价格　　　　　B. 尺码　　　　　C. 面料　　　　　D. 款式

3. 生活用品类最重要的是（　　　），能给消费者带来便利。

　　A. 美观　　　　　B. 便宜　　　　　C. 实用　　　　　D. 安全

4. （　　　）是美妆类产品的最主要卖点。

　　A. 容量　　　　　B. 价格　　　　　C. 使用效果　　　　D. 使用方法

5. （　　　）是指通过第三方的知名度、美誉度等作出的一种支持、赞美。

　　A. 背书　　　　　B. 数据证明　　　　C. 名人效应　　　　D. 售后保障

二、多选题

1. 直播间购物氛围营造的手段有（　　　）。

　　A. 提供优惠政策　　　　　B. 善用抢购模式　　　　　C. 打造直播环境

　　D. 充分展示商品卖点　　　E. 打消顾客疑虑

2. 商品细节展示的要点为（　　　）。

　　A. 远近结合　　　　　B. 特写镜头　　　　　C. 大小结合

　　D. 动静结合　　　　　E. 互动解答

3. 与其他主播"连麦"的应用场景有（　　　）。

　　A. 账号导粉　　　　　B. 领导助力　　　　　C. 连线 PK

　　D. 名人助力　　　　　E. 权威背书

4. 主播可以多方面介绍权威内容, 比方说 (　　)。

  A. 权威投资人　　　　　　B. 名人代言　　　　　　C. 名人同款

  D. 行业专家推荐　　　　　E. 权威媒体报道

5. 主播可以用 (　　) 等方法来证明商品的优质及受欢迎程度。

  A. 具体销量　　　　　　　B. 店铺评分　　　　　　C. 回购率

  D. 帖子数　　　　　　　　E. 转发率

三、名词解释

1. 直播环境　2. 商品卖点　3. 连麦　4. 账号导粉　5. 连线 PK

四、简答及论述题

1. 如何打造热闹的直播环境?

2. 如何在直播间展示图书类商品的卖点?

3. 在直播间设置抽奖环节应注意哪些问题?

4. 试论述直播间派发红包的要点。

5. 试论述如何才能做好营销承诺, 打消粉丝顾虑。

案例讨论

海钓船体验餐厅的直播营销

  民以食为天, 无论何时, 在各类互联网平台上的各类与食品相关的话题都是人们关注的焦点。

  厦门海钓船体验餐厅针对消费者最为关心的食品安全问题, 通过直播的方式, 将餐厅食材的来源和制作过程全程展现在消费者面前, 赢得了用户的信赖, 取得了良好的营销效果。

  海钓船餐厅拥有自己的渔船, 经常深入太平洋优质深海鱼产地进行海钓, 并在 "海钓船" App 进行现场直播。蔚蓝的大海、激起的白浪、刚捕获的活蹦乱跳的海鱼, 每一帧画面都在深深刺激着消费者的感官, 同时也在打消着消费者对于食材安全的顾虑。

  如果说海钓直播能满足消费者对海洋的幻想, 那么大厨烹饪直播则可满足吃货对美食的幻想。海钓船体验餐厅将店内招牌菜——柠檬酸菜大黄鱼、金枪鱼肉松等菜品的制作过程进行视频直播, 让消费者目睹将鲜活的海鱼作成一道道诱人的美食的过程。海钓船的美食制作直播视频, 无时无刻不在刺激消费者的味蕾, 让人恨不得马上赶到海钓船体验餐厅品尝一番。

思考讨论题

1. 海钓船体验餐厅直播营销为何能取得成功?

2. 如果要在海钓船的直播营销活动中增加互动环节, 你觉得应该采取哪些方式?

学生工作页

项目5 直播间互动营销：营造氛围，促成购买

任务	分析直播间互动营销实例			
班级		学号		姓名	

本任务要达到的目标要求：

1.熟悉如何营造直播间营销氛围。

2.掌握直播间互动营销的方法与策略。

能力训练

阅读以下材料后回答问题。

材料1：味全果汁举办了一场"鲜美时刻，味全果汁直播秀"，通过直播平台向观众展示了果汁生产过程，并邀请网红进行互动直播。该活动有效提升了味全果汁的品牌知名度和消费者购买欲望，销售额同比增长了62.9%。

材料2：小米手机在直播平台上进行了一系列直播，向观众展示了小米手机的性能和设计，并邀请了网红进行直播互动。该活动有效提升了品牌知名度和消费者购买欲望，小米手机的销售额同比增长了120%。

问题：

1.味全果汁和小米手机的直播营销为何能够成功？

2.味全果汁和小米手机的直播营销互动策略有何不同？

3.你所知道的直播间中，哪一家互动环节做得最好？对你有何启发？

学生评述

我的心得：

教师评价

项目 6 直播营销复盘与数据分析：发现问题，改进不足

学习目标

【知识目标】

（1）熟悉直播营销复盘的概念。

（2）掌握直播营销复盘的核心内容。

（3）熟悉直播营销数据分析的常用指标。

（4）掌握直播营销数据分析的基本流程。

（5）熟悉主要的直播营销数据看板。

【技能目标】

（1）能够通过直播营销复盘为商家的直播营销提供改进策略。

（2）能够接受商家委托，为其完成直播营销复盘与数据分析工作。

（3）能够熟练使用主要的直播营销数据分析软件。

（4）能够熟练使用各类直播营销数据看板工具。

【素质目标】

（1）培养直播营销复盘与数据分析的兴趣。

（2）树立实事求是的直播营销复盘工作作风。

（3）培养量化分析直播营销活动的科学态度。

项目情境导入

2021 年 9 月 21 日晚，"湾区升明月"2021 大湾区中秋电影音乐晚会在深圳湾体育中心盛大举办。这是首次以大湾区为主题，同时覆盖港澳内地的国家级晚会，200 余位港澳台及内地艺人登台表演，陈容空前。

与音乐及星光同步辉映的，是舞台之下 7 个直播间的带货热力，即电影频道主持人蓝某、郭某等坐镇的主直播间，以及大湾区官方好物推广大使、淘宝主播李某某、林某某等分别领衔的 6 个子直播间。当日，"七星拱月"互动直播，3 h 内销售额即破亿，全天现场直播间观看人数破亿，结束前仍有近 200 万名观众不断涌入主直播间观看选购。直播结束后，主办方公布了该场晚会的传播热度分析和讨论词云图。

据统计，全网直播观看总量超 4 亿；节目《湾》《敢爱敢做》《东方之珠》等多首歌曲

深受观众喜爱。晚会播出后，全网讨论热度不减，回看持续升温。"湾区升明月"话题阅读量不断上涨，破圈突围，席卷全网，这才是真正的圆梦之夜。

问题：结合本案例，请谈谈你对直播营销复盘与数据分析的认识。

项目分析

从 2019 年开始，直播带货成为商家销售产品的重要途径之一，如何提升直播营销效果、改进直播中存在的问题是直播营销团队需要考虑的重要问题，这就需要直播团队在直播结束后，对直播活动整个过程进行详细拆解、分析与总结，即进行直播复盘。

那么，什么是直播复盘？直播复盘的基本步骤是什么？直播营销数据分析指标有哪些？如何获取所需的数据以及如何分析数据？直播数据看板有哪些作用？本项目将对以上问题分别进行解答。

任务 6.1　认识直播营销复盘

任务引入

小王在前些年开办了一家实体母婴店，随着直播带货的普及，小王也入驻抖音平台开启了直播。一个月直播下来，通过发放福利、优惠券等方式，直播间积累了大量粉丝，但是销量迟迟升不上来。小王很是着急，怎么才能发现直播过程中存在的问题并加以总结改进呢？小王求助有直播经验的朋友，朋友建议小王在每场直播之后要认真进行直播复盘。小王通过复盘整个直播流程，终于找到原因，通过改变直播营销策略，终于实现了销量的增长。

问题：直播营销复盘的核心内容包括哪些？直播营销复盘的基本步骤是什么？

相关知识

1. 直播营销复盘概述

直播的结束，并不是一场直播活动的终点，直播团队（包括商家直播团队和达人直播团队）还需要进行直播营销复盘。直播复盘是指各直播团队在直播结束后，以收集的直播数据为依据，通过对直播活动整个过程进行详细拆解、分析与总结，给出下场直播优化策略。通过直播复盘，直播营销团队能够找出自己的优势和劣势，从而找到提升直播效果的改进方法和进阶途径，不断优化直播过程，提高直播的质量。

根据直播复盘的时间维度，直播复盘分为两种，一种是日复盘，即对每场直播（或每天）的直播情况与前一场（或前一天）的直播情况进行对比分析；另一种是阶段复盘，即以每周（或每个月）为一个阶段进行复盘分析，关注不同指标的变化趋势，寻找波峰和波谷。

根据直播复盘的应用场景，直播复盘分为直播运营复盘、直播投放复盘、直播营销复盘。直播运营复盘是运营团队进行直播复盘，目的是优化直播效果，调整各岗位人员工作，优化直播流程和内容。直播投放复盘是对直播的付费广告投放产出进行复盘，目的是考察投放的成效，以便为后续投放制订计划。直播营销复盘是直播营销团队所进行的复盘，目的是提高直播营销质量，包括提升品牌曝光度、提升用户感受和转化成交量等。本项目重点对直播营销复盘进行介绍。

2. 直播营销复盘的核心内容

直播营销复盘的核心内容包括直播营销复盘数据分析和直播营销复盘总结技巧两部分。

1）直播营销复盘数据分析

直播营销复盘的数据分析包括两个方面：①从影响直播营销效果的指标数据出发，如对人气峰值与平均在线人数、平均停留时长、互动率、转化率等进行挖掘，对直播营销效果进行分析。②从直播目的出发，将影响直播目的的相关指标数据与直播目标进行比较，如品牌口碑数据与直播目的中的产品比较，目标用户比例与直播目的中的用户比较，效果数据与直播目的中的目标分别进行比较。

2）直播营销复盘总结技巧

对于直播整体或直播过程中的某个环节达到预期甚至超预期，可作为经验进行记录，便于下次直播参考。未达目标甚至影响最终效果的部分，需要总结教训，后续直播尽量避免此类教训。直播过程中遇到的新问题，在策划环节没有考虑到的问题，需要记下来，后续直播策划必须将此环节考虑在内。遇到问题后的解决方法，也需要记录下来，以便后续遇到此类问题时，提高解决问题的效率。

3. 直播营销复盘的基本步骤

一般情况下，直播营销复盘可分为五个基本步骤，即回顾目标、描述过程、数据分析、复盘诊断、总结经验。

1）回顾目标

直播营销复盘的第一步是回顾刚刚结束的那次直播的目标是否达成。目标主要分为三个方面：品牌曝光、用户感受、转化成交。目标是否达成是评判一场直播效果的标准。通过在直播之前设定企业本次直播的目标，并通过将直播的实际结果与目标进行对比，发现两者的差距。在后续的复盘过程中分析造成这种差距的原因，探究实现目标的有效方法。

2）描述过程

描述过程是为了找出超出预期效果的内容和未达到预期效果的内容。描述过程是分析现实结果与希望目标差距的依据。因此，在描述过程时，需要真实客观地记录整个直播过程，并对各个细节进行展示，包括谁用什么方式做了哪些工作，产生了什么结果。

3）数据分析

数据分析是直播营销复盘中不可或缺的一部分，想要优化直播营销效果，增加直播间的人气并提高直播"带货"的转化率，直播营销团队首先需要从账号后台或第三方如飞瓜数据、卡思数据、蝉妈妈等获取数据，并通过深耕数据，对直播效果进行分析。

4）复盘诊断

复盘诊断是直播营销复盘的核心步骤。直播团队只有把原因查找出来，整个复盘才是有成效的。复盘诊断时，通常情况下，直播团队可以从"与预期不一致"的地方入手，开启连续追问"为什么"模式，即从"为什么与预期不一致？""为什么没有发现？""为什么没有从系统上预防（事故、糟糕结果）"三个角度复盘诊断得出结论。这些结论可能就是问题形成的根本原因。

5）总结经验

直播营销复盘的根本目的，就是要对各项数据进行复盘总结，提炼出经验和方法，即在以后的直播中不应该做什么，应该继续做什么，需要尝试做什么，提炼的经验可用来指导后续的直播工作，从而达到直播的预期效果，提升直播质量。

任务实训

1. 实训目的

以某场直播活动为例，依据直播营销复盘步骤，对其进行数据分析并总结相关技巧。

2. 实训内容及步骤

（1）将全班同学划分为若干任务团队，各团队推选一名团队负责人。

（2）各团队自行搜集一场直播活动，并开展研究。

（3）各团队通过收集资料，并按照直播营销复盘步骤整理分析相关数据，并在讨论的基础上撰写调研报告。

（4）授课教师批阅各团队提交的调研报告，并在课堂上进行点评。

3. 实训成果

实训作业：××直播活动的直播营销复盘总结。

任务6.2　掌握直播营销数据分析指标

任务引入

李伯伯是一位种植水果的农民，他拥有一片优质的果园，但由于交通不便和销售渠道有限，他面临着销售困难的问题。于是，他开始尝试利用直播平台进行果园的营销。李伯伯注册了一个知名直播平台的账号，并制定了一个直播营销计划，通过在直播中展示果园美景、水果的采摘和处理过程，吸引了大量观众的关注，引发了购买兴趣。为进一步增加销售额、扩大知名度，李伯伯需要了解观众的喜好和购买行为，进而对市场进行分析和产品优化。

问题：李伯伯在直播营销复盘时，如何利用直播数据分析工具？需要根据哪些数据分析观众的喜好？如何根据直播目标筛选合适的数据指标来分析直播效果？

相关知识

微课堂

1. 直播数据分析的通用评估指标

不同的直播数据分析平台构建的数据分析指标不同，但从直播电商目的出发，通用的评估指标主要有以下四个。

直播数据分析的
通用评估指标

1）用户画像数据指标

在综合复盘中，可对直播间用户画像进行分析，看用户是否为直播前确定的目标用户，初步判断直播各渠道引入的流量是否精准。通过分析直播间用户画像，能了解直播产品的目标群体是谁，用户的购买偏好和价格偏好如何，进而为直播间选品或制定直播优化策略，迅速找到切入点。用户画像数据一般包括用户的年龄分布、性别分布、地域分布和活跃时间分布等。

2）流量数据指标 / 人气数据指标

在直播平台的推荐机制中，直播间热度越高，平台越会将你的直播间推荐给更多观众。所以新手直播运营，需要先学会直播间的人气数据分析。

流量数据指标的核心是在线人数或在线流量，包含总场观、平均观众停留时长、观看人次、观看人数、人数峰值、平均在线人数、新增粉丝 / 转粉率〔（新增粉丝数 / 观看人数）×100%〕等。其中重点关注的指标如下。

（1）总场观。总场观即直播观看人数，反映直播间的流量情况，决定了直播间的流量池等级。

（2）平均在线人数。平均在线人数反映直播间的带货能力，一般来说，一个直播间平均在线人数达到 50 人，且保持稳定，就具备了基本的带货能力。

（3）平均观众停留时长。平均观众停留时长反映直播间的留存效果，用户停留时间越长，直播间的人气也就越高，从另一侧面反应直播间的产品吸引度、主播留人技巧。具体数据需要结合大盘数据来分析。

（4）新增粉丝 / 转粉率。新增粉丝 / 转粉率反映直播间的拉新能力，转粉率的多少体现了直播间内容对观众有没有价值感，干货价值或者利益价值。一般来说，直播间转粉率大于 5% 即为优秀。如果转粉率低于 3%，且低于带货转化率，则说明整体直播流程在引导关注方面准备不足，不利于二次转化。

3）互动数据指标

互动数据指标包含本场点赞数、弹幕总数、弹幕词云、弹幕热词、累计点赞、累计评论、评论词云、新用户互动量、老用户互动量、互动率等方面的数据。一般情况下，直播团队通过第三方数据分析工具可以采集到这些数据。

4）商品数据指标

商品数据指标包括商品流量指标、交易数据指标和转化数据指标这三大类指标。

（1）商品流量指标。商品点击率。

（2）交易数据指标。销售额和商品销量、订单量、客单价、UV（unique visitor，意为独立访客）价值、GPM（千次观看成交额）、退款金额。

（3）转化数据指标。点击转化率、销售转化率、带货趋势图、转化漏斗、直播带货数据、成交单量与在线人数、成交单量与互动数量。

其中重点关注的指标如下。

① 销售额和商品销量。销售额和商品销量能直观地反映直播带货的效果。通过对一段时间内的销售额和商品销量的观察，可以看出主播的直播带货力以及该阶段时间内的直播带货效果是否稳定。一旦出现数据下滑的趋势，就要找出原因，尽快调整策略，才能保证

直播数据的稳定性。

② 客单价。客单价即平均交易金额，其计算公式为：客单价 = 直播间总成交金额 / 直播间成交人数。

③ 转化率。

$$转化率 = 下单人数 / 观看总人数$$

转化率既衡量了直播间观众的真实购买力，也反映了直播间人、货、场的配置效果，尤其是主播的带货能力。

④ UV 价值。UV 价值的计算公式：

$$UV 价值 = 直播间总成交金额 / 直播间观看人数$$

UV 价值代表每个观众给直播间带来的价值，受直播间产品的定价、售卖机制、选品组合等影响。UV 价值 =1 是及格线，如果数据较低，需要通过产品的选品和定价来设置过款顺序。如果直播间 UV 价值 >5，就是优秀直播间了，会得到平台的流量扶持。

2. 直播效果数据分析的具体评估指标

不同直播电商数据分析平台所展示的评估指标不同，本部分重点介绍飞瓜数据抖音版、蝉妈妈和抖音电商罗盘。

1）飞瓜数据抖音版

飞瓜数据是社交媒体全链路服务商，可以为抖音、快手和哔哩哔哩等平台上的短视频创作者和主播提供行业资讯和数据分析服务。飞瓜数据有多个版本，以抖音版为例，飞瓜数据专注于直播和短视频电商分析，提供了直播流量分析功能，直播营销团队可以通过上述功能来查看相关的直播数据，并以此为依据进行数据分析。飞瓜数据抖音版界面如图 6-1 所示。

图 6-1　飞瓜数据抖音版界面

飞瓜数据抖音版的具体功能包括：捕捉直播关键节点，学习高互动、高转化节点的运营策略；实时数据大屏，高效发现直播中的流量、销售变化；带货商品分析，定位直播间主讲解、高销量商品；流量获取效率评估，测算各时段投流转化效果；观众互动行为洞察，挖掘潜在用户购买需求。

飞瓜数据抖音版包含数据概览、带货商品、观众画像、流量来源、观众互动五个方面。

（1）数据概览。数据概览包括人气数据、带货数据和直播趋势三个具体指标。

人气数据有观看人次、人气峰值、平均在线、分钟流量获取、平均停留时长、新增粉丝等细分指标。抖音某直播间人气数据如图 6-2 所示。

┃人气数据

观看人次 **1226.8 万** 超过 99.99% 的达人	人气峰值 **19.3 万** 转粉率 3.60%	平均在线 **10.2 万** 本场点赞 1.2 亿
分钟流量获取 **3.5 万** 平均留存率	平均停留时长 📈 **3 分 19 秒** 超过 85.02% 的达人	新增粉丝 **44.1 万** 新增购物粉丝团 43……

图 6-2 抖音某直播间人气数据

带货数据主要由直播销售额、直播销量、上架商品数、客单价、分钟销售额产出、千次观看成交额等构成。抖音某直播间带货数据如图 6-3 所示。

┃带货数据

直播销售额 ✅ **5000 万 ~ 7…⋯** 超过 99.99% 的达人	直播销量 ✅ **7.5 万 ~ 10 万**⋯ UV 价值 0-10	上架商品数 **107** 场均过品速度 3 分 14 秒
客单价 **600 ~ 700** 转化率 0 ~ 5%	分钟销售额产出 **10 万 ~ 25 万** 分钟销量产出 100 ~……	千次观看成交额 **2500 ~ 5000** 本场预估佣金

图 6-3 抖音某直播间带货数据

直播趋势是反映直播间观看人次和在线人数变化的指标。抖音某直播间直播趋势如图 6-4 所示。

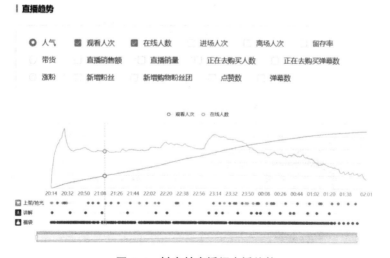

图 6-4 抖音某直播间直播趋势

（2）带货商品。带货商品指标包括商品分布和直播转化率两个具体指标。以某化妆品直播间为例，商品分布数据包含面部护肤品、面部美容仪器及面部护理品的销量和销售金额占比。而直播转化率是指实际观看直播的人数和下单人数之间的比例，这是直播带货效果的重要指标之一。

（3）观众画像。观众画像包括性别分布、年龄分布、地域分布和消费需求分布。下面以某抖音直播间某场直播的观众画像（见图6-5、图6-6、图6-7）为例进行简要说明。由图6-5、图6-6、图6-7可知，该场直播观众占比最大的是24～30岁（36.62%）的女性；直播观众地域分布相对靠前的城市为广东省、江苏省、安徽省；价格区间在68～279元的女装更符合直播间用户的需求。

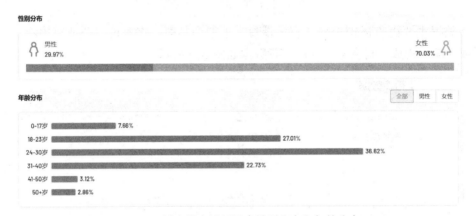

图6-5　抖音某直播间用户性别分布和年龄分布

图6-6　抖音某直播间用户地域分布

图6-7　抖音某直播间消费需求分布

（4）流量来源。流量来源主要包括：推荐 feed（用户通过推荐 feed 流进入直播间。feed 流是持续更新并呈现给用户内容的信息流，feed 将用户主动订阅的若干消息源组合在一起形成内容聚合器，帮助用户持续获取最新的订阅源内容）；关注 tab（关注 tab 就是已经关注的用户，直接从他的已关注里进入直播间）；短视频引流（用户通过短视频中的认证头像进入直播间）；搜索（用户通过搜索直播或者关联词进入直播间）；个人主页（用户通过主播或其他与直播相关的个人主页进入直播间）；直播广场（用户通过直播广场入口进入直播间）；直播推荐 / 同城（用户通过直播推荐 / 同城进入直播间）；付费（直播方通过付费推广获得流量来源）。抖音某直播间流量来源分布如图 6-8 所示。

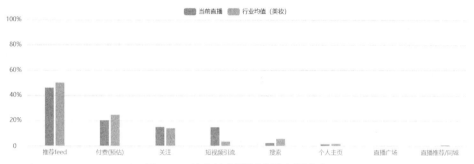

图 6-8　抖音某直播间流量来源分布

（5）观众互动。观众互动数据指标包括弹幕总数、弹幕人数、点赞总数、互动率、弹幕占比、互动趋势图、弹幕词云和福袋分析。抖音某直播间观众互动数据如图 6-9 所示。

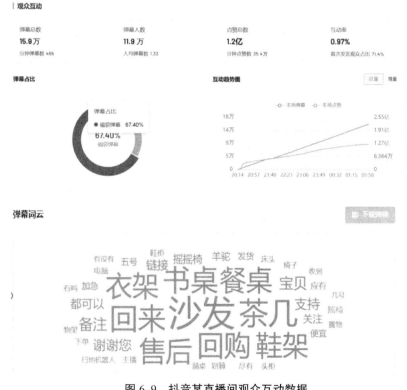

图 6-9　抖音某直播间观众互动数据

2）蝉妈妈

蝉妈妈是厦门蝉羽网络科技有限公司旗下品牌，是为抖音、小红书提供数据分析的服务平台，致力于帮助国内众多的达人、机构、品牌主和商家通过大数据精准营销。商家或达人在蝉妈妈官网里搜索相关的账号，查看单场直播数据，就能得到相关的数据指标，从而能够进行直播营销复盘。在单场直播数据里，有观众画像如性别、年龄和地域分布的信息，并通过图形的形式进行展示，如图 6-10 所示。

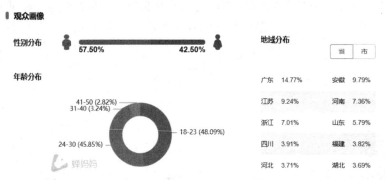

图 6-10　蝉妈妈观众画像数据

蝉妈妈的直播数据分析指标可分为以下 4 个大类：流量指标、互动指标、商品指标和交易指标。同时依据不同的时间维度，考虑的细化指标不同。当进行直播日复盘分析时，具体的细化指标如图 6-11 所示。

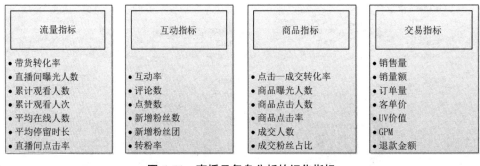

图 6-11　直播日复盘分析的细化指标

当进行直播阶段复盘分析时，细化指标如图 6-12 所示。

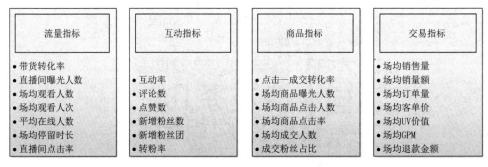

图 6-12　直播阶段复盘分析下的细化指标

3）抖音电商罗盘

抖音电商罗盘，又称抖店罗盘，是抖音为商家、达人提供的多视角数据平台，帮助商家、达人在抖音生态建立稳定的经营模式。商家视角下的抖音电商罗盘功能主要针对店铺，也就是商家的生意进行分析诊断，包括达人诊断、用户诊断、服务诊断、内容诊断、商品诊断、直播诊断六大方向。而达人视角的罗盘功能主要用来为带货账号的直播进行诊断分析。

两种视角最大的不同在于分析目标，商家视角下能看到自己商品带过货的所有的直播间数据，更多是从渠道策略、商品策略、内容策略和投放策略进行直播营销优化。而达人视角则是集中在达人自身的成长上，能够看到近 90 天所有直播场次的详细数据，并基于不同场次的数据对比，来不断优化直播节奏、选品组品、主播话术等。

（1）达人视角下的"电商罗盘"。借助电商罗盘，达人可以看到 90 天内包含"实时趋势""流量转化""商品列表""用户画像""广告转化"在内的所有直播数据分析。其中，"实时趋势""流量转化""商品列表""用户画像"是直播营销数据分析的重点。

① 实时趋势数据。实时趋势数据包括四大指标，分别是人气指标、互动指标、商品指标和订单指标。这四大指标是直播间重点考核并进行流量分配的依据，实时趋势数据各指标明细如图 6-13 所示。

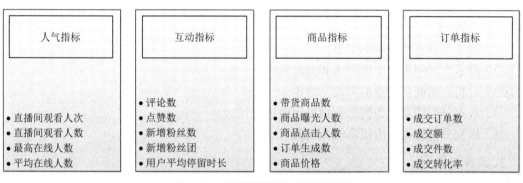

图 6-13 实时趋势数据各指标明细

② 流量转化数据。流量转化包括整场流量构成、流量来源趋势、整场商品转化漏斗、引流视频分析。

③ 商品列表数据。在商品分析模块中，基于商品转化漏斗点击关键指标，包括曝光相关指标，点击相关指标及转化相关指标。然后观察具体的数据，找到畅销品、潜力品和滞销品。一般而言，高点击、高成交的商品为畅销品；低点击、高成交的商品通常是优质潜力品；低点击、低成交的商品就属于滞销品。

④ 用户画像数据。用户画像数据分为看播用户画像和购买用户画像，两类用户画像都包含用户性别分布、年龄分布和地区分布。同时还可借助粉丝分析界面，获得直播间用户分析的数据，包括观众消费偏好和观众成交消费品类。

（2）商家视角下的"电商罗盘"。

① 直播间分析。直播间分析帮助商家了解每个账号每日/周/月的整体直播汇总数据，快速识别出较好/较差直播间。汇总数据包含该账号在统计时间段内的开播场次、开播天数

和累计直播时长等基础信息，成交、流量、转化和客单类指标，各类指标可查看较上一周期变化情况、和同行同级优秀值/中位数对比情况。

日历模式下点击单个直播间可弹出直播间卡片，展示直播核心指标，具体指标包括：直播间标签、直播间成交金额、直播时长、千次观看成交金额、人均观看时长、平均在线人数、新增粉丝数。

② 流量转化漏斗。流量转化漏斗帮助商家了解单个账号整体和不同流量渠道的各层转化效率，快速定位流量变化原因。转化漏斗支持按购买转化和互动转化两种方式查看，购买转化漏斗包含从进入直播间、商品曝光、商品点击到成交信息，互动转化漏斗包含从进入直播间到内容互动信息。

任务实训

1. 实训目的
通过实训，加深对直播营销数据指标的认识。

2. 实训内容及步骤
实训内容：以某场直播活动为例，通过查看直播带货数据，分析直播带货的流量和互动情况，从中找出问题并做出改进。

实训步骤：
（1）选择获取直播数据的渠道。
（2）分析直播间用户画像数据和流量数据。
（3）分析直播间互动数据和商品数据。
（4）根据分析结果，为直播营销提出改进建议。
（5）提交分析报告，由授课教师批阅。

3. 实训成果
实训作业：某直播营销数据分析报告。

任务 6.3 掌握直播营销数据的获取、处理与分析方法

任务引入

小张经营一家美妆护肤的抖音小店，并以直播方式进行营销推广。在经营一段时间后，小张想分析一下自己的小店在同行业中的位置，以便找到差距，提升直播效果。

问题：小张该如何获取同行的直播数据？小张需要重点分析哪些数据？

相关知识

要想优化直播营销的效果，提高转化率，直播营销团队在进行数据复盘时，需要做好直播营销的数据收集、处理和分析工作。

1. 数据收集

根据获取直播营销数据分析平台的不同，可将数据收集渠道分为直播账号后台、第一方数据分析平台和第三方数据分析平台（见表 6-1）。

表 6-1　直播营销数据收集渠道

数据收集渠道	说明
直播账号后台	直播账号后台通常会有直播数据统计结果，商家或达人可以在直播过程中或直播结束后通过账号后台获得直播数据
第一方数据分析平台	平台专门为本平台用户提供直播数据分析工具，如抖音电商罗盘
第三方数据分析平台	独立的第三方数据分析平台，如飞瓜数据、卡思数据、蝉妈妈、灰豚数据等

1）直播账号后台

由于其他数据分析工具使用限制或存在收费情况，对于个人商家或小型商家来说，可通过账号后台查看直播数据统计结果。以抖音为例，主播可以在抖音 App 中选择"我"|"创作者服务中心"|"主播中心"|"数据中心"，然后在"场次数据"界面中选择想要查看的直播场次，即可进入该场直播的数据中心查看详细数据。

2）第一方数据分析平台

为帮助商家更好地运营店铺，一些平台会专门为本平台直播用户提供数据分析工具。例如抖音电商罗盘。经营版的抖音电商罗盘主要功能是单店铺诊断及运营数据，包括直播中盯盘、直播后复盘、店铺分析优化、货架运营、内容运营和服务体验等。策略版的抖音电商罗盘主要功能包括多店数据汇总与多品牌管理、行业趋势与竞争分析、商品机会、创作灵感与消费者运营。达人版抖音电商罗盘提供达人带货全链路数据，包括人群分析、内容创意、选品策略分析。

3）第三方数据分析平台

除了直播账号平台和第一方数据分析平台，目前已有很多第三方数据平台能够提供直播数据分析。这些平台功能完善，直播营销团队可以借助这些平台获取所需的数据。下面简单介绍卡思数据这款较为常用的直播营销数据分析平台。

卡思数据是一个视频全网大数据开发平台，该平台为抖音、快手、哔哩哔哩等提供了全方位的数据查询、趋势分析、舆情分析、用户画像、视频监测、数据研究等服务，可以实时监测账号数据变化，帮助直播营销团队了解自身账号位置，查找合适的带货商品，适时调整账号内容运营策略，助力实现直播变现。卡思数据界面如图 6-14 所示。

卡思数据的具体功能如下。

（1）数据分析。能够分析达人粉丝数、关联店铺数、推广商品数、商品销售额等。

（2）数据整合。整合多个平台（抖音、快手、微博、B 站、美拍等）数据和资源，为客户带来更加多渠道的数据分析和达人资源。

（3）营销推广。包含商品推广、任务推广等。

（4）店铺管理。为商家提供店铺管理的服务，实现多平台店铺的统一管理，包括店铺

图6-14　卡思数据界面

数据、商品数据、订单数据。

（5）绩效管理。提供佣金管理、推广提成管理和绩效管理，帮助商家更好地统计推广支出与收益。

2. 数据处理

数据处理包括数据审核、数据筛选和数据整理三个环节。

1）数据审核

直播团队不管通过什么方式获取的数据，都需要先对数据进行审核。审核包括适用性审核、时效性审核、完整性审核和准确性审核。

（1）适用性审核。适用性审核首先应弄清楚数据来源平台、数据口径及有关的背景材料；其次确定哪些数据是符合直播目标需要的数据指标。

（2）时效性审核。时效性审核是指考察直播数据是否具有时效性，例如，在做对比分析时，审核直播场次间隔时间是否过长等。

（3）完整性审核。完整性审核是指检查特定目标下应分析的数据指标集合是否完备，所有指标下的数据是否齐全。若存在缺失数据，可通过多个数据分析平台综合进行获取。

（4）准确性审核。准确性审核是指检查数据是否真实反映实际情况，如果发现数据异常，需要综合各数据分析平台的数据进行修正，以保证数据的准确性、有效性和可参考性。

2）数据筛选

数据筛选主要是对数据中的错误进行处理以及筛选合适的数据指标。当可以纠正错误时，就对数据进行纠正；若不能进行纠正，就需要对数据进行筛选。数据筛选一是剔除不符合要求或有明显错误的数据；二是将符合某种特定条件的数据筛选出来，而对不符合特定条件的数据予以剔除。与直播相关的数据很多，如何找到关键数据是数据筛选的重点。想要筛选合适数据的关键是找到自己薄弱的数据或低于同行的数据。

3）数据整理

直播团队完成数据的筛选之后，即可进行数据整理工作。数据整理包括数据排序和数据的统计计算。数据排序包括对单期直播数据进行排序和对多期直播数据进行排序。数据

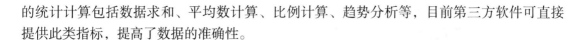

的统计计算包括数据求和、平均数计算、比例计算、趋势分析等，目前第三方软件可直接提供此类指标，提高了数据的准确性。

3. 数据分析

在获取数据并进行数据处理之后可进行数据分析。数据分析是指通过数据挖掘，对存在的问题以及如何改进等做一个梳理，以便今后更好地开展直播营销活动。数据分析首先要对基础数据指标进行分析，其次需要对同一账号单期直播数据、同一账号下的多期直播数据以及不同账号的直播数据进行对比分析。

1）基础数据分析

每场直播结束之后，需要对本场直播的相关数据指标进行分析，用以复盘改善本场直播效果。直播间需关注的数据指标有用户画像、流量数据、互动数据和商品数据。其中在直播数据复盘分析中起着至关重要作用的为用户画像信息、人气数据和带货数据。例如，若直播流量不够高（如观看人次较少、人气峰值较低、平均在线人数少等），就要到处找流量；商品成交量不高（如本场消费额不高、客单价偏低等）就要看是选品有问题还是主播的直播技巧有问题。

2）对比分析

对比分析是直播数据分析的重点，包含同一账号单期直播数据对比分析、同一账号多期直播数据对比分析，以及不同账号直播数据对比分析。通过对比分析，可以快速找到影响直播效果的原因，从而为下一阶段的直播营销策略改进提供客观的依据。

任务实训

1. 实训目的

通过实训，掌握直播营销数据分析的方法。

2. 实训内容及步骤

实训内容：在飞瓜抖音版直播平台上任选一场直播活动，利用第三方数据分析工具获取其直播数据，并对直播商品数据、观众画像数据、流量数据、互动数据、转化数据等常用的数据指标进行分析。

实训步骤：

（1）在浏览器的地址栏中输入飞瓜数据的官网地址，然后按 Enter 键进入飞瓜数据首页。单击"抖音版"图标，进入抖音版飞瓜数据首页，然后单击首页右上角的"登录 / 注册"按钮，根据提示进行登录。

（2）单击左侧导航栏中的"直播分析"｜"实时直播热榜"按钮，在打开的界面的搜索栏中输入关键字，然后单击搜索栏右侧的"搜索"按钮，查看具体有哪些直播间在推广该类商品，再单击任一直播间下方的"直播详情"按钮进入直播详情界面，

（3）在直播详情界面可以直接查看直播间人气数据和人气数据趋势图，并进行分析。

（4）在直播详情界面的人气数据右侧查看直播间带货数据，并进行分析。

（5）单击人气数据下方的"带货"按钮，并选中"本场销量""本场销售额""正在去

购买人数""正在去购买弹幕数"复选框，查看带货商品数据的变化情况，并进行分析。

（6）在直播详情界面中，向下拖动右侧的滚动条，在直播数据趋势图下方查看单个带货商品的数据，并进行分析。

（7）继续在直播详情界面中向下拖动右侧的滚动条，在带货商品数据下方查看观众画像数据，并进行分析。

（8）继续在直播详情界面中向下拖动右侧的滚动条，在最下方查看直播间观众互动的相关数据，并进行分析。

3. 实训成果

实训作业：某直播间直播营销数据分析。

任务 6.4　熟悉直播营销数据看板

任务引入

某运动服饰品牌店运用直播数据看板工具，在 2023 年"双 11"直播期间时刻关注直播数据波动，实时对数据指标进行监控，及时调整商品、主播话术及促销活动，最终取得了良好的销售业绩。

问题：直播数据看板有何功能？当前主要的直播数据看板工具有哪些？

相关知识

1. 直播营销数据看板概述

1）直播营销数据看板的含义

看板（Kan ban）一词起源于日语，是传递信号控制生产的工具，它可以是某种"板"，如卡片、揭示牌、电子显示屏等，也可以是能表示某种信息的任何其他形式，例如彩色乒乓球、容器位置、方格标识、信号灯等。

直播营销数据看板是一种工具，可以帮助商家实时掌握直播销售情况，包括直播间流量、成交量、销售额、用户画像等数据。通过数据看板，商家可以快速了解直播效果，及时调整直播策略，提高销售转化率。

在直播营销数据看板上，商家可以查看不同维度的数据，例如直播间流量来源、观众地域分布、性别占比、年龄分布等（见图 6-15）。这些数据可以帮助商家更好地了解直播观众的需求和喜好，从而制定更加精准的营销策略。

除了实时数据，直播营销数据看板还可以展示历史数据，例如近七天、近一个月或近三个月的直播数据。商家可以通过对比不同时间段的数据，分析直播效果的变化趋势，以便更好地优化直播策略。

2）直播营销数据看板的特点与作用

（1）直播营销数据看板的特点。

① 清晰直观。直播营销数据看板页面简洁美观，操作逻辑直观，用户可以快速得到重点信息。直播营销数据看板通过图表的形式对数据指标进行展示，方便直播营销团队对数

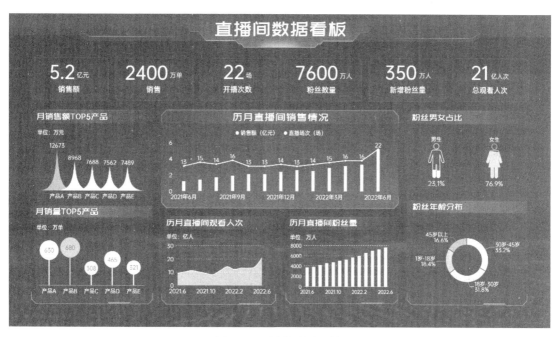

图 6-15　直播间数据看板

据进行分析，并快速做出决策。

② 动态化。直播营销数据看板展示实时的当场直播流量信息、转化信息和交易信息。主播可以在直播过程中，根据实时数据及时调整直播话术、上架商品等；营销团队其他成员，也可对直播实时数据指标进行监控，给主播提供商品、玩法、话术等策略建议。

（2）直播营销数据看板作用。直播营销数据看板是目视化管理的工具，具有指示、可视化管理和效果改善的作用。

① 指示的作用。直播营销数据看板中记载着每场直播总销量、观看人次、UV 价值、客单价等基本数据信息。直播团队可在直播过程中或直播结束后根据基本数据分析结果，调整自己的营销策略。

② 可视化管理的作用。数据可视化是指将数据以图形或图像的形式展示出来，使人们能够更加直观地了解数据的分布、趋势、密度和关联性。数据可视化技术可以将大量复杂的数据转换成容易理解的图形或图像，帮助人们更好地理解和分析数据。直播大屏数据可视化包括热力图、数据表格、趋势图、饼图和地图可视化。这些可视化数据展示可用于对直播流量、粉丝画像、直播互动、商品和交易信息进行分析，从而制定更精准的直播内容和直播策略。

③ 效果改善的作用。直播营销数据看板作为目视化管理的工具，如果能正确理解、正确应用看板，就会发现它还可作为改善的工具而发挥重要作用。通过看板，直播营销团队可发现异常，如在线人数不断下降，这时可采取发放福袋、优惠券等方式留存用户，及时改善该问题。

2. 直播营销数据看板的要素

1）直播间数据

（1）可视化形式。指标卡、折线图、圆环图、成交趋势图。

（2）重点关注指标。成交金额、成交单数、退款金额、退款单数、商品成交趋势、订单来源、整体销售情况。

2）商品数据

（1）可视化形式。明细表、柱形图、饼图。

（2）重点关注指标。商品红榜、商品黑榜、商品付款订单金额 TOP6、订单状态。

3）流量数据

（1）可视化形式。时间趋势图。

（2）重点关注指标。在线人数、进场人数、新增粉丝、新增粉丝团。

4）用户画像数据

（1）可视化形式。饼图、柱形图。

（2）用户画像。看播 / 购买用户的性别、年龄、地域、和人群分布状况。

3. 主要的直播营销数据看板

随着信息技术的发展，目前已有多种类型的直播营销数据看板可供直播商家使用，如抖音数据大屏、飞瓜直播实时大屏、达多多数据大屏、Shopee 直播营销数据看板、保利威直播数据大屏等。

1）抖音数据大屏

抖音数据大屏的使用步骤如下：直播商家打开抖音官网，并登录自己的账号。在右上角找到"商家中心"选项，点击进去后，找到"数据管理"页面。在这个页面中，可以看到一个叫作"数据大屏"的选项，点击进去就可以进入抖音数据大屏的页面，进入抖音数据大屏之后，可以看到一个非常直观的数字大屏界面。在这个界面中，直播商家可以看到自己的账号当前的各种数据，包括关注量、粉丝量、点赞量、评论量和转发量等。这些数据可以帮助商家更好地了解用户需求和行为。

除了这些基础数据，抖音数据大屏还具有许多其他的数据分析功能。例如，用户画像中男女比例、年龄段、地域分布等多方面的数据。这些数据可以帮助商家了解用户需求和行为，从而更好地为用户提供服务。

2）飞瓜直播实时大屏

打开飞瓜抖音版，在直播间界面单击"实时大屏"，即可进入大屏界面。该界面包括实时商品、销售趋势、用户画像、总销量、观看人数、客单价、在线人数趋势图、弹幕总数、弹幕词云等。这些数据可以帮助商家及时调整营销策略，提高产品销售量。飞瓜直播实时大屏如图 6-16 所示。

3）达多多数据大屏

达多多数据大屏只展示正在进行的直播的数据大屏，界面包含大量的数据，包括实时商品、累计观看人次、实时观看人数、平均在线人数、带货转化率、客单价、观看趋势、

图 6-16　飞瓜直播实时大屏

观众画像等。达多多直播数据大屏如图 6-17 所示。

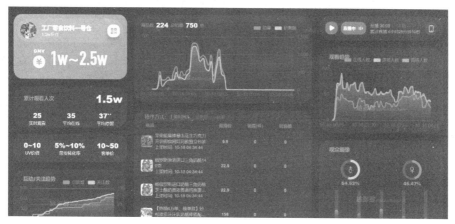

图 6-17　达多多直播数据大屏

4）Shopee 直播营销数据看板

Shopee 直播营销数据看板提供了五大模块，可以让直播商家全面掌握直播的各项数据细节。

（1）数据概览。一目了然地呈现直播的总体数据概况，从直播次数到观众数量，帮助直播商家随时了解直播的整体趋势。

（2）关键指标。高效查看直播的核心指标及其变化趋势，无论是观众互动、留存率还是转化率，都能轻松掌握，为直播策略提供有力支持。

（3）流量分析。深入了解观众的来源、兴趣偏好，让直播商家可以更加精准地定位目标受众，提升直播的观众质量。

（4）单场直播分析。剖析每场直播的细致数据，从开始到结束的每个环节，让直播商家清楚了解每场直播的表现，为下次直播做出更好的调整。

（5）商品分析。了解每个商品在直播中的表现，哪些商品受到观众的喜爱，哪些商品需要优化，让直播商家的直播选品策略更加精准。

5）保利威直播数据大屏

保利威直播数据大屏支持直播数据展示与监控，以丰富的可视化效果，实时展示直播人气、观众、互动等数据，为直播商家提供直播数据展厅、直播监控中心、汇报演示素材、用户增长依据等。保利威直播数据大屏能够满足多场景数据展示的需求，帮助商家提升直播效率。保利威直播数据大屏如图 6-18 所示。

图 6-18　保利威直播数据大屏

任务实训

1. 实训目的

通过实训，加深对直播营销数据看板的认识。

2. 实训内容及步骤

实训内容：使用电商罗盘直播大屏对某场直播活动进行数据分析。

实训步骤：

（1）确定本场直播分析的目的。

（2）分析直播大屏上的核心指标、整体趋势、实时评论、近 5 min 数据和正在讲解商品五大模块。

（3）分析人群画像数据，查看看播 / 购买用户的性别、年龄、地域、手机价格带和策略人群分布状况。

（4）通过对比分析对本场直播活动进行经验总结。

3. 实训成果

同学们完成实训要求后，撰写分析报告并提交给老师。

练习题

一、单选题

1. （　　）复盘目的是优化直播效果，调整各岗位人员工作，优化直播流程和内容。

  A. 直播投放　　　　B. 直播运营　　　　C. 直播营销　　　　D. 直播经营

2. （　　）是直播营销复盘的核心步骤。直播团队只有把原因查找出来，整个复盘才是有成效的。

  A. 回顾目标　　　　B. 描述过程播　　　C. 数据分析　　　　D. 复盘诊断

3. 一般来说，一个直播间平均在线人数达到（　　）人，且保持稳定，就具备了基本的带货能力。

  A. 25　　　　　　　B. 50　　　　　　　C. 100　　　　　　　D. 150

4. 如果直播间 UV 价值（　　），就是优秀直播间了，同时会得到平台的流量扶持。

  A. >2　　　　　　　B. >3　　　　　　　C. >4　　　　　　　D. >5

5. 借助电商罗盘，达人可以看到（　　）天内，包含"实时趋势""流量转化""商品列表""用户画像""广告转化"在内的所有直播数据分析。

  A. 30　　　　　　　B. 60　　　　　　　C. 90　　　　　　　D. 120

二、多选题

1. 根据直播复盘的时间维度划分，可将直播复盘分为（　　）两种。

  A. 日复盘　　　　　　B. 阶段复盘　　　　　　C. 月复盘

  D. 季度复盘　　　　　E. 年复盘

2. 流量数据指标的核心是在线人数或在线流量，包含（　　）等。

  A. 总场观　　　　　　B. 观看人次　　　　　　C. 观看人数

  D. 平均在线人数　　　E. 新增粉丝数

3. 直播间商品数据指标包含（　　）三大类指标。

  A. 交易数据指标　　　B. 商品流量指标　　　　C. 订单量指标

  D. 直播带货数据指标　E. 转化数据指标

4. 飞瓜数据抖音版数据概览包含（　　）三个具体指标。

  A. 人气数据　　　　　B. 直播趋势　　　　　　C. 新增粉丝

  D. 带货数据　　　　　E. 人气峰值播

5. 蝉妈妈的直播数据分析指标可分为（　　）四大类。

  A. 交易指标　　　　　B. 客单价指标　　　　　C. 商品指标

  D. 互动指标　　　　　E. 流量指标

三、名词解释

1. 直播复盘　2. 直播营销复盘　3. 客单价　4. 飞瓜数据　5. 直播营销数据看板

四、简答及论述题

1. 直播营销复盘包括哪五个基本步骤？

2. 飞瓜数据抖音版包含哪五个方面？

3. 商家视角下的抖音电商罗盘功能主要有哪些？

4. 试论述直播营销复盘总结的技巧。

5. 试论述直播营销数据看板的特点与作用。

案例讨论

SY 公司的电商直播营销

SY 公司 2000 年成立于深州，初始注册资金 500 万元，主要经营深州蜜桃的批发、零售、收购、存储、运输等。初创团队由四人组成，分别负责采购、财务管理、营销渠道和供应链管理。经过多年发展，公司员工已超过百人，逐渐成长为当地知名企业。深州作为蜜桃的主产区，有相当数量从事蜜桃产业的公司，相较于同行，SY 公司有着自身独特的优势。一是渠道优势，在 SY 公司开展直播营销之前，公司传统的销售渠道已经比较完善。在传统销售渠道的基础上，创始人 Z 较早地拓展了网络销售渠道，公司运营天猫店已多年，具有一定量的忠实客户群体。二是价格优势，由于 SY 公司为本地厂家，靠近蜜桃的原产地，可以在果品成熟前进行议价收购。三是资金优势，电商直播属于轻资产项目，资金压力较小，之前 SY 公司从事多年的传统销售，积累了一定的资金。

SY 公司 2016 年开始在传统营销的基础上拓展网络直播营销，组建了电商部门，并创建了网络直播团队。2016 年在淘宝直播平台试水网络直播营销，并于同年开通了京东直播，2017 年开通了拼多多以及抖音直播。

在日常直播营销活动中，SY 公司大力培养自身的直播团队，并积极同专业直播代理机构进行合作。一方面，SY 公司员工作为主播，在京东、淘宝、拼多多、抖音等平台进行直播。另一方面，公司设有专门的团队，负责拍摄与产品有关的短视频，并对外发布。在进行主题直播营销活动时，SY 公司通常将活动时间安排在大型促销活动前后，这样做可以在很大程度上避免活动当日流量被分散，从而提升宣传效果。在引流方面，在直播活动前，SY 公司通过公司微信公众号、微店、微博、微信客户群等方式，利用直播营销的互动属性，全面向直播间引流，助力订单成交。

2021 年，SY 公司不同平台直播间日均在线观看人数约 2 000 人，直播互动约 500 次，全年引导支付金额近 300 万元，在线上销售额中占比低于 30%。同时，SY 公司与多名外部主播合作推广产品 30 余次，创造销售额近 200 万元。虽然 SY 公司在直播营销方面取得了一定的成绩，并且发展迅速，但是离管理层的预期还有一定的差距。

思考讨论题

为实现管理层的预期目标，SY 公司的直播团队要做好哪些直播复盘工作？

项目 6	直播营销复盘与数据分析：发现问题，改进不足				
任务	掌握直播营销复盘的方法				
班级		学号		姓名	

本任务要达到的目标要求：

1. 了解直播营销复盘的核心内容。

2. 熟悉直播数据分析的常用指标。

3. 掌握直播数据分析的基本流程。

能力训练

1. 直播营销复盘的基本步骤有哪些？

2. 直播数据分析的常用指标有哪些？

3. 直播数据分析的基本流程是什么？

学生评述

我的心得：

教师评价

直播营销售后服务：真诚服务，赢得口碑

◆学习目标◆

【知识目标】

（1）理解直播营销售后服务、物流服务与客户保持的概念。

（2）熟悉直播营销售后服务的流程。

（3）熟悉直播营销的物流服务模式。

（4）了解直播营销退换货服务的流程。

（5）了解处理客户投诉的基本方法。

（6）熟悉直播营销客户保持的方法。

【技能目标】

（1）能够形成对直播营销售后服务的全面认识。

（2）能够为企业设计直播营销售后服务方案。

（3）能够客观分析某企业在直播营销售后服务中存在的问题。

（4）能够针对企业的直播营销售后服务问题提供解决方案。

【素质目标】

（1）培养学习直播营销课程的兴趣。

（2）充分认识直播营销售后服务的重要意义。

（3）树立良好的直播售后服务观念。

项目情境导入

江苏南通市民杨先生观看了某直播平台的主播带货后，购买了一床鹅绒被。主播直播时称，该鹅绒被填充物为 100% 鹅绒，面料为全棉布。但杨先生收货后发现，面料是化纤布，且被子里的填充物是垃圾棉。

杨先生的遭遇并非个案。一些消费者反映，通过直播购买的一些商品不仅质量差，还是"三无"产品，无任何保障。此外，不少消费者反映，直播购物的售后体验较差。有的"网红"主播只顾销量，漠视消费者的售后服务要求。

据中消协发布的《直播电商购物消费者满意度在线调查报告》，六成消费者担心商品质量问题，超过四成消费者担心售后问题。不少消费者还认为，直播带货中"夸大其词""假

货太多""货不对板"等问题同样突出。

问题：直播平台和商家提供良好售后服务有何重要意义？结合本案例，请谈谈直播平台和商家应如何做好直播售后服务？第三方如何加强直播营销售后服务的监管？

项目分析

市场营销的竞争实际上是对用户的竞争，用户的满意度是检验营销工作成败的核心标准。直播订单的售后服务最重要的工作是提高用户满意度、巩固用户黏性，是直播团队不可或缺的工作组成部分。优质的直播订单售后服务，可以发展更多忠诚用户，提高直播间的信誉度和美誉度，有利于直播间整体人设定位的提升，而且可以增加直播间在同业者中的竞争优势。当前直播带货已经形成了包括消费者、主播、商家、机构等在内的完整生态链，行业要持续良性发展，需要各方协同发力。相关部门应在包容审慎、鼓励创新的监管体系下，尽快明确主播、平台、商家等各方主体责任和适用法律法规。同时，平台也要下足治理功夫，加强合规管理，建立高效的用户反馈机制。

那么，什么是直播营销售后服务？售后服务具体流程有哪些？直播营销如何做好物流服务？退换货服务都包括哪些内容？正确处理客户投诉与异议的方式有哪些？本项目将对以上问题分别进行解答。

任务 7.1　熟悉直播营销售后服务的流程

任务引入

小李在某商家直播间购买了一箱水果，商家保证水果发货速度快，不会发生腐败变质的现象。但小李收到水果后发现，整箱水果全部坏了，小李非常气愤，认为自己被商家欺骗了，便找商家理论。商家却推脱责任，认为水果发霉是快递公司的问题，建议小李向快递公司索赔，而在小李与快递公司沟通时，快递公司认为是商家没有尽到告知商品详细信息的义务，导致在运输中没有进行相应的处理而使水果发霉变质，应该向商家协商赔偿。一时间，小李陷入两难的境地。

问题：该直播商家的售后服务是否存在问题？小李的正当权益该如何得以保障？

相关知识

1. 直播营销售后服务的概念

直播营销售后服务，是指商品从直播时出售以后商家向消费者提供的全过程、全方位的服务活动。直播营销售后服务是直播营销的重要环节，也是一项繁杂的工作，它包括商品的退换货、商品的使用和日常维修、提供线上商品的物流信息、运输过程中商品损坏的赔偿等一系列内容。良好的直播营销售后服务能够加强商家与用户之间的联系，提高用户对产品的满意度和信任度，培养用户的忠诚度，增加用户黏性，同时还能够树立良好的品牌或平台形象，提升品牌或平台信誉。

2.直播营销售后服务的作用

直播营销也是"口碑营销""信任营销"，商家只有诚信经营、耐心服务，才能在直播营销的市场中越走越远，获得长足发展。直播营销售后服务的作用主要体现在以下几点。

1）有利于提高用户忠诚度

售后服务，是商家获得信赖，提高用户忠诚度的重要途径之一。高质量的直播营销售后服务可以为用户打造一个安全可靠的消费环境，这样用户在面对多种选择时，会优先购买拥有高质量售后服务商家的商品。完善的直播营销售后服务体系能够在商家与用户之间建立起良好的关系，增强用户黏性，提高用户忠诚度。

2）与用户建立实时沟通的桥梁

直播营销的售后服务不是营销活动的结束，而是新一轮营销活动的起点。售后服务能够帮助商家与用户建立实时沟通的桥梁，更深入地了解用户需求，常用的了解用户需求的方法有查看用户评论留言、问卷调查等。直播商家对用户的需求了解越深入，越有可能提供高水准的售后服务。良好的售后服务能够带给用户更好的消费体验，老用户有了良好的消费体验后会形成口碑效应，从而带动新用户的加入。这样循环往复，将会为商家不断注入新鲜血液，扩大商家的品牌影响力，并最终促进销售。

3）塑造品牌形象，提升市场竞争力

良好的品牌形象和信誉是商家的无形资产。商家要树立良好的品牌形象和信誉，除了为用户提供高性价比的商品，高质量的售后服务也是重要的法宝。直播营销中任何商品都不可能十全十美，毫无缺陷，总还有某些不足，比如发错商品、商品损坏、物流速度缓慢等一系列问题。这些问题会给用户带来许多麻烦。如果商家能够做好售后服务工作，及时解除顾客的后顾之忧，使用户买时称心，用时放心，就能得到用户的信赖和青睐，从而塑造良好的品牌形象，提升商家的市场竞争力。

案例分析

羊毛衫"翻车"罗永浩承认带货直播间售假

2020年12月15日，微信公众号"罗永浩"发布《关于11月28日"交个朋友直播间"所销售"皮尔卡丹"品牌羊毛衫为假货的声明》称，11月28日，"交个朋友直播间"销售了"皮尔卡丹"品牌羊毛衫，其后有消费者反馈怀疑收到的衣服不是纯羊毛制品，是假货。

对此，"交个朋友直播间"从该产品的多名实际消费者（含几位公司内部员工）手中回收了五件，分别送到两家专业机构检测，12月15日下午得到一家的检测结果是，该送检产品为非羊毛制品。

公告中称，该羊毛衫的供货，来自渠道贸易商淘立播网络科技有限公司。供货方包括上海圈寻科技有限公司和桐乡市腾运电子商务有限公司，涉嫌伪造文书、伪造假冒伪劣商品、蓄意欺诈。在与对方达成合作前，按照正规流程签署了完备的法律协议及合同，也检查了各种证书。

公告称："我们将和淘立播网络科技有限公司一起，马上向公安机关报案。"对于赔付方案，"交个朋友直播间"将先行对购买到假羊毛衫的消费者代为进行三倍赔付，客服人员会在未来一周内，陆续联系所有购买该商品的两万多名消费者办理赔付。

"这件事暴露出我们公司内部的管理还有待进一步完善，我们将彻底重新梳理管理流程，优化渠道合作伙伴管理机制，提高供应商准入门槛，全力避免类似事情再次发生。"公告表示。

在遇到供应商造成的假羊毛衫问题时，"交个朋友直播间"马上向公安机关报案，并第一时间站出来道歉发表声明，称即刻起马上联系所有购买该产品的消费者，代为进行三倍赔付，客服人员会在未来一周内陆续联系所有购买该商品的两万多名消费者办理赔付。同时，"交个朋友直播间"赔付模式也给行业定下了一个标杆：直播间先与供应商签订合同、明确责任划分，出现问题后直播间先行赔付，随后再向供应商追责。在遇到问题时第一时间处理，保护消费者权益，既能一定程度上挽回自身形象，也提高了企业在消费者心目中的信誉。

案例分析： 直播带货销售假货会给消费者带来损失，也会对直播间的信誉造成负面影响。因此，在选择供应商时，应该严格审查其资质和信誉，并签订完备的法律协议和合同。在遇到问题时，要及时采取措施，保护消费者权益，并向公安机关报案处理。同时，直播间也应该建立完善的售后服务机制，及时处理消费者的投诉和反馈，以维护自身的形象和信誉。

3. 直播营销售后服务的流程

按时间划分，直播营销的商品存在待支付、待发货、待收货、交易成功四种状态。在订单待支付状态下，用户可以取消订单；在订单处于待发货状态下，用户可以发起退款请求；在订单处于待收货与交易成功状态下，用户可以发起退款、退货、换货三种请求。商家需根据用户的请求提供相应的服务。因此直播营销的售后服务从生成订单的那一刻起就已开始。直播营销的售后服务流程如图7-1所示。

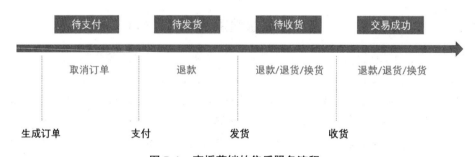

图 7-1　直播营销的售后服务流程

用户在下单后可以根据商品所处的时间段选择不同的售后服务。需要售后服务的用户必须在订单结束之前填写售后服务的申请信息，包括申请原因、产品描述、退款方式、退货地址、收货地址等，等待商家审核后完成相应的售后服务。图7-2为淘宝直播平台的售后服务界面。

图 7-2　淘宝直播平台的售后服务界面

在直播营销过程中，除了退款以及退换货售后服务，还包括用户收到商品后商家提供的使用教程、使用提醒、福利提醒、客服咨询等一系列全方位的服务。直播商品大致可以分为两类：实体商品和虚拟商品，不同商品类型对应的售后服务流程也是不一样的。

1）实体商品售后服务的流程

（1）用户未付款。在直播营销中，如果用户还未付款，商品将进入待付款区域，此时订单可以随时取消。取消订单分为主动取消与被动取消。主动取消，是用户提交订单并在未支付货款的情况下申请取消订单的行为；被动取消，是用户提交订单后在系统设置的时间内未支付货款下被自动取消订单的现象。在直播营销中，商家均会设置自动关闭交易的时间以防止用户恶意占据商品而造成其他用户无法购买的情况。用户未付款情况下售后服务的流程如图 7-3 所示。

图 7-3　用户未付款情况下售后服务的流程

（2）用户已付款，商品未发货。用户已经付款而商品未发货状态是直播营销常见的现象。在这种状态下，售后服务的流程比较简单，用户发起退款申请并填写需要退款的具体原因后，由商家审核是否同意退款。如果商家同意退款，系统将会通知仓库拦截发货，拦截成功后货款会自动退还至用户账户；如果商家拒绝退款，需要填写拒绝退款的原因并告知用户，此时用户需要与商家进行沟通，在必要时用户也可以申请直播平台的介入以维护自身的权益。用户已付款商品未发货售后服务的流程如图7-4所示。

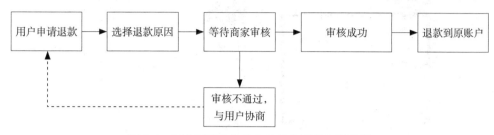

图7-4　用户已付款商品未发货售后服务的流程

（3）用户已付款，商品已发货。用户已付款而商品已发货状态是直播营销中另一个常见的现象，用户在订单待收货和交易成功的状态下均可以发起退货或换货的售后服务。

①退货售后服务的流程。一般的退货售后服务流程：用户申请退货售后服务，商家对退货申请进行审核。如果商家同意退货，用户需要提交退货信息，包括选择退货地址并填写物流单号等，在用户将商品寄出后，等待商家签收确认，商家确认无误后，退款将在指定时间内退还至用户的账户上；如果商家拒绝退货，需要向用户填写拒绝退货的理由，例如商品被人为因素破坏或不符合退货规则等，本次退货售后服务流程结束。退货售后服务的流程如图7-5所示。

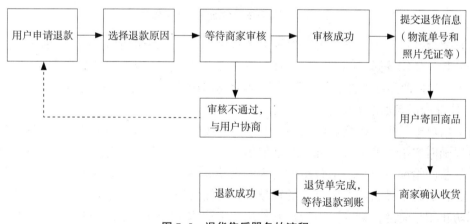

图7-5　退货售后服务的流程

②换货售后服务的流程。一般的换货售后服务流程：用户申请换货售后服务，商家对换货申请进行审核。如果商家同意换货，用户需要提交换货信息并将商品寄回商家的售后地址，商家确认签收商品后，向用户再次发送新的商品，用户收到货后签收，换货售后服务结束；如果商家拒绝换货请求，需要向用户填写拒绝换货的理由，例如商品损坏是人为破坏等，本次换货售后服务流程结束。换货售后服务的流程如图7-6所示。

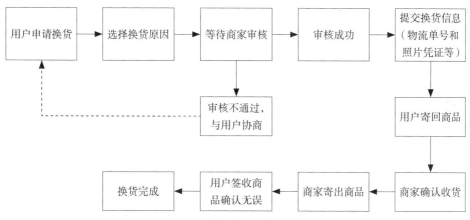

图 7-6　换货售后服务的流程

2）虚拟商品售后服务的流程

由于虚拟商品的非实体特殊性，其售后服务流程与实物商品有所区别，虚拟商品不存在商品质量问题和物流运输中的损坏问题等，所以不会有换货的售后服务流程。许多虚拟商品一经售出，非特殊情况不予退货和退款，比如演唱会门票、电影票、游戏充值、话费充值等。如果虚拟商品能够退款，则用户需要发起退款申请，选择退款原因，等待商家审核，如果商家审核通过，退款可返回至用户的原账户；如果审核不通过，商家需要把拒绝退款的原因告知用户。虚拟商品退换货售后服务的流程如图 7-7 所示。

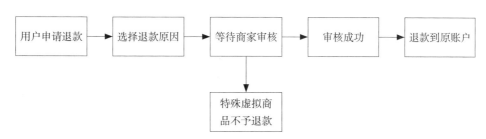

图 7-7　虚拟商品退换货售后服务的流程

🔖 思政园地

直播带货长远健康发展引关注

目前，网络直播带货空前繁荣，不少名人集中直播带货，利用直播平台，以视频直播的方式，与消费者直接交流。直播带货的队伍里，除了网红主播，还有越来越多的娱乐明星、企业家、农民甚至地方官正在涌入。但繁荣背后存在的隐忧也不容忽视。例如，某直播团队的"燕窝事件"、"阳澄状元蟹"变身"阳澄湖的大闸蟹"的"误报"事件等。根据赛博研究院发布的《网红经济产业全景与发展报告》，网红经济面临的挑战包括商业模式与持续变现能力不确定性大、恶性竞争、流量造假、行业运行不规范、黑中介导致网红经济污名化、产品质量堪忧与夸大宣传等。中国消费者协会梳理消费者投诉情况发现，一些主播带货时存在夸大宣传、引导消费者绕开平台私下交易等现象，部分消费者遭遇假冒伪劣商品、售后服务难保障等情况，卖家与直播平台之间、直播平台与电商交易平台之间的关系复杂，导致消费者的知情权、公平交易权和合理维权诉求大打折扣。据中消协统计，37.2%的受访者在直播购物中曾经遇到过问题，"担心商品质量没有保障"和"担心售后问题"是消费者的两大主要顾虑。

强化监管严格执法，建立协同共治机制。我国现有的很多法律、规范性文件、行政法规、部门规章等已经提供了比较系统化的规范要求，基本上能够覆盖网红经济各个领域的问题。同时，我国也设立了一些专门的法院，比如北京、广州、杭州等地设立的互联网法院，都可以简化直播带货领域纠纷的处理流程。有关部门应加强执法，对"刷单""假评论"涉嫌违反广告法、反不正当竞争法、消费者权益保护法的违法行为进行查处，并依靠大数据等技术手段加强监管。网红直播带货涉及多方利益主体，应当建立协同共治机制。电商第三方平台应切实履行监管职责，建立"网红带货"的资格审查机制及诚信评价体系，建立健全信用黑名单，严厉打击从事"数据造假"的主体。行业协会要建立行业规范保护消费者利益。

任务实训

1. 实训目的

通过实训，加深对直播营销售后服务的认识。

2. 实训内容及步骤

（1）分别阅读下文案例1和案例2。

案例1：黄女士通过某直播平台以1000多元的价格购得两件皮衣，当黄女士收货后发现皮衣与直播间所展示的完全不一样，且皮衣的质量非常差。黄女士当即向直播平台申请退款，这时主播不仅没有同意黄女士的退款申请，还将黄女士拉黑。

案例2：某头部主播在电商平台直播间销售某品牌脱毛仪，后消费者集中反映该产品存在版本不一致的问题，实际收到的产品不是主播宣称的含蓝光消毒功能的版本。于是许多消费者向主播申请退货退款。

（2）对案例1和案例2进行分析，主要思考以下问题：

案例1中的主播违反了哪些规定？黄女士应该如何维护自身的合法权益？

案例2中主播是否应该退货退款？退货退款的原因是什么？

（3）将分析结果形成文字，交授课教师批阅。

（4）授课教师对同学们提交的分析进行评分，记平时成绩一次。

3. 实训成果

实训作业：直播营销售后服务案例分析。

任务7.2　做好物流服务

任务引入

随着直播营销不断涉足生鲜市场，生鲜销售成为许多直播营销的重点。数据显示，2019

年我国生鲜电商市场交易规模达到 2 796.2 亿元，2020 年生鲜电商市场交易规模达到 3 641.3 亿元。但是在生鲜直播规模扩大的背后，生鲜配送不及时、生鲜腐烂、退换货困难等问题频发，从而引起消费者的不满。物流服务成为生鲜行业的一个重要制约因素。

问题：你认为物流服务在整个直播营销中发挥了什么作用？如何做好物流服务，提高服务质量？

相关知识

1. 直播营销物流服务的概念

直播营销物流服务是指从用户在观看直播时提交商品订单开始至商品顺利送达用户手中为止的所有服务活动。直播营销物流服务是连接商家与用户之间的纽带，高质量的物流服务能够提高用户满意度，增强用户黏性，使商家能够不断地获得利润。同时，直播营销物流服务水平的提高能够直接带动整个直播行业的发展，加速行业升级。

阅读材料

"电商直播＋物流"农特产品销路畅

"寨子村的板栗红薯成熟了，商品橱窗有链接，大家可以浏览下单，多多支持农特产品……"2023 年 9 月，记者来到陕西省宝鸡高新区天王镇寨子村农产品电商物流服务中心，看到几名主播正在为村上的板栗红薯直播带货。据了解，宝鸡高新区天王镇寨子村通过直播带货，每天可交易 2 000 余单，销售红薯 5 000 余 kg，交易额 2 万余元。

天王镇寨子村有含沙土地 600 余亩，种植红薯有着天然的土壤和交通优势，红薯早已成为该村的主导产业之一，并在周边地区小有名气。近年来，寨子村积极探索电商助力乡村振兴新模式，成立宝鸡高新区天王镇标准化创业中心，运用"电商直播＋物流"等方式助农惠农，不断壮大村集体经济。

宝鸡高新区天王镇标准化创业中心负责人介绍，目前他们共有 3 个直播团队，一个团队 5 名主播，每天直播 10 h。他们通过"农特产品＋电商物流"模式，月销农特产品近 50 万 kg，交易额 200 余万元，带动当地农户就地就近务工 60 余人；通过"支部领办＋公司经营＋服务周边"的运营模式，实现村集体年增收 4 万余元。

据了解，村上后期将根据应季农特产品成熟时间，随时增加直播团队。通过直播带货，使寨子村的农特产品搭上电商"快车"销往全国，助力乡村振兴跑出"加速度"。

2. 直播营销的物流服务模式

直播营销的出现颠覆了传统营销的物流服务模式，它重构了商业三元素"人、货、场"。从传统物流服务模式的"人找货"变成了"货找人"模式，直播让已经发展了 10 年的电商行业找到了新的发力点。由于直播营销平台的销售规模和服务对象不同，其对物流服务的需求也有所不同，大致可将直播营销的物流服务模式分为三种：自营物流配送模式、第三方物流配送模式

微课堂

直播营销的物流
服务模式

和物流联盟配送模式。

1）自营物流配送模式

自营物流配送模式是指直播营销平台物流配送的各个环节由直播平台自身筹建并组织管理，实现对平台内部及外部货物配送的模式。这是目前国内直播营销平台所广泛采用的一种物流模式。在这种模式下，平台需要自建仓储，通过自营配送为用户运输货物，如京东、苏宁等平台都建立了自己的自营物流服务。自营物流配送模式为直播营销提供了高质量的配送服务，逐渐受到直播平台的重视。自营物流配送模式的优点如下。

（1）快速、灵活，能够提供高标准的物流配送服务。用户对于直播营销中物流配送的速度和服务有着较高的要求，直播平台通过自建物流服务可以使物流配送更可控，面对退换货、取消订单等情况能够更加从容。

（2）提高用户满意度，保持用户黏性，树立良好的品牌形象。与第三方物流相比，自建物流能够使用户获得一站式的体验，没有第三方的参与，更方便平台对物流的全程监管，减少货物损失问题，有利于用户随时对货物进行地理位置的查询，为用户带来更便利的体验。同时，商家可以就近选择配送地点，大大缩短配送时间，极大地满足消费者随时随地随性的购物心理，从而提高用户的满意度和重复购买意愿，提升平台的品牌形象。

（3）延长产业链，增加附加值。直播平台可以通过自建物流实现各个配送网点的全覆盖，在保持现有规模和配送能力的情况下，延长产业链，比如直播平台可以进入全渠道零售模式，实现线上和线下的融合，增加盈利水平。例如，京东在物流发展进入瓶颈期时，重点发展京东便利店，京东便利店打通线上线下全渠道，降本增效。

2）第三方物流配送模式

第三方物流配送模式是指直播平台将物流配送环节的部分或整体外包给其他物流服务提供商的模式。由于自建物流投资大、成本高，因此许多直播平台仍然选择将仓储、运输等环节外包给第三方物流服务提供商。第三方物流配送模式的优点如下。

（1）第三方物流配送提供商的物流运输专业性强。直播平台在没有自营物流配送服务下，第三方物流配送提供商拥有现代化的物流技术、信息化管理系统和丰富的节点网络以及经验丰富的专业物流人员和技术人员，先进的设备和丰富的经验，在配送和仓储等相关业务环节，比直播平台更具有专业性，通过专业化的配送服务，实现产品的快速交付，从而提高用户满意度。

（2）能够降低直播平台的物流配送成本。直播平台将运输和仓储等环节交由专业的第三方物流服务提供商进行运作，充分利用其专业化的物流设备、设施和先进的信息管理系统，发挥其规模化的经营优势，可以大量减少在运输、仓储单证处理、人员工资等方面的投资，只需支付较低的可变成本。

（3）合作双方能够实现互利共赢。第三方物流服务提供商作为连接直播平台和用户的纽带，提高物流服务水平是提高用户购物体验的关键，第三方物流服务提供商通过提供高质量的物流服务，不仅能够提高顾客满意度，也能够与直播平台保持良好的合作关系，实现共赢。

3）物流联盟配送模式

物流联盟配送模式是指多家直播平台或商家通过协议的形式，与一家或者多家物流企业进行合作，或者多家直播平台或商家共同组建一个联盟企业为其提供物流服务，为了实现长期合作而组合到一起的方式。

组建物流联盟主要通过三种方式：① 纵向一体化物流联盟，即上下游企业之间的合作，从原材料的采购、产品的加工生产直至产品销售的全过程合作。② 横向一体化物流联盟，即处在同一物流水平的物流服务提供商之间的合作。③ 混合物流联盟，即以一家物流企业为运转中心，联合同一供应链环节的企业或者处于该供应链上下游的企业，通过签订契约和协议，实现联盟的合作形式，该联盟成员共同配送、共担风险。例如，菜鸟驿站就是典型的物流联盟的模式，通过整合物流资源，实现面向全国的物流配送。

3. 直播营销物流服务优化策略

高质量的直播营销物流服务不仅能够为用户提供良好的购物体验，提高用户对商家直播的满意度，增强顾客忠诚度，也有利于直播平台的长远发展，形成商家、直播平台和物流服务提供商"三赢"的局面。

1）商家

（1）实施有效的退换货措施，提升用户满意度。商家应制定并完善售后服务方案，特别是要落实有效的退换货措施，按要求为用户提供必要的退换货服务。如果商品不能退换货一定要在直播界面的醒目位置予以告知；如果直播营销时承诺为用户提供无理由退换货，那么商家务必要遵守诺言，在用户购买的商品出现问题时，及时与用户进行沟通，进行退换货处理，缓解用户情绪，提高用户的直播购物满意度，从而提升用户黏性。例如，为了避免和减少农产品在运输过程中的损耗，直播带货的经营者高招频出。在这方面，助农主播"谷哥"徐志新的做法值得我们借鉴。他们在直播销售生姜时，经常会遇到生姜在路上水分蒸发，到了目的地掉秤，或者运到东北成了冰棍儿等情况。对此，他和村民们不断改进售前、售中工作，预测到水分会蒸发，在打包时就多装一点，并针对不同地域的气候特点升级包装，保障售后不出问题（助农主播"谷哥"徐志新团队在售前认真包装商品，见图 7-8）。

图 7-8　助农主播"谷哥"徐志新团队在售前认真包装商品

（2）重视品牌形象，实现服务的口碑化。商家向用户提供优质的产品和服务是树立品牌形象的基本要求，也是增强用户再次购买意愿的关键因素。在直播营销中商家需要选择高品质的物流服务商，并与物流服务商及时对接，在直播间接到订单后，立即将订单信息同步到仓库与物流配送中，用高效的物流服务增强用户满意度，树立良好的品牌形象。

（3）自建物流配送服务，提高物流服务效率。商家可以通过自建物流，保证物流服务的质量，从而使用户获得良好的消费体验。当商家发展到一定程度，在能够保证自身盈利的情况下，可以考虑提供自建物流，建立自己的仓库，这样不仅能够减少商品从直播间到用户手中的时间，也能够在面对突发事件时迅速反应，及时处理，提高物流服务的效率。

2）直播平台

直播平台不仅为商家与用户提供了对接的平台，在物流服务的环节中也扮演着重要角色。直播平台的物流服务会影响用户的购物体验，高质量的物流服务能够提高用户满意度，增强顾客黏性，促进商家和直播平台的长远发展。直播团队在物流服务的过程中应注意以下几个方面。

（1）注重售后沟通，维护用户关系。每个用户的获取，特别是下单采购的用户的获取，都是经过直播团队从策划、营销、直播等多个环节的运营才获得的，所以每个下单采购的用户对于直播团队来说都是非常宝贵的资源。因此，直播平台维持与这些用户的售后长期交流会对直播间的长远发展有非常好的促进作用。当用户对物流送货不及时、商品有损坏等问题抱怨时，直播团队应高度关注，即时回复，安抚好用户的情绪，然后尽快给出解决方案。良性的售后沟通以及及时地解决用户售后存在的问题，既可以提高这些用户的满意度，增加他们的复购率，还能够维护与用户之间的关系，提高用户信任度。

（2）加强信息共享，保持密切合作。当用户提交订单后，直播平台应迅速将订单信息传递给商家和物流服务提供商，并向用户提供订单实时跟踪服务，让用户对订单的进度有所了解，提高其购物体验。同时，当用户对商品发起售后时，直播平台应及时协助商家与用户对接，作为商家与用户之间沟通的桥梁，及时向用户提供解决方案。同时，直播平台需要与物流服务提供商保持良好的合作关系，这样能够在面对巨大的销售量时也可以高效配送，提升物流服务的质量，提高用户满意度。

3）物流服务提供商

物流服务提供商为商家和直播平台提供物流服务，保证商品能够及时、准确地送达用户手中。对于物流服务提供商来说，如何快速准确地将商品送到用户手中是其能否长久存在的关键，因此物流服务提供商需要从以下几个方面进行改进。

（1）提高物流服务配送人员的素质和能力。物流服务配送人员直接与用户接触，其个人的素质和能力是用户是否满意的关键环节之一。物流服务提供商应加强物流服务配送人员的培训，提高他们的素质和能力，保证其能够在面对不同用户不同需求的场景下做出最正确的反应，从而提高用户的满意度。

（2）完善物流服务配送形式。对于物流服务提供商来说，应该完善物流服务配送形式，包括物流服务配送方式、物流服务配送时间等。物流服务提供商应该向用户提供便利的配送方式和配送时间，在保证配送服务质量的前提下，选择自营或外包方式进行配送，提升物流服务的配送水平，保证用户能够及时收到商品。在配送时间上，如果用户需要上门配送，物流服务配送人员应与用户进行沟通，选择合适的配送时间，保证用户能够收货，满足用户的需求。如果用户不需要上门配送，物流服务配送人员在将商品放置在菜鸟驿站、社区超市等代收点后，要将商品已送达的信息及时告知用户。

（3）加强协同管理，实现降本增效。对物流服务提供商、配送人员与用户进行协同管理，提高配送服务水平，保证运输中信息的畅通，保障货物运输安全，从而实现物流服务提供商降本增效的目标。降本增效目标的实现，能够更好地提高用户对物流的满意度，增强用户对该物流服务提供商的信任度。

任务实训

1. 实训目的

通过实训，熟悉直播营销各方如何做好物流服务。

2. 实训内容及步骤

（1）全班同学划分为若干小组，各小组推选一名组长。

（2）各小组选择某一直播平台，收集有关该平台物流服务的现状、优缺点、发展策略等材料。

（3）各小组对收集的材料进行整理、分析，撰写有关该平台物流服务的分析报告。

（4）以小组为单位制作 PPT，由组长对 PPT 内容进行讲解。

（5）授课教师对各小组的汇报进行点评。

3. 实训成果

实训作业：某直播平台物流服务分析。

任务 7.3　做好退换货服务

任务引入

小刘在某直播平台拼购活动中看中一款电脑，虽发现是第三方卖家 H 公司在销售，但拼购活动页面有"七天无理由退换货"的标示，出于对直播平台的信任，小刘决定先购买，如电脑不合适再退货。货到后，小刘拆开包装后 30 min 内，发现该电脑油漆味过大，并且性能很差，怀疑是翻新机，便立刻申请退货。但是 H 公司和直播平台相互推责，最后 H 公司告知小刘，在销售页面的最下面一页，已用很小的字标注"该电脑属于贵重物品，一经购买拒绝退货"。小刘认为这与直播平台首页支持七天无理由退换货的宣传矛盾，属于明显的欺诈消费者行为。小刘诉至法院，要求 H 公司退货并解除合同，退一赔三。H 公司则辩称，店铺已明确表示涉案商品一旦激活不适用七天无理由退货，且小刘没有证据证明商品为翻新机，退货理由不能成立。

问题：你认为该案例中，小刘能否进行退货申请？原因是什么？有些商家会在网店上公开标明"本店商品不支持七天无理由退货"或者"某产品不支持七天无理由退货"，一旦消费者要求退货，就以"已提前告知"为由，不予退货，这样的"提前告知"是否合法？

"七天无理由退货"到底有没有限制？

相关知识

1.直播营销退换货服务概述

作为一种互联网经济新业态，直播带货迅速发展成为重要的营销及引流手段。直播盛况至，购物买买买，退换货成为直播营销售后面临的重要问题。退换货服务的一般流程是：在快递送达时，用户当面对照送货单核对产品，如出现产品数量缺少、产品破损、货不对板等情况，可以当面拒签，退回产品，并在24 h内通过直播平台或者客服电话等告知售后客服。商家在收到退回产品后，根据用户的订单信息进行查询核实，如发现确是漏发产品，可对数量不足的部分进行退款处理，或根据订单实际情况给予补寄（通常为3个工作日）。用户提出退换货的请求，需要与直播平台或者商家协商，待平台或商家同意退换货后，提供退换货地址。一般情况下，用户需要在收到货后七天内提出退换货申请，在商家同意后，寄出货物。

延伸学习

七天无理由退货

七天无理由退货规则是指从快件被签收的时间算起，收货人只要不满意就可以选择退货，但前提条件是，如果不是商品质量原因，要在不影响商品二次销售的情况下才可以退货。除特殊商品外，网购商品在到货之日起七天内可无理由退货。

但下列商品不适用七天无理由退货规定：① 消费者定做的商品；② 鲜活易腐的商品；③ 在线下载或者消费者拆封的音像制品、计算机软件等数字化商品；④ 交付的报纸、期刊。

总体来说，消费者退货的商品应当完好，经营者应当自收到退回商品之日起七日内返还消费者支付的商品价款，退回商品的运费由消费者承担。

七天无理由退货赔付的具体条件如下：

（1）买家提出赔付申请所指向的卖家已参加"消费者保障服务"并承诺提供"七天无理由退换货"服务；

（2）买家已要求卖家提供"七天无理由退换货"服务而被卖家拒绝，或无法联系到该卖家，或卖家中断其经营或服务；

（3）买家的赔付申请在形式上符合相关法律法规的规定；

（4）赔付申请金额仅以买家实际支付的商品价款为限；

（5）买家提出"七天无理由退换货"赔付申请的商品需满足本规则规定之条件，详见《商品类目与退换货条件》；

（6）买家提出"七天无理由退换货"赔付申请应在选择以"七天无理由退换货"为退货原因的退款过程中或交易成功之日起14天内。

2. 直播营销退换货发生的原因

2020 年以来，直播营销创造了一个又一个销售神话，大量的商家进入直播营销的赛道。伴随着直播营销的蓬勃发展，直播营销中的退换货率却一直居高不下。出现这种状况的原因主要有以下几点。

（1）商品实物与信息描述不符。用户在直播间产生购买行为是基于商家提供的商品图片和主播的大力宣传，一旦用户收到实际商品与直播时描述的信息不符，用户会产生心理落差而选择退换货。

（2）物流不能满足用户的需要。目前制约直播营销发展的一大问题便是物流不能满足用户的需要，具体表现在错发、发货速度慢、物流速度慢、商品受损丢失等。尤其在大型直播活动时带来的订单量激增对于物流的时效性而言是极大的考验，各种不确定性导致购买商品的延迟、丢失、受损，将会使用户的物流体验感下降从而选择退货。

（3）用户的冲动购买行为。在直播营销时，商品的活动力度大，降价幅度大，容易导致用户冲动消费，当用户冷静后，一些用户会选择退货。

直播营销中用户的退换货问题关乎商家成本控制和店铺形象，正在成为直播营销关注的焦点问题。退换货问题的解决需要社会多方联动，有关部门应完善直播行业规则与法律政策；商家在做到"以消费者为中心"的前提下，努力提高商品的品质；推动直播平台和商家与专业的物流服务提供商合作或自建物流配送服务，提升物流的效率，从而推动我国直播营销的长期可持续发展。

思政园地

直播带货必须健康有序发展

直播带货已不是新鲜事，而是很多年轻人日常网购的"标配"。这种新型销售形式，在短短几年间呈现快速增长趋势。相关报告显示，2020 年，中国直播电商市场交易规模达 1.06 万亿元。

在促进就业、扩大内需、提振经济、助力乡村振兴方面，直播带货都发挥了积极作用。但随着这种新销售模式迅猛发展，一些问题也在凸显。一段时间以来，少数主播偷税漏税、知名主播被点名整改，除了主播个人言行失范，平台主体责任履行不到位、虚假宣传、销售假冒伪劣商品、售后缺位等问题频发，困扰着直播电商市场的长远发展。

1. 落实好相关法律法规是关键

随着直播销售影响力增强，监管体系也逐渐完善，守法合规无疑是发展的基础。国家互联网信息办公室、国家市场监督管理总局等 7 部门联合发布的《网络直播营销管理办法（试行）》已于 2021 年 5 月 25 日起施行。中国广告协会也制定了网络直播营销活动行为规范。针对网络直播带货中容易含混的直播间运营者责任、直播营销平台责任、直播营销平台审核义务等，最高人民法院发布了《关于审理网络消费纠纷案件适用法律若干问题的规定》。好政策还得强化执行环节，相关部门应继续加大落实力度，压实各方责任。

2. 承担社会责任，主播和平台应更主动

相关方在直播带货的迅猛发展中获得大量红利，也意味着需要承担起更多社会责任。直播带货不是张口就来、说得天花乱坠，"直播销售员"作为新职业工种，也有其需遵守的职业操守、应具备的基本素质，主播在上岗前应接受相应培训，严格规范自身行为。平台作为责任主体，除了设置相应准入门槛、规范主播的基本行为，也要引导主播不断提高责任意识，在合法合规的基础上优化直播内容，传递健康正向的价值观。更要重视消费者的合理诉求，建立健全消费者举报投诉渠道，在产生纠纷时积极牵头处理。

3. 消费者和商家是完善直播带货产业链的关键环节

消费者要敢于维护自身合法权益，主动对直播中购买到的不合格商品说"不"。由于网购退换货、售后服务等需通过快递，很多消费者感觉时间成本高、程序麻烦，即便对买到手的产品不满意，也抱着"凑合"的态度，最终不了了之。这无形中助长了部分主播继续肆意销售不合格商品。新冠疫情暴发后，直播带货成为推动社会经济复苏的重要渠道，但这个过程中"头部"主播因为聚集巨大流量而掌握议价权，让市场趋向流量垄断。对单一渠道的过分依赖，长期来看对商家和平台来说都不是好事。直播带货不是打造爆款的唯一途径，许多商家开始意识到，长红的产品更需要耐心打磨、用心经营，发展多元销售渠道。

4. 直播带货正在成为消费常态

不论消费者还是商家对直播带货的态度都趋于理性，直播带货终究只是形式，从本质上讲，质量合格、服务到位、售后齐全，才是消费者关注的重点。唯有健康有序，直播带货方能走稳走远。

3. 直播营销退换货服务对用户的影响

做好退换货服务对于直播营销而言不可或缺，退换货服务能够通过影响用户心理，弱化用户顾虑，强化用户体验，促进用户决策，进而改变用户消费行为过程，最终提升用户的下单率。

1）退换货服务对用户风险厌恶心理的影响

风险厌恶是投资者对投资风险反感的态度。一般来说，投资者普遍不愿承担风险，而在直播营销中，用户的消费行为也有类似的情况，用户都希望自己的消费行为是买到了自己喜欢并且高性价比的商品，不希望自己在消费中蒙受损失。对于用户来讲，直播营销风险主要包括质量风险、需求匹配风险和性价比风险三个方面。

（1）质量风险。商品的质量是衡量商品使用价值的尺度，但是在直播营销中，用户无法准确判断商品的质量。商品可能存在的质量风险，会使用户产生顾虑，犹豫不决，从而导致交易受阻。而退换货服务的存在能够有效帮助用户消除这种顾虑。用户在收到商品后认为质量存在不足便可以进行退换货，这样会减弱质量风险带来的影响，促进交易。

（2）需求匹配风险。需求匹配风险是指用户可能对商品实际使用效果出现错判，当商品实际使用效果与用户的期望有较大差距时，导致商品不能满足用户需求。用户通常是通过视觉、触觉、味觉等维度来感受商品，进而评估商品，但是在直播营销中用户只能通过视觉评估商品，这种评估是单一的。在缺乏对商品感受的其他维度的情况下，用户只能自己想象商品可能的使用效果，而不能够实际验证，这就容易与实际的使用效果产生差距，需求匹配风险由此产生。退换货服务的存在，在只能凭着想象、无法充分评估的情况下，作为风险保障，为用户的想象买单，以促进交易的进行。

（3）性价比风险。性价比风险是指用户在"货比三家"的过程中，在商品信息和评估维度有限的情况下，可能做出错误选择，选中了性价比相对不高的商品。在直播营销中，价格优势是显而易见的，但却很难对产品的质量做出准确的衡量。在这种情况下，用户存在疑虑，不敢轻易下单。退换货服务的存在有助于打消用户的顾虑，一旦购买后认为性价比不高，即可申请退货，保障自身利益。这样能够打消用户的心理顾虑，促成交易。

2）退换货服务对用户暗示效应心理的影响

暗示效应是指在无对抗的条件下，用含蓄、抽象、诱导的间接方法对人们的心理和行为产生影响，从而诱导人们按照一定的方式去行动或者接受某些意见，使其思想、行为与暗示者期望的目标相符合。在直播营销的场景下，我们会看到"随时退""过期退"等标签，这些标签的主要目的是告知用户该商品支持退货且退货很方便，同时暗示用户不需要担心自己有损失，退货机制可以保证用户利益。在这种暗示作用下，用户的想法已经朝着商家（平台）的期望发展，购买意向进一步增强，便于更进一步引导用户购买该商品，最终达成促进用户进行交易的目的。

3）退换货服务对用户消费行为的影响

退换货服务的存在，在消费决策环节中充当补充信息的角色，在用户进行价值决策，即权衡商品优缺点，评估对商品的认同感，并因为线上交易信息不齐全导致无法进行理性决策时发挥作用。退换货服务能够让用户在难以改变先决条件的情况下，改变原有的决策思路，虽然不能够全面评估商品风险，但是可以减少风险带来的影响，从而降低用户的决策成本，令用户可以在不进行充分评估的情况下，进行消费决策，促进消费行为的达成。

退换货服务在维护用户利益的同时，也促进商家进行交易，同时有利于买卖双方达成良好的正向循环，是直播营销不可或缺的一环。

4. 改进退换货服务的策略

1）重视商品描述

许多退换货发生的原因在于商家对商品的信息描述不全，导致用户在收到货后发现商品与预期不符，而产生退换货行为。因此商家应该对商品信息进行详细如实的描述，特别是对于用户可能关心的问题用图文并茂的形式表现出来，这样不仅可以降低退换货率，还能够提高用户的下单率，避免用户由于商品信息不全而出现购买后进行退换货的行为。

2）提高退换货服务的便利性和可靠性

在直播营销面临激烈竞争的环境下，退换货服务的质量成为提高营销中竞争力的重要手段。退换货服务应该在订单明显的位置出现，同时需要操作简单快捷，这样有利于扩大用户群体，吸引中老年人进入直播平台并进行消费。提高退换货服务的可靠性，商家及时对退换货服务申请予以确认，除了明确规定不能退换货的商品，商家应该遵守七天无理由退换货条例。这样能够刺激用户的消费欲望，使其更愿意选择在该直播平台和商家购物，提升直播平台和商家的热度，从而实现盈利。

3）完善客户服务体系

将商家的所有客户服务纳入直播平台的售后服务体系，统一审核和管理，省去信息传递的中间环节，将平台的售后订单审核时间有效控制在24 h之内，提高用户服务体验和简化服务流程，减少用户等待时间。同时，加强对客服人员的培训，提高客服人员的服务水平和意识，与需要退换货服务的用户形成良好的沟通，在退换货服务中进行全程追踪，提高用户满意度，增强用户黏性。在这方面，农产品直播商家"铁棍司令"的做法值得我们借鉴。

"铁棍司令"的售后宗旨："同样的价格我们比质量，同样的质量我们比服务，同样的服务我们比信誉。"无论是好评，还是差评，只要是顾客的反馈，他们都会认真回复。在消费者收到货物前，他们会打电话传授保存山药的方法："收货后，要第一时间拆包装，散在地面存放，保持阴凉干燥通风。如果超过1周，可以考虑放进冰箱冷藏保存。"此外，"铁棍司令"发货时还会将山药套上网袋以减少运输过程中的损耗，如图7-9所示。细致的售后服务，让顾客避免了产品因保存不当而出现腐烂变质现象。

图7-9 "铁棍司令"发货时将山药套上网袋以减少运输过程中的损耗

4）构建高效的退换货物流管理信息系统

构建高效的退换货物流管理信息系统，对退换货物流的有效数据进行快速管理和储存，如退货原因、退货商品信息等相关信息，都可通过统一的退换货数据库进行管理，实现退换货各环节之间的信息同步，形成用户、直播平台、商家和制造厂商之间退换货物流信息的实时共享。

5）推动自动化物流设备的普及

通过条码、电子数据交换、销售节点信息系统和全球定位系统，对退换货物进行有效编码，并将有效信息同步到客户管理信息系统和库存管理信息系统中，实现退换货信息的实时共享，节约成本，提高退换货效率。

任务实训

1. 实训目的

通过实训，熟悉直播平台的退换货服务。

2. 实训内容及步骤

（1）全班同学划分为若干小组，各小组推选一名组长。

（2）各小组选择某一直播平台，收集该直播平台退换货服务的现状、优缺点、发展策略等资料。

（3）各小组对收集的资料进行整理、分析，在此基础上撰写该直播平台的退换货服务分析报告。

（4）以小组为单位制作 PPT，由组长对 PPT 内容进行讲解。

（5）授课教师对各小组的汇报进行点评。

3. 实训成果

实训作业：某直播平台的退换货服务分析报告。

任务 7.4　正确处理客户的投诉与异议

任务引入

黄先生在直播间购买了某知名品牌的羽绒被，主播声称该羽绒被原价 1 399 元，现在只要 99 元。黄先生认为非常划算，于是下单购买了价值 99 元的 1.5 m×2.2 m 被芯、价值 149 元的 1.8 m×2.2 m 被芯、价值 79 元的天丝被单被套四件套。但当黄先生收到货后，却让他大失所望。商家不仅少发了一个被芯，而且天丝四件套上面到处都是线头，根本没有锁边。黄先生当即找直播商家讨要说法。

问题：你认为商家该如何正确处理黄先生的投诉和异议？

相关知识

1. 出现客户投诉与异议的原因

1）商品质量存在问题

在直播营销中，因商家鱼龙混杂，部分直播平台内部监管不严，导致一些劣质商品充斥直播间。同时，一些直播商家为了获得更多的利润，在直播中夸大宣传，诱导用户购买，用户收到商品后发现名不副实。这些存在质量问题的商品送到用户手中后会引发大量的投诉和异议。例如，"东方甄选"假野生虾被罚的事件就值得我们警醒。

2023 年 3 月，有消费者质疑"东方甄选"直播间虚假宣传，"东方甄选"销售的一款"厄瓜多尔白虾"，实际并非其宣称的"100% 野生海捕虾"，其实是养殖虾。对此，"东方甄选"回应称自己也被供应商欺骗，已将该品牌拉黑。对于"东方甄选"称自己被骗了的说法，有网友质疑这是"东方甄选"在推卸责任。既然"东方甄选"的主播在直播间里做出了"100% 野生捕虾"的宣传，就该为此负责。有些消费者可能就是奔着"野生"这个卖点才下单的，虽然不至于影响食品安全，但已涉及虚假宣传。也有网友质疑，下单购买就是因为信任"东方甄选"的品牌背书。既然是甄选，却说自己也被骗了，那"东方甄选"是甄选了个什么？人民网也就此事发表评论，"打造一个招牌不容易，毁掉一个招牌却可能在旦夕之间。东方甄选，要真选，也要选真的，这是立业之本"。

2）物流服务提供商服务质量参差不齐

目前，绝大多数直播平台的物流服务为外包方式，即委托第三方物流完成直播商品的物流配送，因此直播平台对外包物流的服务难以完全把控。当商品在物流过程中出现运输速度慢、运输中商品出现破损等问题时，就会引起用户的投诉与异议。

3）商家的售后服务水平较低

随着直播的爆火，许多商家急于开通直播，不少主播在未经任何直播培训和考核的情况下匆忙上岗，因而缺乏专业的售后服务能力。在直播营销的过程中，商家的售后服务水平越低，越容易引起用户的投诉和异议。

4）售后服务重视不足

售后服务对直播营销至关重要，但一些直播商家对客户投诉和异议缺乏足够的重视，经常出现客服咨询困难、投诉无门的现象。一方面，对于消费者投诉的问题，如产品质量低劣、快递服务差、退换货难以保障等问题，缺乏追责机制，无法形成正反馈闭环，致使用户产生不满和进一步的投诉；另一方面，直播营销的飞速发展带来了大量的人员需求，新员工往往无法接受系统的培训而直接上岗，导致售后服务人员的专业能力不足，处理用户投诉与异议简单粗暴，直接赔偿了事，而忽视用户投诉中的心理需求和情感诉求。

📎 阅读材料

2020年全国12315平台受理"直播带货"投诉同比增长357.74%

2020年，全国12315平台共受理"直播"投诉举报2.55万件，为消费者挽回经济损失835.53万元。其中"直播带货"占比近八成，同比增长357.74%。该年全国12315平台共受理网购投诉举报203.32万件，占平台投诉举报受理总量的28.04%，立案18.41万件，全国市场监管部门为消费者挽回经济损失3.04亿元。诉求热点主要集中在直播带货、生鲜食品、网上订餐三个方面。

直播带货诉求速增，产品质量疏于把关、使用"极限词"等引导消费者冲动消费、售后退换货难以保障等问题层出不穷。生鲜食品投诉举报主要问题为品质不过关、售后服务差、下单容易取消难、久未发货、虚假促销。网上订餐主要问题为平台准入审核不严、线下餐厅无证经营、餐食外包装破损、送餐延误等。

2. 客户投诉处理原则

令人满意的客户投诉处理，既可以培养客户的忠诚度，又能够赢得新的客户，是促进企业发展的重要助力。在处理客户投诉时，要注意以下几个原则。

1）预防原则

客户投诉很多是因为直播营销中商家的管理制度不完善或疏忽大意引发的，所以防患于未然是客户投诉管理的最重要原则。商家应该加强管理，建立健全各种规章制度，不断完善企业的经营管理和业务运作，树立全心全意为用户服务的工作态度，从而提高客户服务质量和服务水平，降低投诉率。

2）及时原则

及时原则，即一旦出现客户投诉，商家的各个部门应通力合作，迅速做出反应，争取在最短的时间内全面解决问题，给投诉者一个及时圆满的答复，绝不能互相推诿责任，拖延答复。比如当用户提出退换货申请后，商家应及时予以答复，对用户的退换货申请进行审理，从而提高用户的满意度。

3）责任原则

对客户投诉处理过程中的每个环节，都事先明确各部门、各类人员的具体责任与权限，以保证投诉及时妥善地解决。为此须制定出详细的客户投诉处理规定，建立必要的客户投诉处理机构。

4）记录原则

记录原则是指对每起客户投诉都需要进行详细的记录，如投诉内容、投诉处理过程、投诉处理结果、客户反映、惩罚结果等。通过记录，可以为商家吸取教训、总结投诉处理经验、加强投诉管理提供实证材料。

3. 客户投诉处理步骤

1）确认客户投诉内容

通过与用户的聊天记录了解用户具体要投诉的全部内容，为下一步处理问题做好准备工作。在用户投诉的内容中抓住关键因素，将用户的诉求向用户陈述一次，让用户进行确认，确保抓住用户投诉的关键内容。

2）判定投诉性质

在确认完用户的投诉内容后，判断用户投诉的理由是否充分，投诉要求是否合理。如果用户所提问题不合理或无依据，应该迅速答复用户，委婉地说明理由，以求得客户谅解。

3）划分问题责任

如果认为此次投诉成立，那么商家应该将投诉的问题进行责任划分，明确哪些是自身需要承担的问题，哪些不是自身的问题，并找到责任的承担者。如果用户投诉商品存在质量问题，那么商家应积极承担责任，根据用户要求，补偿优惠券、代金券或者进行退换货服务。如果用户投诉商品在运输中发生破损，那么商家需要明确是自己包装的问题，还是快递公司暴力运输造成的，如果是暴力运输造成的商品损坏，商家应及时与快递公司取得联系，让其承担相应责任，赔偿用户损失。

4）提出解决办法，落实处理方案

参照用户投诉要求，与用户进行协商，提出解决投诉的具体方案。投诉解决办法报告上级并征得上级同意后，明确通知用户，并且在方案的落实中要及时跟进，直到用户满意为止。

5）总结经验教训

在投诉解决方案落实结束后，对此次投诉产生的原因、处理的过程进行总结评价，吸取教训，提出相应的对策，完善商家的经营管理和客户管理，减少客户投诉。

4. 处理客户投诉的基本方法

1）学会倾听

倾听是一门艺术，是解决问题的前提。在倾听顾客投诉的时候，不但要听他表达的内容，还要注意他的语气，这有助于从中发现用户的真正需求，获得处理投诉的重要信息。客服人员在与用户交流后，需要根据理解向用户复述一遍，这样不仅能够明确投诉问题的关键所在，为解决问题打好基础，还能够让用户感受到尊重，提高用户的满意度。

2）安抚和道歉

不管客户的心情如何不好，不管客户在投诉时的态度如何，也不管是谁的过错，客服人员的首要任务就是平复客户的情绪，缓解他们的不快，并向客户表示歉意，向他们传达公司将完全负责处理客户的投诉意见，并做好登记。

3）不可推卸责任

当收到用户的投诉时，如果是商家自己的责任，切记不可推卸责任。如果此时商家推卸责任，势必引起用户不满，最后造成的结果可能会是永远失去这个用户。不管是何种原因引起的投诉，首先要向用户诚挚道歉，承认自己的不足，然后双方再沟通投诉问题的原因。

4）询问客户诉求

用户对商家进行投诉，是希望能够对商品出现的问题得到满意的答复，因此向用户询问他的诉求，以便更好地解决问题。有时用户也许只想听到真诚的道歉和改进工作的保证，而不是经济方面的补偿，询问清楚用户的诉求，才能真正做到让用户满意。

5）对投诉及时处理

当明确用户的诉求后，客服人员要及时将客户诉求反馈给相关部门，尽快商讨解决方案，并告知客户诉求处理所需要的大概时间。诉求及时有效地处理，有利于维护客户的忠诚度，提高客户对企业的信任度。然而，一旦用户的诉求被拖延，用户会对此次购物产生更加不满的情绪，那么后面商家在与用户沟通时也会变得更加困难，甚至商家在解决了投诉问题后也没有办法再挽回用户。

投诉客户一般想要得到一定的补偿，这种补偿可能是物质上的，如退换货、赠送优惠券、返现等，也有可能是精神上的，如商家的道歉、工作的保证等。商家如果能做到物质和精神的同时补偿，那么用户对这次投诉的处理结果将会更加满意，能够提高用户的满意度和再次购买意愿。

6）后续追踪

在对客户补偿后，应当了解客户的需求是否已经满足；然后，在解决投诉后的一周内，进行电话回访；还可以向客户投寄优惠信息或优惠券。保持与客户的联系，是培养忠诚客户、转投诉为销售业绩的重要举措。客户投诉得到了满意地解决，销售的最佳时机就到了。

课堂讨论

某客户在投诉之后接受了商家的补偿，但仍不满意，还经常在商家的直播间诉说自己的遭遇，劝说大家不要下单。如果你是客服人员，你将如何处理这个棘手的问题？

任务实训

1. 实训目的

通过实训，熟悉如何正确处理顾客的投诉与异议。

2. 实训内容及步骤

（1）全班同学划分为若干小组，各小组推选一名组长。

（2）各小组选择某一直播商家为分析对象。

（3）各小组收集该直播商家处理顾客投诉与异议的处理资料。

（4）各小组对相关资料进行整理，并分析该直播商家处理顾客投诉与异议做法的优缺点以及未来如何改进等。

（5）各小组将分析结果发到班级学习群，完成此次实训。

3. 实训成果

实训作业：某商家处理顾客投诉与异议的做法及改进建议。

任务 7.5   与客户保持持久的关系

任务引入

直播时代，粉丝经济的主体多元化、情感货币化导向越来越明显，"粉与被粉"的不同关系对直播带货有着完全不同的影响和作用机制。许多头部主播一跃成为市场的宠儿，其所聚集的粉丝数量和购买力令人惊叹，粉丝经济成为直播带货热潮中不可忽视的一环。在此过程中，与客户保持持久关系的重要性便显而易见。

问题：你认为在直播营销中与客户保持持久的关系有哪些好处？如何才能在直播营销中与客户保持持久的关系？

相关知识

1. 直播营销客户保持概述

客户保持是指企业保持和巩固与客户稳定长久的关系，使其持续购买产品或服务的动态过程和策略。直播营销客户保持是指在直播营销中商家运用各种方法吸引用户长期持续访问和购买该商家直播商品的动态过程。如果直播营销中商家有良好的客户保持，那么用户愿意花费更长的时间停留在该直播间中，用户浏览直播的时间越长，购买商品的可能性也就越大；同时，良好的客户保持，也能够降低用户选择观看其他商家直播的可能性，促使用户多次重复购买。

由于用户的购买行为受到直播内容、个人心理等方面的多重影响，许多因素是商家在直播中无法控制的，但是来自同一类用户的心理、个性往往具有相似的购买行为，商家可以根据商品的特点选择目标用户，对这类用户施以相同的直播营销策略和直播内容。用户的满意度是影响客户保持的关键性因素，商家应该做好售后服务、物流服务、对退换货进行及时处理以及正确处理客户的投诉与异议，从而提高用户的满意度，逐渐巩固与客户之间的关系。

2. 直播营销客户保持的重要性

1）降低商家营销成本

在直播营销中，关系维护良好的用户能够为商家直播带来精准的流量，提升转化率，节省培养新用户的成本。只需要定期联系老用户，通过发放优惠券、红包的方式就很容易维持现有的关系，同时老用户有可能介绍更多的新用户来关注直播间，从而形成有效的口碑营销。

2）增强商家竞争力

客户亲密度是企业核心竞争力的重要决定因素。建立紧密的客户关系，有助于直播平台收集客户反馈的信息，及时调整直播内容、直播货品等以更好地满足用户需求，提高销量，提升商家的竞争力。

3）提升转化率

在直播营销中，老客户可以为新品的发售提供保障，在直播活动中为商家冲击销量做贡献。新品的发售、收藏加购、人气销量增长、评价等方面可以显著提高店铺转化率，这些都能够通过与用户保持良好的关系实现。

3. 直播营销客户保持的方法

1）注重与用户的交流和互动

不同于传统营销，在线购买的用户更追求购物高效便捷和情感交流。因此，在直播中主播可以通过日常的内容拉近与用户的距离，鼓励用户积极发送弹幕并进行及时有效的回复。除了正常直播的主播回复，还可以在直播购物的高峰期增加客服人员、设置24 h自动回复机器人等，及时为用户答疑解惑，减少用户等待时间，提升交互速度与质量。此外，商家还要对直播服务体验进行细化升级，综合运用新媒体工具建立社群，为用户构建良好的、愉悦的沟通渠道，增进商家与用户之间的情感交流，从而建立持久的忠诚关系，实现客户的长期保持。

2）增强商家的可靠性

可靠性是影响直播营销中用户满意与信任的重要因素，因此，商品从直播到货物送至用户手中均需要严格把关。首先，商家要对商品的质量进行严格把控，认真选品、选真品；其次，商家在直播中要准确、真实地描述商品信息，不能虚假宣传、夸大宣传。最后，商家应对商品的物流配送进行随时监控，确保商品以最快速度送至用户手中，赢得用户的信任，获得良好的口碑，吸引更多的用户购买商品。

3）提供良好的售后服务

直播时，用户的冲动购买、商家的信息不准确、物流速度过慢等因素可能使用户在收到商品时产生不满，此时商家应该积极提供售后服务，为用户进行退换货、按照承诺给予一定的经济补偿等。同时还应关注用户对服务补救的反馈，保证用户的问题得到妥善处理，最大限度地争取用户谅解，降低用户的不满情绪，从而赢得用户的信任和再购买意愿。

4）合理运用转换成本

在网络经济时代，直播营销竞争巨大，商家应该正确运用转换成本的调节作用，着力提高用户的转换成本，形成与用户强大的持久关系，为用户转移至竞争对手增添阻碍。①改进直播内容，增强直播的趣味性和针对性，提升用户观看直播的体验，提高程序型转换成本；②实施会员积分制或派发优惠券，提高财务型转换成本；③建立社群进行关系管理，构建与用户之间最直接的沟通方式，随时收集用户反馈，增强与用户的情感联结，提高关系型转换成本。在这方面，电子工业出版社的做法值得我们学习借鉴。

2020 年，电子工业出版社就已经开始做图书直播营销了，在整个出版业中是较早尝试者。随着出版社直播的发展，出版社想要留住用户，就要构建自己的私域流量，增加用户黏性。在这方面，电子工业出版社的做法是，以直播和短视频为流量入口引入社群，以社群管理孵化用户群体，以用户带动直播效果，提升短视频内容精度。通过直播、短视频和社群管理三种途径闭环运营，构建起真正具备转化价值的私域流量池。

在直播形式方面，电子工业出版社采用秒杀、优惠券等形式吸引用户，专业主播对客群需求积极响应并及时反馈，细致讲述出版社产品优势和内容，呼吁用户关注直播间并加入粉丝团，提升用户黏性，提高客单价值，引导顾客成为出版社抖音号用户。

在短视频方面，电子工业出版社以科普、促销宣传、深度专家对话和日常 Vlog 为主要内容，引导用户关注直播信息和通过视频相关链接下单，通过自身优质内容，持续输出出版社形象。

最后通过社群管理的形式，电子工业出版社积极与用户互动，面对不同的消费群体，建立不同社群，并通过社群运营对用户需求和喜好进行精准化分析，依据用户需求调整短视频内容和形式以及直播选品种类和活动类型，建立严密的社群运营体系。

依靠三者间的闭环运营体系，形成可转化的私域流量池。在电子工业出版社的社庆活动期间，通过开播前在用户群内形成广泛传播，直播过程中通过发放优惠券、福袋等方式吸引用户进入直播间，又不断通过限量秒杀、抽奖等方式留住用户，促进了直播在线购买的转化，均取得了不错的销售效果。

✈ 阅读资料

拼多多保持客户的策略

数据显示，拼多多七日留存率达到 77%，位居电商平台第一。拼多多用户忠诚度（忠诚度＝继续使用／目前使用）达到 78%，仅次于淘宝，位居电商平台第二。拼多多用户日均打开次数达到 4.26 次，超过手机淘宝的 4.08 次。日均使用时长达到 22.2 min，仅次于手机淘宝的 23.1 min。高留存率、高打开频次和长用户时长在一定程度上佐证了拼多多较高的用户黏性。

1. C2M 模式：**数据赋能优化供应链**

对于品牌认知度较低的商品品类，拼多多通过 C2M 拼工厂模式为消费者提供高性价比产品。C2M 模式中，在需求侧，拼多多以"高性价比"为商品主要卖点，通过算法推送实现"货找人"，并结合社交拼团、邀请砍价、助力免单等方式，短时间内积聚大规模订单；

在供给侧，拼多多将下游需求直接反馈至上游工厂，使工厂可以在短时间内实现大批量生产并通过拼多多直接销售至消费者。C2M 模式使商品的供应链得以缩短，同时消除了品牌溢价，从而为消费者提供了更高性价比的商品。

2. 新品牌计划：打造更高性价比的商品

新品牌计划中，拼多多通过数据赋能工厂，优化供应链的每个环节，从而与商家一起打造更高性价比的商品。2019 年 1 月至 6 月，拼多多新品牌计划共计推出 1 200 余款代表行业极致的定制化产品，累积订单量超过 5 700 万件。

3. 拼团模式：营造良好交易氛围

拼团本身是在用一种极低的社交成本来获取用户之间（无论两个用户是否为朋友或亲属）的相互信任和共识，拼多多采用拼团模式在社交空间中营造出更符合人性接纳程度的交易氛围。

4. 打假＋保险：增强消费者信任

自 2018 年开展"双打"行动之后，拼多多于 2019 年一季度推出质控项目以加强知识产权保护，项目包括 1 000 个知名品牌。公司与超过 12 000 个品牌签署了产权保护协议，设计了超过 6 000 个监控模型，97% 疑似假冒商品在触达用户前被拦截。此外，拼多多为了增强用户在品牌商品购买时的信心，对商品承诺假一赔十，同时对部分商品提供"正品险"。

5. 功能设计：降低决策门槛

相比其他电商平台拼多多差异性特点包括全场包邮、没有购物车、玩法相对单一、好友社交背书等，这些功能设计降低了用户决策成本，减少流量损耗，增强用户消费冲动。

6. 社交运营：趣味性互动活动

从多多果园到金猪赚大钱，拼多多不断推出趣味性互动活动，重视社交运营，让新触网的高龄用户在游戏玩法中以互动的状态获取优惠奖励与收益，建立用户黏性和分享习惯。

任务实训

1. 实训目的

通过实训，熟悉直播营销的客户保持策略。

2. 实训内容及步骤

（1）全班同学划分为若干小组，各小组推选一名组长。

（2）各小组选定某一直播电商为本次实训对象。

（3）各小组深入了解所选直播电商的客户保持策略。

（4）各小组对直播电商的客户保持策略进行评述。

（5）提交评述报告到班级学习群，完成本次实训。

3. 实训成果

实训作业：某直播电商客户保持策略评述。

📖 练习题

一、单选题

1. 订单处于待收货与交易成功状态下，用户可以发起（   ）售后服务。

    A. 退款　　　　　　　B. 退货　　　　　　　C. 换货　　　　　　　D. 以上三种均可

2. 直播平台将物流配送环节的部分或整体外包给其他物流服务提供商的物流配送服务模式为（   ）。

    A. 自营物流配送模式　　　　　　　　B. 第三方物流配送模式

    C. 第四方物流配送模式　　　　　　　D. 物流联盟配送模式

3. （   ）能够打消用户顾虑，使用户的想法朝着商家（平台）的期望发展，购买意向度进一步增强，便于更进一步引导客户购买该商品，最终达成促进用户进行交易的目的。

    A. 退换货服务　　　B. 物流服务　　　C. 客户保持　　　D. 处理客户投诉

4. 在处理客户投诉时，（   ）是解决客户投诉问题的前提。

    A. 不可推卸责任　　　B. 询问客户意愿　　　C. 学会倾听　　　D. 对投诉及时处理

5. （   ）不属于客户投诉处理原则。

    A. 预防原则　　　　　B. 成本原则　　　　　C. 及时原则　　　　　D. 责任原则

二、多选题

1. 提高直播营销物流服务的策略有（   ）。

    A. 自建物流配送服务，提高物流服务效率

    B. 与物流服务提供商保持合作关系

    C. 完善物流服务配送形式

    D. 提高物流服务配送人员的素质和能力

    E. 加强信息共享

2. 直播营销退换货服务对用户的影响体现在（   ）。

    A. 影响用户风险厌恶心理　　　　　　B. 影响用户暗示效应心理

    C. 影响用户多样性选择　　　　　　　D. 影响用户的消费行为

    E. 影响用户改变决策

3. 改进退换货服务的策略有（   ）。

    A. 重视商品描述　　　　　　　　　　B. 提高退换货服务的便利性和可靠性

    C. 完善客户服务体系　　　　　　　　D. 构建高效的退换货物流管理信息系统

    E. 提高自动化物流设备的普及

4. 处理客户投诉的步骤包括（   ）。

    A. 确认客户投诉内容　　　　　　　　B. 划分问题责任

    C. 总结经验教训　　　　　　　　　　D. 判定投诉性质

    E. 告知客户并落实处理方案

5. 直播营销保持客户的方法包括（   ）。

    A. 注重与用户的交流和互动　　　　　B. 提供良好的售后服务

    C. 合理运用转换成本　　　　　　　　D. 减少营销成本

E. 增强商家的可靠性

三、名词解释

1. 直播营销售后服务　2. 直播营销物流服务　3. 自营物流配送模式　4. 需求匹配风险 5. 直播营销客户保持

四、简答及论述题

1. 直播营销售后服务的作用有哪些？

2. 自营物流配送模式的优点有哪些？

3. 处理客户投诉的基本方法有哪些？

4. 试论述改进退换货服务的策略。

5. 试论述出现客户投诉与异议的原因。

案例讨论

某直播间的售后服务风波

李先生是一位经常在直播电商平台上购物的消费者。一天，他在某直播间看到了一款智能家居产品，并被主播的介绍所吸引，于是决定购买。然而，在购买后，他发现产品的使用方法并不像主播介绍的那样简单，他自己无法顺利地安装和使用。同时，他也发现产品的售后服务响应不够及时，他的问题无法得到及时解决。这让他感到非常困扰和不满。

李先生决定联系卖家，寻求售后服务。然而，他发现卖家的售后服务质量也不尽如人意。虽然卖家提供了一些解决方案，但这些方案并没有彻底解决问题。李先生对售后服务的质量感到非常不满，认为售后服务没有彻底解决问题。

卖家的售后服务团队也注意到了李先生的问题和反馈。他们决定采取一些措施来改进售后服务质量。首先，他们提供了一些更加详细的使用教程和操作指南，帮助消费者更好地了解和使用产品。同时，他们也加强了售后服务响应速度，确保消费者的问题能够得到及时解决。最后，他们也对售后服务团队进行了专业培训，提高服务水平，并对售后服务进行定期评估和监督，确保售后服务的质量。

在采取了这些措施之后，卖家的售后服务质量显著提升。李先生的问题得到了圆满解决，他对卖家的售后服务感到非常满意。同时，良好的售后服务也帮助卖家积累了更多的忠实客户，提高了销售业绩。

思考讨论题

结合案例，请谈谈卖家该如何做好直播间售后服务工作。

项目 7　直播营销售后服务：真诚服务，赢得口碑

任务	掌握直播营销售后服务实务				
班级		学号		姓名	

本任务要达到的目标要求：

1. 熟悉直播营销售后服务的流程。

2. 了解处理客户投诉的基本方法。

3. 学会设计直播营销售后服务策划案。

能力训练

1. 直播营销售后服务流程是什么？

2. 处理客户投诉的基本方法有哪些？

3. 请为某直播电商设计直播营销售后服务策划方案。

学生评述

我的心得：

教师评价

不同平台的直播运营：四大平台，各有千秋

📖**学习目标**▪

【知识目标】

（1）掌握淘宝直播、抖音直播、快手直播和腾讯直播的特点。
（2）了解淘宝直播、抖音直播、快手直播和腾讯直播的生态特征。
（3）熟悉淘宝直播、抖音直播、快手直播和腾讯直播的实施流程。
（4）熟悉淘宝直播、抖音直播、快手直播和腾讯直播的运营模式。
（5）掌握淘宝直播、抖音直播、快手直播和腾讯直播的直播技巧。

【技能目标】

（1）能够帮助企业在淘宝平台实施直播营销活动。
（2）能够帮助企业在抖音平台实施直播营销活动。
（3）能够帮助企业在快手平台实施直播营销活动。
（4）能够帮助企业在腾讯平台实施直播营销活动。

【素质目标】

（1）培养学习不同平台直播运营知识的兴趣。
（2）树立正确的直播营销运营理念。
（3）遵守法律法规，依法开展直播运营活动。

项目情境导入

在"百城县长直播助农"的第一期活动中，快手邀请了广西乐业县、山东商河县、河北怀安县等多位县长、副县长开设快手账号，快手匹配11位网红达人，配合县领导开展30场直播，吸引超过2 000万人观看，累计销售额2 000多万元。活动中出现销售爆款，如广西乐业县县长半小时直播卖出沃柑20 t；商河县常务副县长直播卖扶郎花，4万支扶郎花38 s全部售罄。

基于第一期"百城县长直播助农"收效良好，2020年4月1日至4月15日，在相关政府部门的指导下，快手联合广西六市县开展了新一期的直播助农活动。6位县长直播，在快手端吸引了1 296万人观看，收获点赞158万。活动累计销售黑粽子、蜂蜜、百香果、红糖等超过20多种农副产品，下单量超过17万单，6县总销售额突破458万元。该直播同时在

"学习强国" App "直播中国" 栏目同步转播，深受网友喜爱和好评。

问题：结合本案例，请谈谈你对电商直播平台功能的认识。

项目分析

2023 年的 "双 11"，直播带货成为新的亮点，吸引了大量消费者的参与，表现抢眼。星图数据显示，2023 年 "双 11" 期间 10 月 31 日 20:00—11 月 11 日 23:59（京东起始时间为 10 月 23 日 20:00），综合电商平台、直播电商平台累计销售额为 11 386 亿元，同比增长 2.07%。其中，直播电商平台 GMV 为 2 150.67 亿元，而上年直播电商平台销售额为 1 814 亿元，同比增长 18.5%。这一数据表明，直播带货已经成为电商行业的重要组成部分，为电商平台带来了新的增长点。数据显示，2023 年整个 "双 11" 大促期间，淘宝直播达播、店播双重爆发，全周期出现了 89 个破亿直播间，其中达播 25 个，店播 64 个；834 个破千万直播间，其中达播 159 个，店播 675 个，核心数据全面增长。

那么，除了淘宝直播平台，主要的直播平台还有哪些？这些直播平台有何特点？如何在这些平台上开展直播营销活动？这些直播平台有哪些引人深思的案例？本项目将对以上问题分别进行解答。

任务 8.1　熟悉淘宝直播运营

任务引入

2023 年 "6·18" 购物节期间，淘宝直播平台举办了近百场各具特色的 "总裁直播" 活动，吸引了大量观众参与和互动，创造了一轮又一轮的热度。例如，"6·18" 期间，周六福珠宝董事长李伟柱走进品牌直播间，开启了一场珠宝 T 台秀，号召粉丝沉浸式体验周六福系列珠宝的魅力；GUESS（盖尔斯）直播间开启了一场中西文化碰撞的双场景直播，通过 LED 电子大屏与美式街头风格场景联动打造沉浸式体感；百威中国科罗娜品牌的总裁空降万宁科罗娜 CASA 酒吧现场直播，借科罗娜品牌独特的海滩生活方式与专属的 "青柠仪式"，展现了 "This is living" "就为这一刻" 的品牌理念……

问题：淘宝直播有何特点？为什么越来越多的企业总裁愿意走进淘宝直播间？

相关知识

1. 认识淘宝直播

1）淘宝直播概况

2016 年是直播电商井喷之年，这一年也被称为中国电商直播元年。也是在 2016 年，淘宝直播平台开始运行，同年的淘宝直播拍卖会上，就已经有超过 70 万人观看。在之后的 "双 11" 狂欢购物节中活动中，淘宝直播再次发力，直播在线人数超过千万，成交额创历史新高，淘宝直播步入稳定发展阶段。2018 年，淘宝直播经过不断深耕，在运营模式、规范化管理、主播培养、直播营销产业链上不断更新，使淘宝直播平台更加成熟，当年淘宝直播平台的活跃粉丝人数就已达到 3.89 亿人。2018 年 "双 12" 购物节活动中，累计直播场次达到 8 000 场，观看人数不断增多，日均观看量突破百万，淘宝直播步入快速发展阶段。2019 年，随着淘宝直播平台加速布局，完善直播生态链，淘宝直播呈现爆发式增长，"6·18"购物节活动中完成了成交总额 130 亿元的目标，日均直播场次超过 6 万场，直播时长突破 15 万 h，淘宝直播平台发展日益完善。自 2022 年 9 月淘宝直播 2.0 "新内容时代"战略正式发布以来直播发展势头迅猛，截至 2023 年 3 月，已有超过 1 万名内容主播入驻淘宝。2023 年 "6·18" 大促期间，淘宝直播间"百家争鸣"，产生了 490 个破千万的直播间，破亿直播间数量同比大增 66%。店播、达播、村播、内容型主播，越来越多元的主播类型促进了淘宝的生态繁荣。

2）淘宝直播平台特点

越来越多的商家在销售商品时会首先选择在淘宝直播平台进行，那么为什么淘宝直播能够成为商家促进销售和消费者购买的首选呢？因为淘宝直播平台具有以下特点。

（1）用户基数大。淘宝 App 自身拥有庞大的用户数量，这为淘宝直播平台的发展提供了充足的动力。许多用户在浏览淘宝商品时会被淘宝直播吸引，大多数用户会因为淘宝直播平台提供的优惠活动而选择多次观看直播，进而转化为淘宝直播平台的用户。

（2）产品种类丰富。在淘宝直播平台中，产品的种类丰富、覆盖面广，从娱乐产品到化妆品、从电器到服装、从食品到图书……淘宝直播平台中的产品应有尽有，产品种类的丰富性就决定了淘宝直播平台的受众范围广，能够吸引更多的观众观看直播。

（3）互动性强。在淘宝直播平台的直播间内，主播可以与观众通过弹幕等形式交流和互动，面对观众提出的各种疑问，例如服装尺码问题、产品功效问题、退换货问题等，主播予以回答，从而形成主播与观众的双向互动。互动活动能够让观众感觉受到了重视，也增强了他们的体验感和参与感。在淘宝直播平台，通过主播与观众的双向情感联结，强化了观众对直播的忠诚度，进而增强了用户的黏性。

（4）即时性。互联网技术以及移动通信技术，特别是 5G 技术的应用，为淘宝直播的飞速发展提供了支持。淘宝直播平台的画面越来越清晰，互动的反馈越来越快，所有的直播内容都是即时向观众呈现，这能够加强观众参与直播的真实感，增强体验感。

3）淘宝直播生态特征

（1）注重头部内容孵化。淘宝直播平台能够与其他产业链深度融合，注重 PGC（专业生产内容），通过与网红、名人、明星的合作，产出具有高热度的直播内容，同时通过与专业机构的合作，打造高质量的节目，引入综艺效果和娱乐元素，使观众能够快乐地观看淘宝直播，使其产生对节目产品的兴趣，不仅能够激发观众下单的热情，也能够培养其观看淘宝直播的习惯。淘宝直播平台在重视 PGC 的同时，也注重对 UGC（用户生产内容）的发展。用户参与度是直播的最核心要素，通过各种激励机制吸引更多的观众观看直播，进行与主播的双向互动，从而增加观众的黏性。

（2）注重社会责任。淘宝直播平台为各行各业的人们创造了新的就业模式，特别是淘宝直播平台中大量助农直播的出现，带动了农村产业快速发展。例如，淘宝直播平台在 2019 年推出"村播计划"，帮助 100 县 1 000 位农民主播实现月入万元，助力优质农产品上线，实现产业扶贫。

（3）普通商家同样能获得成功。在淘宝直播间，除了网红、头部主播以及明星直播，普通商家也可以进行直播，由于普通商家没有太多的商品要售卖，不会像头部主播"赶场子"式地上链接，通过有趣的游戏活动能够提高观众的参与度，富有新鲜感，因此出现了许多普通商家直播爆火的案例。例如，在"绍兴珍珠哥"的直播间，观众购买58元珍珠蚌后，可以获得一个号码，珍珠哥根据号码进行"开蚌取珠"，让远程的用户直接看到操作过程。这种很有实时参与感的网购体验让销量大增，仅在"双12"期间直播第一天销量就达1 200单。

🔦 思政园地

淘宝直播：3年间11万农民主播村播，带动农产品成交超50亿元

2021年9月7日，淘宝直播发布了一份特殊的"成绩单"，在系统性的直播助农计划"村播计划"上线3年后，淘宝直播平台累计已有11万农民主播，开播超过230万场，通过直播带动农产品销售超50亿元。他们用一场场直播，将家乡的地产风物卖到了全国，不仅提高了自己的收入水平，还带领乡亲们走上了直播致富的道路。

"拿起手机做主播，一年收入翻一番"，淘宝直播让许多农民的生活发生了质的变化。"村播计划"负责人唐溢介绍，目前农民主播已经遍布全国31个省（区、市），2 000多个县域。在学会直播后，农民主播的平均月收入能够提高两到三倍，人均能够带动2个就业岗位，共计拉动了20万人就业致富。

"90后"余文巍是江西省上饶市横峰县葛源镇的一名农民主播，因为收入水平不高，村里年轻人大多外出打工，余文巍也不例外，虽然年纪不大，却走南闯北做过不少营生。也正因为如此，村里留下的都是老人孩子，几乎成了"空巢村"。2019年，余文巍回到家乡开了一家名为"食说新语"的淘宝店，还加入了"村播计划"，拉起了一个小团队，开始了农产品直播创业。现在，他的直播间每个月成交额能达到40多万元，还无偿为村里的留守家庭直播带货，解决了他们生活困难的问题。

手机成为新农具、直播成为新农活、数据成为新农资，这些已经成为农村越来越常见的变化。淘宝直播建立了超过100所"村播学院"，为农民提供直播培训课程、直播间现场实战演练等，为农民主播提供从基础设施支持、人才孵化培训到地域品牌设计、直播带货产业规划扶持、政策引导和资源协调方面的全方位支持。致力于帮助农民学会、用好"新农具"，做好"新农活"。作为中国最大的农产品电商平台，整个淘宝上约1/4的网店都来自农村，淘宝正在吸引越来越多的年轻人回到乡村，投身关注农业、关心农村的事业中。

2. 淘宝直播实操

1）淘宝主播App的使用

目前我们使用淘宝App所能看到的直播是由商家或个人呈现的，如果想要进行直播，可以通过淘宝直播模块中的发起直播实现，如图8-1所示。在淘宝直播中能够吸引观众，增加粉丝数量，但是淘宝不能直接实现带货直播，而是需要下载淘宝主播App这一款专门的电播助手软件，下载向导如图8-2所示。

图 8-1   淘宝 App 截图   图 8-2   淘宝主播 App 下载向导

淘宝主播 App 的使用步骤如图 8-3 所示。

第一步，从软件商城中下载淘宝主播 App。

第二步，按照系统要求完成实名认证。

第三步，进入界面单击"直播"按钮。

第四步，设置封面图后，可以直接发起直播，也可以提前发送直播预告，进行产品直播讲解设置。

第五步，在直播时可以进行商品链接的发送和弹幕的互动等。

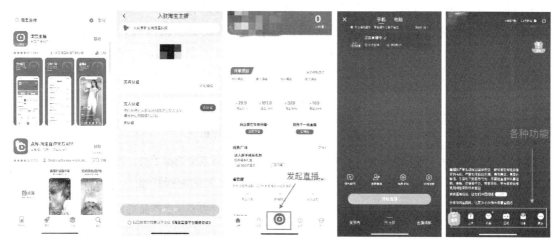

图 8-3   淘宝主播 App 的使用步骤

2）淘宝直播的实施流程

（1）明确直播主题和思路。完整的淘宝直播主题和思路是开展淘宝直播的核心。开展淘宝直播前首先要明确整体的直播思路，然后有目的、有针对性地策划与执行。要根据直播活动目的和节点来制定淘宝直播的主题，明确直播是为了增加粉丝数量，还是为了促进产品的销售等。

（2）确定直播方案。所谓确定直播方案，是指将预先确定的淘宝直播主题和思路具体化，编制出切实可行的直播方案。高质量的直播方案有助于精准定位目标受众，并确保直播过程按计划进行，防患直播事故的发生。如果是为了增加粉丝数量，直播方案以互动性强的活动为主，例如通过粉丝连线、弹幕互动等增加粉丝的参与感；如果是为了产品的销售，那么直播方案应围绕详细介绍产品效果、产品优惠力度等方面展开。

（3）做好筹备工作。为了保证淘宝直播的顺利进行，在直播开始前，需要做好直播活动的预算、直播的人员分配、场地的选择和布置、直播设备的调试以及直播的推广等筹备工作。

①直播活动的预算。直播活动的预算不仅包括直播人员的工资，还包括推广流量所需的资金、道具和设备的采购，直播时的红包发放，这些都需要进行详细的计算，确定最终的活动预算。

②直播的人员分配。主播、副播、场控、客服和经纪人等人员应该根据需要，将工作明确到每个人，保证在直播时各司其职，共同保障一场直播的进行。

③场地的选择和布置。淘宝直播场地可以分为户外场地和室内场地。户外场地主要有商场、田地、景区等。根据直播活动的需要，选择合适的户外场地直播，可增加直播的互动性和关注度。室内是淘宝直播的主要场地，主要包括办公室、店铺、住所、搭建的摄影棚等。在室内直播前，为营造直播氛围、突出直播商品以及提高直播效果，需要对室内进行简单布置，如直播背景墙的颜色和风格、直播间物品的摆放位置、人员走动的线路，产品陈列的方式等，都要提前规划好。同时，在室内直播时为了保证直播质量，直播现场不宜出现较多的围观者，以免直播时收录的杂音对直播造成影响。

④直播设备的调试。直播设备是确保直播清晰、稳定进行的前提，在直播筹备阶段，需要对电脑、手机、电源、摄像头、灯光、网络等设备进行反复调试，防止设备发生故障，影响直播的顺利进行。直播设备调试注意事项如表8-1所示。

表8-1　直播设备调试注意事项

注意事项	具体概况
手机准备	当使用手机进行直播时，需要准备至少两部手机，并且在两部手机上同时登录直播账号，以方便操作和防止突发事件的产生
确定摄像头的位置	淘宝直播有时需要直播全景，有时需要直播产品近景，为了保证直播效果，需要提前摆放好摄像头的位置，确保直播效果最佳
网络测试	无线网络的网络速度直接影响直播画面质量以及观看体验。需要提前测试网络的稳定性和网络速度

续表

注意事项	具体概况
灯光准备	在暗光环境下进行直播时并不能取得较好的观看效果，因此需要对主播进行补光，根据直播需要选择合适的灯光
电源准备	通过手机进行直播，这对手机的续航能力是极大的考验，在进行正式的直播带货前，可以通过临时的直播带货进行测试，衡量某段时间的直播所消耗的电量

⑤ 直播的推广。为了淘宝直播当天有较高的关注度，还需要对直播活动进行提前的预热宣传。在预热时，可以从宣传媒体选择、宣传形式和宣传时间三个方面进行。

首先要选择合适的直播宣传媒体。宣传媒体为淘宝直播预告提供了宣传的窗口，是联结主播与目标受众之间的桥梁，因此选择合适的宣传媒体至关重要。不同的目标受众喜欢在不同的媒体浏览信息，因此在淘宝直播之前要根据目标受众的浏览习惯确定直播宣传媒体。

其次要选择合适的直播宣传形式。选择合适的宣传形式是指直播营销团队要用符合宣传媒体平台特性的信息展现方式来推送宣传信息。一般直播团队会选择以"文字＋图片"或"文字＋视频"的形式在各大媒体上告诉目标受众具体的直播时间和直播内容。

最后要选择合适的直播宣传时间。直播宣传的时间要恰到好处，如果宣传时间较早，可能会使用户逐渐失去耐心，导致他们失去观看直播的兴趣；如果宣传时间较晚，可能导致其没有及时关注到直播信息，而没有观看直播；如果过于频繁地向用户发送直播活动宣传信息很可能会引起他们的反感，导致其屏蔽相关信息。

> **课堂讨论**
>
> 除了上述几点，你觉得在淘宝平台开展直播还需做好哪些筹备工作？

（4）做好直播复盘。在直播过程中，如果想要下一次的直播效果更好，直播结束后的复盘是非常关键的，观察直播结束后的各项数据，包括观看人数、粉丝增加数、用户活跃度、直播收益等数据。对于直播效果超过预期的直播活动，要分析在活动中各个环节的成功之处，为后续直播积累成功经验。对于直播效果未达预期的直播活动，也要总结此场直播的失误之处，并寻找改善方式，以避免在后续的直播中再次出现相同或类似的失误。

3. 淘宝直播运营典型案例

案例：鸿星尔克野性消费背后的逻辑

面对河南洪灾，2021 年 7 月 21 日，鸿星尔克官方微博称，通过郑州慈善总会、壹基金紧急捐赠 5 000 万元物资，驰援河南灾区。鸿星尔克官方微博消息如图 8-4 所示。

图8-4 鸿星尔克官方微博消息

该条微博发出后不断有网友在下方评论指出鸿星尔克经营不济，却大手笔低调捐款，让人心疼，随后《鸿星尔克的微博评论好心酸》登上微博热搜榜第一名。随着鸿星尔克低调捐款事件的发酵，与鸿星尔克相关的热搜持续出现在微博、抖音、B站、快手等多个平台，鸿星尔克的曝光度与日俱增，其线上、线下销售也异常火爆。至此，鸿星尔克一鸣惊人，一夜间火遍全网，销售业绩几日破亿。鸿星尔克在选品、受众定位、情感、直播方面的运用堪称完美。

1）用品质之心铸就"国货之光"

质量是品牌的核心竞争力，鸿星尔克以品质为生命，严格把控每个环节，确保产品的质量符合国际标准，鸿星尔克的产品质量也备受消费者称赞，其不断提升品质和科技创新的努力也为品牌赢得了更多的市场份额和消费者的信任。这也是鸿星尔克品牌在这次国货热潮中能够持续的原因之一。

2）锁定年轻用户，深耕目标人群

消费市场代际更迭，年轻群体的消费体量和消费能力不容忽视。近年来，国货品牌提质创新，"质量差"的标签逐渐消失，因此年轻群体对国产品牌有着天然的好感。在淘宝直播用户中，19~35岁的用户是观看直播的主力军，占比在65%以上；19~30岁的年轻群体TGI（活跃渗透率）占比最高。由此，鸿星尔克在淘宝直播中锁定青年群体，洞察他们的喜好和动向，进行精准营销。鸿星尔克根据青年群体注重个性、体验，偏爱社交，重颜值等特点，在直播互动中，打造具有特性的直播场景与内容；在经营品牌社群中，通过社交裂变完成口碑传播；在品牌定位、产品定位、品牌传达中，俯身倾听青年的意见与喜好，不断赋予品牌新的"国潮"内涵，从而建立与青年群体契合的直播营销，提高品牌的渗透力和市场占有率。

3）赋情直播，塑造人格化互动场景

人们对情感的需要使其越来越依赖市场所提供的各种情感"产品"和"服务"，国货被赋予了一定的象征意义。鸿星尔克在淘宝直播中，以自身品牌宣传为先导，在品牌内涵、品牌文化等方面建立人格化的国货品牌形象，与消费者（受众）形成情感联结。此外，鸿星尔克的创始人吴荣照先生亲临淘宝直播间，进一步拉近了品牌与用户的距离，使直播氛围达到了高潮（见图 8-5）。

图 8-5   鸿星尔克创始人在淘宝直播间

4）积极自播形成流量沉淀闭环

主播是淘宝直播不可或缺的角色，具有联结货品和消费者（用户）的桥梁纽带作用。鸿星尔克采用品牌自播的形式，灵活多元，降低直播成本，对货品选择、售后等进行全链条把关，规避主播为迎合受众过度压价、产品出现质量问题、流量造假、经销商"反水"等潜在风险，有助于品牌方引导消费者（用户）加入社群，为后期借助社交平台直播、沉淀私域流量闭环打下基础。

📎 阅读材料

淘宝直播，有了元宇宙分会场

在元宇宙看直播，会是一种怎样的体验？这个看似遥远的问题，如今可以在淘宝中找到答案。

2022 年"双 11",淘宝直播联合点淘 App 深入元宇宙空间，建造了一座颠覆想象的"直播未来城"。科技感的品牌场馆组成街区，环形屏幕构成沉浸式舞台，每位用户都会拥有自己的虚拟身份，成为这里的"数字居民"。而直播、购物、娱乐等一系列你所熟悉的线上体验，都将在这赛博朋克般的未来城市中得到更新。

作为引领直播内容化升级的平台，在此次年度大促的关键节点，淘宝直播通过这座跨次元的"直播未来城"，在内容创新上迈出了突破性的一步，为品牌与消费者打开了电商直播的全新空间。

一座沉浸式未来城，改写消费体验。

当用户在淘宝 App 中搜索"直播未来城"，便可以一键穿越到元宇宙的世界，开启一场探索未来之旅。赫然铺开在用户眼前的"直播未来城"中，贯穿城市的空中轨道上列车飞速行驶，悬浮式的灯牌与屏幕让街道更显梦幻，甚至还有鲸鱼从夜空中缓缓"游"过……对于未来生活的诸多幻想与憧憬，都被融入在这座城市的精心设计之中。

淘宝直播为"直播未来城"打造了八大主题场景，从品牌街到植物园，将商业、娱乐、自然、交通等真实的生活要素一一规划其中，进一步丰富整座城市空间的沉浸式体验感。用户不仅可以登上摩天轮，将"直播未来城"的风景尽收眼底，亦可前往郊外，留下一张璀璨极光下的打卡照。通过丰富的场景设计，在这个全新的元宇宙空间中，淘宝直播实现了接近于开放世界的自由度，一改货架式购物的枯燥，让用户能够在城市中尽情畅游。

而在先锋性的场景营造之外，淘宝直播在交互玩法上也做出了独创性的尝试。一方面，在以"淘宝人生"中的形象登陆"直播未来城"之后，用户可以先选择自己喜爱的色彩标签，成为行走时的个性光芒，再来到"淘宝人生"的主题店中，换上一套称心的潮流服装。淘宝直播打通"淘宝人生"，搭配细致的玩法设计，让用户能够自主设定元宇宙的分身，享受虚拟世界的个性自由，深化用户对于"直播未来城"的归属感。

另一方面，淘宝直播还在"直播未来城"中设置了集水晶的游戏式任务玩法。在一个个打卡任务的指引下，用户将会前往城市的各个角落，积攒水晶数量，并可以在扭蛋机中兑换红包、优惠券等福利。通过集水晶的互动玩法，淘宝直播为用户带来了丰富的权益，增添了游逛的乐趣，也在潜移默化中引导他们解锁更多场馆，与不同品牌相遇。

此外，"直播未来城"中还埋藏了一系列轻松有趣的彩蛋，为用户制造惊喜。例如，当你站在另一位用户身边，双方的色彩标签会碰撞出浮动的光环；当你按下放烟花的按钮，绚烂的烟火便会照亮城市上空。无论是交互玩法的创新，还是精巧的细节设计，淘宝直播进一步提升了"直播未来城"的可玩性与趣味性，将传统的线上消费转变为一场自由的探索，为用户带来多维度的消费体验升级。

任务实训

1. 实训目的

通过实训，加深对淘宝直播运营的认识。

2. 实训内容及步骤

（1）全班同学划分为若干小组，各小组推选一名组长。

（2）各小组以某一品牌的淘宝直播运营为任务开展讨论。

（3）各小组根据实训主题收集相关文献资料。

（4）各小组将收集的资料进行整理，编制该品牌淘宝直播运营方案。

（5）以小组为单位提交运营方案，并制作 PPT，由组长对运营方案进行讲解。

3. 实训成果

实训作业：某品牌淘宝直播运营方案。

任务 8.2　熟悉抖音直播运营

任务引入

随着旅游业不断复苏，游客的旅游意愿高涨。2023 年以来，抖音旅行类直播和短视频内容及内容消费量呈上升趋势，吸引了众多游客种草打卡。短视频和直播的崛起，使得旅游景区的形象能够直接展示在游客眼前，从国宝顶流"花花""萌兰"的横空出道，到一顿美食烧烤带火一座淄博城，人们对旅游的兴趣与热情达到一波新的高潮。

问题：抖音作为短视频和直播的主流媒体，能够为旅游业的复苏带来哪些帮助？

相关知识

1. 认识抖音直播

1）抖音直播概况

抖音从诞生以来，一直以"记录美好生活"为口号。在抖音创立之初，是通过短视频的形式生产大量优质内容，吸引潜在用户，实现了内容上、渠道和资源上以及流量上的变现。正是由于抖音强大的变现能力，抖音直播出现并得到了飞速发展。

微课堂

认识抖音直播

2017 年，抖音开通直播功能后，抖音上就出现了很多"抖商"（依靠抖音赚钱的人），很多"抖商"通过自己的精心运营，获得了巨大的盈利。在众多直播平台的竞争下，抖音直播也没有丧失其流量地位，这是因为对于很多商家或个人而言，抖音直播具有很大的带货优势。

正是由于抖音直播有着投入成本低、流量大、发展空间大的优势，如今，无数的品牌商家纷纷在抖音这个巨大的平台中开通了"电商"功能。这也预示着，抖音直播电商时代已经到来。

2）抖音直播平台特点

（1）娱乐性。不同于淘宝直播平台，抖音直播平台的娱乐性要高于淘宝直播平台，抖音直播涵盖日常生活直播、游戏直播、电商直播等各类型直播，因此选择抖音直播进行娱乐的用户要多于淘宝直播，这些直播内容能够为用户带来愉悦感。

（2）即时互动性。抖音直播能够通过弹幕、评论等进行即时互动，这样不仅能够为用户带来参与感，形成认同心理，也能够带动直播流量。因此，在抖音直播中，不管主播的名气大小，都会与观众进行实时互动。

（3）投入成本低。商家或个人能够通过抖音直播的带货功能获得收益，且直播带货的门槛低，不需要投入大量的原始资金，只要按照系统要求注册开通带货权限即可进行直播。同时，抖音直播也可以通过礼物打赏、直播广告费等方面获得收益，这些收益只需要用户通过发布短视频后获得一定的粉丝基础即可获得，因此抖音直播投入的成本很低。

（4）形式多样性。在这个直播盛行的时代，所有人都可以在各个行业、领域开启直播，这充分挖掘了平时隐藏在人群中的各类主播，直播内容涵盖电商、游戏、户外、教学等，能够满足观众多方面的内容需求。同时，这些"直播+"模式通过各种形式向各个产业链渗透，不仅促进了平台的创新和发展，也为其他行业带来了新的增长点。

3）抖音直播生态特征

（1）大数据精准定位。抖音直播依靠精准的大数据算法将直播内容投送给不同的用户，从而形成稳定的用户群体。抖音会根据内容的观看频率、点赞率、转发率等各项指标进行算法的推送，千人千面的个性化推荐能够将直播内容高效投送，推荐引擎代替搜索引擎，这样大大提升了抖音直播在用户中的曝光度，提高了流量。

（2）抖音直播电商高速发展。依托抖音直播的精准推送，抖音直播电商高速发展，对直播电商定位逐渐明确，布局品牌店播，与竞争对手实现差异化发展。抖音的电商直播除了拥有精细化的包装，还有短视频引流所带来的大量流量。

（3）最终愿景不断实现。抖音的最终愿景是"记录美好生活"。在抖音直播的快速发展下，最终愿景能够具象化并不断实现，无论是价值观还是算法，抖音始终围绕着"记录美好生活"的最终愿景，在不同的用户中都能将内容变现，进而展望更美好的生活。

2. 抖音直播实操

1）直播账号搭建

抖音直播的第一步是需要拥有一个抖音账号，在账号的注册和开通前一定要明确这个账号的目的是什么，选择适合自身的目标定位至关重要。

（1）做好直播定位。做好直播定位是抖音直播的关键。做好直播定位首先要从内容定位入手，要明确直播的内容是什么，提供什么样的服务，卖什么产品等；其次要对直播时的人设进行定位，包括人物设定、风格特征、性格等；最后要对直播风格进行定位，明确直播视频的制作风格和技巧。通过直播定位能够使自身明确目标用户，面向用户的推送标签更精准，放大算法的效果，用更低的成本换取更多的流量。

（2）注册抖音直播账号。可以通过电话号码、微信、QQ等形式注册抖音账号，如图8-6所示。建议用手机号注册抖音直播账号，因为手机号的注册账号自然权重最高，能够获得更好的搜索排名。在注册后一定不要乱发短视频，这样可能导致账号前期被限制，不能获得较多的流量。

图 8-6 抖音注册界面

（3）包装抖音直播账号。一个包装好看的抖音直播账号能够给用户留下深刻的第一印象，通过主页、头像等要素还能够增加用户对账号的信任。

① 设置账号名字和头像。抖音直播账号的名字是直播能否成功的关键，名字要和自身的直播定位相关，并且能够让人理解，给人留下深刻印象，能够广泛传播。如果是商家取名一定要正式，和品牌名称保持一致，并加上官方旗舰店、官方店等字样，这样可以提升用户对账号的信任感，更愿意接受该账号的直播。如果是个人取名，名字一定要新颖有趣，并能够使用户知道该账号的主要目标是什么，这样能够更精准地将视频推送给用户，提高视频的流量。

抖音直播账号的头像是用户对账号的第一印象，也是品牌与个人的形象符号。账号头像要和品牌或个人风格保持一致。如果是品牌账号，那么直接用品牌的 Logo 即可，不仅能够增加品牌的曝光度，也能够让用户对账号有直观的认识。如果是个人账号，那么可以使用个人的形象照或生活照，这样会更有亲和力，能够吸引用户的观看。

例如，鸿星尔克的抖音账号与其品牌名称保持一致，并加上官方旗舰店来保证账号的可信度，同时头像选用品牌 Logo，带来直观的效果。对于"种草大户萌叔 Joey"这个人账号来说，从账号的名称可以看出，该账号的主要目标就是向用户测评各种品牌，并选择其中最好的一些品牌向大家介绍，头像则选用个人照片与品牌专场相结合的方式，更具有亲和力。鸿星尔克与"种草大户萌叔 Joey"抖音账号的名字和头像如图 8-7 所示。

图 8-7　鸿星尔克与"种草大户萌叔 Joey"抖音账号的名字和头像

②选择合适的账号背景图。抖音直播账号的背景图要与个人的整体风格保持一致，需要美观和具有辨识度。背景图的风格可以分为以下几种类型：展示产品型、展示人设型、功能展示型、引导行动型、信任背书型、活动通知型。不同类型的账号背景图如图 8-8 所示。

图 8-8　不同类型的账号背景图

③简明扼要的抖音直播账号介绍。抖音直播的简介不需要很长，只需要根据自身的定位，写明自己是谁、为什么要选择观看你的直播、产品有哪些等内容，也可以加上每次直

播的时间。简介尽量不要放置微信、QQ等联系方式，这样可能会导致系统自动识别敏感词汇，减少流量的推广，同时也会给用户带来该账号不正规的印象。

2）抖音直播间的打造

抖音直播账号搭建完成后，就需要对直播时的直播间进行打造，直播间的打造主要包括直播场地、直播设备。

（1）直播场地。在一场直播中，直播场地布置的好看与否，会直接影响观看体验。因此直播间带给观众的第一印象需要干净、明亮、舒服。需要对直播间的布置进行全面的规划，不同的直播目的和直播内容需要搭配不同的直播场景。一般直播间包括半无人直播（半无人直播是指主播不出现在直播间现场，而是通过预先录制一段直播视频上传到直播间，然后循环播放）、坐姿半身景直播、站立半身景直播、站立全身景直播。半无人直播间适合珠宝首饰、手机配件、瓷器等小物件；坐姿半身景直播间适合食品、护肤品等需要详细介绍和试用的产品；站立半身景直播间适合家纺、床上用品、服装等物品体积较大的产品；站立全身景直播间适合男装、女装、童装等需要不同模特尝试的衣服类产品。不同类型的直播间设置如图8-9所示。

图 8-9　不同类型的直播间设置

直播背景需要简洁干净，如果背景空间大可以进行装饰点缀，如摆放书籍、小玩偶、盆栽等，或者摆放与直播主题或者节日等有关的物品。当直播背景墙风格不适合直播主题时，可以选择摆放置物架，置物架中摆放符合直播风格的书籍、相框等物品。

直播时灯光的选择也非常重要，光线需要明亮通透、均匀、柔和。色温需要根据不同场景进行选择，如服装类可以选择正白光，食品类可以选择暖色的灯光。

（2）直播设备。直播设备主要包括直播硬件，如手机、电脑；直播辅助设备，如手机支架、麦克风、声卡等。如果是用手机直播，要准备至少两部手机，一部手机直播，一部手机看观众的互动消息。另外还需要手机支架支撑固定，保证画面稳定和清晰。使用麦克风收音时要防止爆音和杂音，使用声卡能使直播音效更加丰富。抖音直播间的主要直播设备如图 8-10 所示。

图 8-10　抖音直播间的主要直播设备

3）抖音直播技巧

（1）产品。在进行抖音直播时，如果需要售卖产品，需要提前深入了解不熟悉的产品，提炼产品的优点，减少翻看直播台本的行为，以免给用户造成对产品不熟悉的感觉，降低观众对产品的信任度，不利于产品的销售。可以结合自身使用的效果推销产品，在直播时试用产品，不仅能够将产品的效果分享给观众，还能够增强用户对该直播间的信任感，从而促进产品的销售。

（2）互动。在抖音直播时，主播与用户的互动是双向的，主播对观众发表的弹幕或者评论应及时给予回应，调动直播间的氛围。主播在直播时可以主动制造话题，引导观众和粉丝留言互动，找一些既简单又贴近生活的话题，能让观众产生更强烈的互动情绪。在观众或者粉丝表达对主播的喜欢时，主播应向他们道谢，让观众或者粉丝感觉自己得到了足够的重视，从而增加观众或粉丝的黏性。

3. 抖音直播运营典型案例

案例：从全域经营看"东方甄选"在抖音的成功转型

2021 年年底，新东方教育集团首次以"东方甄选"账号在抖音平台开启直播。在经历了一段艰难转型期后，2022 年 6 月，"东方甄选"爆红，开创了双语带货先河。截至 2023 年 9 月，"东方甄选"抖音官方账号粉丝已经突破 3 000 万。

"东方甄选"全域经营主要包括人群、货品和场域。通过全域经营，能够帮助"东方甄选"更好地把握增长机遇，实现账号的长效增长。

1）人群

QuestMobile 数据显示，"东方甄选"抖音账号中女性用户占比将近七成，"80 后""90 后"为主要受众人群，一、二线城市占比超过五成。在"东方甄选"直播初期，利用新东方教育的忠实学员进行种草扩散。由于"东方甄选"知识型的直播方式有着优质的内容，因此可以借助抖音流量和媒体宣传得到更多用户的关注。因此"东方甄选"将目标人群定位在一、二线城市的"80后""90后"女性，在直播中"东方甄选"借助年轻人群对知识的渴望和情绪共鸣，吸引了大量此类人群的关注。"东方甄选"受众用户画像如图 8-11 所示。

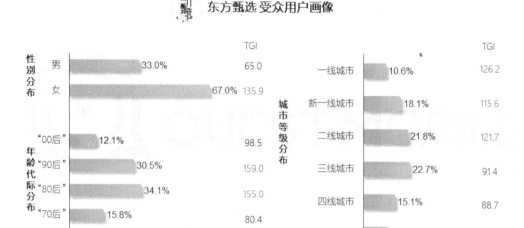

注：1.统计周期为2022年6月1—14日；2.TGI：在统计周期内，目标KOL受众中某个标签属性的活跃占比除以全KOL平台受众具有该标签属性的活跃占比*100。

Source：QuestMobile NEW MEDIA 新媒体数据库 2022年6月

图 8-11　"东方甄选"受众用户画像

2）货品

不同的货品在不同的场景中可以发挥不同的功能，按照直播间销售的所有货品的数量占比和金额占比进行二维四象限划分，可以分为以下四类货品：引流款、主力款、利润款、潜力款，如图 8-12 所示。"东方甄选"抖音直播间的货品种类齐全，直播时四类货品均有包含。

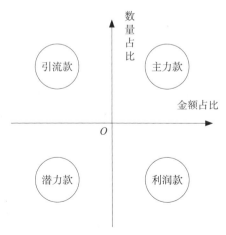

图 8-12　"东方甄选"抖音直播间的货品种类

（1）引流款。引流款货品，是指能够为直播间带来大量流量，提高直播间的曝光度，吸引新用户关注的货品。在直播时，引流款货品很多情况下会在直播开始阶段或分阶段插入，从而提升直播间紧张的购物氛围，可以快速提高产品转化率。在"东方甄选"直播间中用低价的食品作为引流款，价格低的货品会吸引更多的用户观看"东方甄选"直播，这样就能够使直播间的流量得到提升。

（2）主力款。主力款货品，是直播间的主要支柱，它在所有销售的货品中数量和金额占比最多。主力款货品对目标人群有着精准的定位，定价不追求过低的价格，而是选择与目标人群相匹配和能够获取最大利润的价格，并且主力款货品最好为店铺自营，这样能够更好地控制成本和价格。"东方甄选"直播间的自营货品烤肠销售量已超过400万件，且该款商品定价为49.9元起，通过自营主力款货品，"东方甄选"直播间能够在短时间内得到快速发展。

（3）利润款。利润款货品，是指能够提升货品的利润以及冲击高客单价的货品。利润款的货品有着较高的售价，但是凭借着货品的质量也拥有一定的销售量。"东方甄选"直播间的自营货品白虾，通过货品为进口、品质高等宣传使销售量超过了200万件，并且128元起的定价使得该款货品为直播间带来了丰厚的利润。

（4）潜力款。潜力款货品，是为了丰富直播间商品选择的货品，它一般价格较低且销售量较少。"东方甄选"直播间作为主营农副产品的直播间，通过销售削皮刀来丰富货品种类。

"东方甄选"抖音直播间不同货品销售情况如图8-13所示。

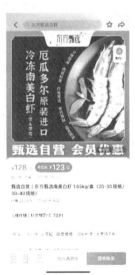

图8-13 "东方甄选"抖音直播间不同货品销售情况

3）场域

场域的经营以内容经营为核心，抖音为商家提供了内容场、中心场和营销场。抖音直播账号通过保障优质的内容供给，能够实现深度种草与高效成交；抖音商城与搜索组成中心场，延伸转化场域，提升转化效率；在营销场，付费流量与自然流量协同经营，拓宽流量开口，提升流量效率。"东方甄选"直播间正是通过内容场而成功出圈，不仅为用户带来双语直播，还有历史、地理等知识的传播，唱歌、快板等才艺的展示。"东方甄选"通过差异化的直播方式，以不同于主流直播大声叫卖的知识型直播风格实现了用户的留存和传播。

案例分析

佰草集"延禧宫廷式"直播走红，品牌电商直播间用内容出圈

在直播已成为新常态的当下，无数的直播间争夺着观众的注意力，流量的获取已经变得越发艰难。在此背景下，佰草集成功打造了一个现象级直播间：在没有头部主播和明星引流的情况下，"佰草集延禧宫正传"的抖音账号开播一周就一炮而红，冲进了抖音直播带货销售额实时榜单 TOP50，开播不过一个多月就迅速起量，成功吸粉 23 万，观众人数峰值达到 82 万 +，成为 2021 年"双 11"期间的现象级案例。

与传统的直播间不同，借力清宫剧内容，佰草集直播间采用了新颖的古装直播方式（见图 8-14）。直播期间，每个主播都扮演着自己的角色，而且为了增加趣味，扮演龙嬷嬷和皇后的主播都是反串出演。每当观众进入直播间，就能看到实时更新的"一出好戏"。当三个主播带货时，不仅分外入戏、努力"宫斗"，还解锁了属于自己的直播语言——沉浸式宫廷剧带货：从主播到后方场控的一言一行，都自动代入宫廷剧中；评论区有用户提问，主播也会根据用户的昵称，用王爷、格格之类的称呼进行互动。

图 8-14　佰草集抖音古装直播

案例分析："佰草集延禧宫正传"是在佰草集品牌直播号外新成立的内容号，是上海家化试图与年轻消费者建立更为深刻链接的一个崭新尝试。而之所以选择宫廷剧的形式进行内容共创，是为了用非常生动的场景化形式更好地链接年轻消费者，也是由于宫廷剧能够与佰草集的中草药形象产生一些关联。在这个过程中，抖音发挥了重要的渠道作用。随着

市场环境的日渐复杂化、碎片化，对于品牌而言，如何找到最合适的平台和最恰当的时机与年轻消费者进行沟通变得至关重要。佰草集当前最重要的营销目标是拓展年轻消费者，如今的抖音已经是一个月活跃用户数超过 6 亿的超级内容平台，是年轻消费者聚集的阵地。在抖音上能够以最快最有效的方式和年轻消费者进行沟通。抖音在上海家化的整体数字化进程中扮演着相当重要的角色，不但为佰草集提供了一个销售渠道，更成为品牌建设和消费者心智养成的关键平台。

任务实训

1. 实训目的

通过实训，加深对抖音直播运营的认识。

2. 实训内容及步骤

（1）全班同学划分为若干小组，各小组推选一名组长。
（2）各小组以某一品牌的抖音直播运营为任务开展讨论。
（3）各小组分工收集、整理相关资料。
（4）各小组分析相关资料，并编制抖音直播运营方案。
（5）以小组为单位提交运营方案，并制作 PPT，由组长对运营方案进行讲解。

3. 实训成果

实训作业：某品牌抖音直播运营方案。

任务 8.3　熟悉快手直播运营

任务引入

自 2018 年抖音日活突破 1.5 亿，用户层面全面超越快手之后，快手与抖音的双雄对决，曾经是短视频行业津津乐道的话题。虽然快手电商先于抖音电商一年成立，但抖音电商的增速让快手措手不及，以至于如今，已经少有人再把两家相提并论。不论是用户数量还是电商 GMV（商品交易总额），抖音一直以接近快手两倍的体量稳定存在。

问题：快手的发展为什么会滞后于抖音？你认为快手应该从哪些方面努力以加快追赶抖音的步伐？

相关知识

1. 认识快手直播

1）快手直播概况

2011 年，GIF 快手作为一款工具型产品正式创立。随着短视频的兴起和 GIF 娱乐方式的衰败，快手逐渐转型，在 2013 年快手正式转型为短视频平台。在短视频发展的同时，直播也在悄然兴起，依靠短视频发展起来的快手，在吸引了大量粉丝后，又找到了新的发展方向：将互联网电商和互联网直播两个行业聚合到一起，走上了直播电商的路。2017 年后，快手直播成为主要发展方向，快手直播具有"短视频＋直播"的完整闭环，这使得它在内容和社交链条上的完整性更有优势。快手直播所延伸出的完整直播生态链成为快手平台的新增量，它不仅为更多用户提供了看见、分享多样生活的可能性，而且为经纪公司、主播、普通人提供了新的变现渠道。

2）快手直播平台特点

（1）公平普惠性。公平普惠性是指每个主播都能够得到普惠的流量和资源使每个用户都能够看到。快手创建之初，其团队就一直以"内容公平分发，让每个普通人都能被看见"为目标。快手为达人们提供了大量的变现手段，哪怕只是腰部和尾部主播也能够获得普惠的流量和资源。快手直播平台通过算法，并采用"去中心化"的流量体系，引入曝光上限来调控直播生态，对头部流量进行限流，保证了新发布视频的初次曝光量级，给予非头部主播更多曝光机会，让大家都有机会被用户看到，正是因为快手平台的公平普惠性，使得各个主播愿意在直播内容和互动中花费时间，而不是将大部分精力用在提高流量中。

（2）强社交性。快手直播平台的公平普惠性使得人人都可以与用户建立联系，许多主播通过日常的内容拉近与用户的距离，鼓励用户积极评论，形成很强的互动性。快手主播和用户的联系是陪伴和分享，因此快手用户对特定主播的忠诚度高，更倾向于观看其直播，因此消耗在浏览短视频的时间减少，但是观看短视频是许多主播涨粉的关键，因此快手主播的涨粉速度慢，但通过不断地直播陪伴，粉丝的质量高且互动性强。

（3）转化率和复购率高。快手直播平台拥有相较于抖音、淘宝等直播平台更真实、更接近生活的内容，这种模式能够将陌生人转变为老朋友，拉近用户与创作者之间的距离，互动性很强，因此快手直播的模式也被很多人称为"老铁经济"。依托"老铁经济"，快手直播的粉丝转化率和商品复购率相较于抖音会更高，快手主播拥有忠诚度极高的粉丝，他们之间通过建立信任关系实现"人找货"而不是"货找人"，从而产出更加庞大的价值。

3）快手直播生态特征

（1）顶层设计以公平普惠为主。快手自成立以来，其顶层设计的价值观以公平普惠为原则，重视每个创作者。快手直播的设计、运营和内容分发都坚持这个原则。平台设计简洁，在运营初期不对用户和创作者进行干扰，为每个创作者提供被看见的机会。快手引入"基尼系数"进行调控，将平台的内容曝光量差距控制在一定范围内，当视频的热度过高时，它的曝光度会不断下降，长尾内容将获得更多的曝光机会。

（2）社区属性强，粉丝价值大。用户黏性是指用户对于品牌或产品的忠诚、信任与良性体验等结合起来形成的依赖程度和再消费期望程度。快手拥有偏社区的属性，用户互动意愿强烈。因为快手直播在内容分发上会给予社交更高的权重，粉丝对于创作者来说至关重要，如果创作者发新视频，粉丝看到的概率有30%～40%甚至更高，创作者会把重点放在如何输出高质量内容和增加粉丝黏性中，快手的创作者在这种环境下更容易做私域流量沉淀，粉丝价值将会更大。

（3）加速市场用户上行。快手由于最初始终坚持普惠公平的原则，其内容的分发缺乏针对性，这些内容对于下沉市场用户更具有吸引力，因此快手直播的主要用户群体是由下沉市场用户构成的，但是随着竞争对手在用户群体中取得了很大突破，快手直播也开始针对用户策略进行改进，由之前不主动接触明星到2020年周杰伦入驻快手，并进行了首场直播。近年来，快手直播的用户群体也在不断拓宽，用户的覆盖区域、年龄分布、结构体系较之前更为均衡。

2. 快手直播实操

1）快手直播开播流程

（1）在应用商店中搜索快手 App，下载并打开，根据要求注册并登录快手账号，可以选择使用手机号码、微信、QQ 等登录方式。下载快手 App 并注册登录界面如图 8-15 所示。

图 8-15　下载快手 App 并注册登录

（2）打开快手 App，在快手 App 首页中选择"菜单"|"设置"|"开通直播"，进行实名认证后即可开通直播功能。开通快手直播功能的流程如图 8-16 所示。

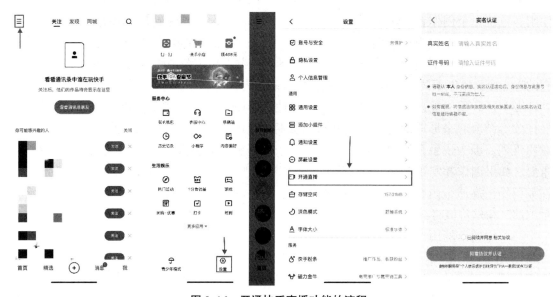

图 8-16　开通快手直播功能的流程

（3）直播功能开通后，单击快手 App 界面下方⊕按钮进入直播选择页面，可在页面选择"视频直播"|"语音直播"|"视频直播"|"游戏直播"，选择想要直播的类型后，设置直播封面，直播封面需要有创意，同时需要简洁、清晰，标题的设置需要突出直播的重点，标题一般在 6 字及以上。

设置后单击页面底部"开始直播"标识。首次开启直播时，需要进行直播须知规范的学习，学习完成后进入正式直播。进入快手直播的流程如图 8-17 所示。

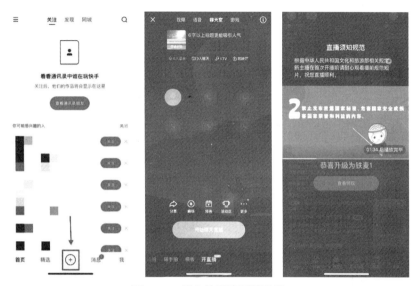

图 8-17　进入快手直播的流程

2）快手直播功能操作

（1）开播前常用功能的设置。快手直播开播前的常用功能设置包括直播管理员设置、敏感词汇设置，具体的设置操作如图 8-18 所示。

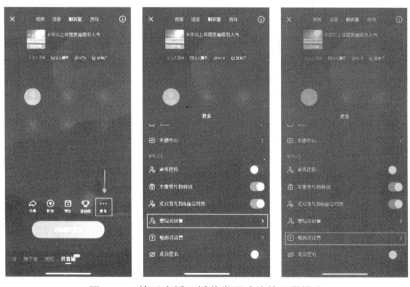

图 8-18　快手直播开播前常用功能的设置操作

① 直播管理员设置。在快手直播中，管理员能够帮助主播在直播时维持直播间秩序，可以分担主播的管理压力，如对发送不友好弹幕的观众禁言、及时撤回不友好的评论等。具体操作是在开播页面右侧选择"更多"|"管理员设置"，该操作只能对已有管理员进行管理，如需要新增管理员，在开播后选择需要设置管理员的账号头像，选择设置为"超级管理员"或者"管理员"。

② 敏感词汇设置。在快手直播中，如果不想涉及某些敏感词汇，可以通过设置敏感词的功能实现，使直播间保持友好欢快的氛围。具体操作是在开播页面右侧选择"更多"|"敏感词设置"，填写需要设置的相关词汇，在直播开启时，所设置的敏感词均会被系统拦截掉。

（2）直播中常用功能设置。快手直播中的常用功能设置包括音乐设置、画面设置，具体设置操作如图 8-19 所示。

① 音乐设置。音乐可以起到暖场以及配合直播内容的作用，因此设置合适的背景音乐对于一场直播来说能够起到很好的效果。具体操作是在直播间底部选择"音画"|"声音"，对背景音乐、音效等声音进行设置。

② 画面设置。在现在的直播中，美颜已经成为各个主播的必备，同时魔法表情也可以对人脸进行修饰，在表达自身情绪的同时，也能够为不想露脸的主播起到遮挡作用。具体操作是在直播间底部选择"音画"|"画面"，进行美颜、魔法表情等功能的设置。

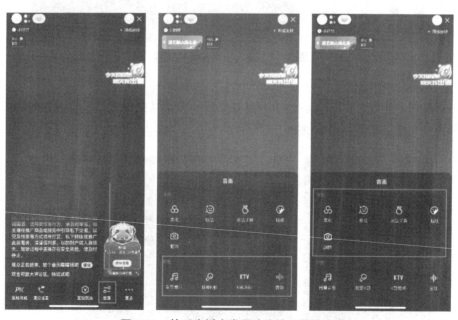

图 8-19　快手直播中常用功能的设置操作

（3）直播后数据查询。如果希望下一次的直播效果能够更好，直播结束后的复盘非常重要，通过观察直播结束后的各项数据，包括观看人数、粉丝增加数、用户活跃度、直播收益等数据，进行直播总结，为下一次直播积累经验。快手直播后数据查询的具体操作是在首页左上角选择"菜单"|"我的钱包"|"主播中心"|"数据中心"，查询近 7 天、近 30 天的直播数据，如图 8-20 所示。

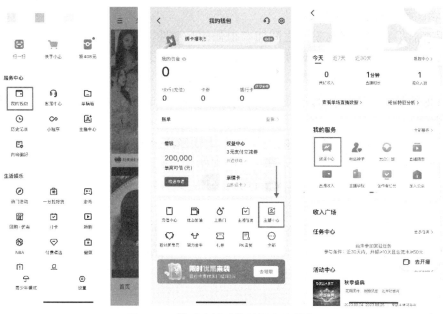

图 8-20　快手直播后的数据查询操作

3）快手直播技巧

（1）找准细分的垂直领域。由于快手直播拥有较多的领域，每个领域的内容都有机会被用户看到，因此在快手直播之前，需要做好直播的定位，熟知自己的优势，发现自身擅长的领域。通过直播，放大自身的亮点，使有限的流量资源能够发挥最大的作用，吸引粉丝的持续关注。

（2）建立主播和粉丝之间的信任感，有持续的内容创作。除了直播本身质量能够有热度，粉丝基础非常重要。通过持续输出优质内容吸引新的用户关注，增加粉丝的黏性。同时，快手直播的主播和粉丝之间的信任感非常重要，一旦主播与粉丝之间建立强烈的信任，那么粉丝便很难流失，因此主播需要通过定期向粉丝发放福利等方式维系与粉丝之间的关系。

（3）重视直播包装。好的直播包装能够给快手直播的流量带来重要影响，由于快手直播普惠平等的原则，每场直播都有被推送给广大用户的机会，因此一个好的直播包装，能够第一时间吸引用户的关注，让用户进一步观看直播。直播的标题能够为用户带来清晰的识别，在直播前给账号打上标签，对该标签感兴趣的用户更容易接收到推送，这样能够带来更多的流量。

3. 快手直播运营典型案例

案例：从快手底层逻辑看 × 主播带货

在 2019 年的"双 11"购物节中，× 主播成为带货标杆，凭借 4 亿元的销售额成功登上快手主播销售第一的位置。那么 × 主播如何能够完成如此多的销量成为快手新一代的"卖货王"呢？强劲的带货能力背后是快手直播的底层逻辑。

1）老铁经济奠定带货基础

快手直播平台的主播与粉丝之间拥有很强的互动性，同时粉丝拥有极强的黏性和忠诚度，形成了独特的老铁经济。老铁经济中还有一个突出表现就是互动秒榜机制，即粉丝通过向主播刷礼物获得礼物榜的第一名，主播会向粉丝表示感谢，基于主播与粉丝之间的信任感，其他粉丝也会在主播的带动下关注礼物榜第一名的粉丝，这样便形成了主播与粉丝互惠互利的关系。

× 主播在进入快手直播时，将快手直播的老铁经济运用到极致，他在初入快手直播时在头部主播的直播间刷礼物，在头部主播流量的帮助下，× 主播在三个月便收获了 795 万粉丝。在拥有如此多的粉丝之后，× 主播将重点转移到维系与粉丝的关系上来，× 主播在直播时会采用红包、抽奖等方式吸引粉丝关注，同时更注重个人性情的打造，比如 × 主播在销售商品时会说"需要你就买，不需要你就不买"，也会因为商品价格的不合理与品牌商争论等。这些运营方式，使 × 主播和粉丝之间建立了深厚的情感纽带，其也树立了"农民的儿子""淳朴的商人"等人设，为未来依托老铁经济开展大规模的直播带货奠定了良好的基础。

2）巧用快手直播流量规则

由于快手直播的"去中心化"流量体系，每个主播都能够得到普惠的流量和资源。× 主播利用快手直播的流量规则，取得了巨大的成功。

（1）大号与小号形成协同效应。× 主播会在直播时与公司签约的其他主播或者自己的徒弟一起出现，引导粉丝关注公司签约的其他主播或者徒弟，通过自身强大的流量为小号赚取粉丝，并且小号得益于快手的流量规则会有更多的曝光度，大号与小号互相引流、带货，形成强大的协调增长效应。

（2）连轴直播获得持续流量。× 主播个人公司旗下拥有大量的主播，通过这些主播接力式的直播，实现不断引流。每个主播拥有个人的特点，粉丝可以在任何时间段内选择他们喜欢的主播观看，推动了带货销量的几何式增长。

3）打造高性价比商品

由于快手直播最初的定位是三、四线城市的下沉市场用户，这些用户对于商品更愿意追求性价比，因此为这些目标群体打造高性价比的商品对于直播的成功与否至关重要。快手直播自身的用户群体决定着它的主播属性，大批的主播处于所在行业的产业链上游，他们拥有所销售商品的原材料、生产工厂，比如许多主播会在自己的果园、菜园、店面或者工厂中进行直播，这样可以直接向粉丝展示产品源头、生产方式，从而提升粉丝对主播销售产品的信任感。此外，快手平台自身也鼓励主播在原产地进行直播，帮助主播在原产地搭建直播间，实现了原产地、工厂与产品的对接，省去中间环节，并且快手也会以平台信誉向粉丝们提供信任背书，从而提升了主播的信任价值。快手基本与主流电商交易平台实现了全面打通，可以利用外部电商成熟的品牌、供应链、规范的商家和消费者保障制度。

× 主播大力运用快手的直播模式，自建品牌、仓库，打造高性价比的商品。比如 × 主播卖蜂蜜时，就亲身前往养蜂场，在养蜂场中进行直播；卖泰国乳胶枕时，就亲自奔赴泰国工厂进行直播。有时他还会直接将产品的制作过程，甚至将砍价、压价的过程通过直播展现出来，更加获取了粉丝的信任，提升了粉丝的黏性和忠诚度，从而带动复购率的提升。在外部电商渠道上，× 主播在快手有"× 主播 818"，在天猫上也有店铺，通过直播，将快手和淘宝完全打通。

任务实训

1. 实训目的

通过实训，加深对快手直播运营的认识。

2. 实训内容及步骤

（1）全班同学划分为若干小组，各小组推选一名组长。
（2）各小组以某一品牌的快手直播运营为任务开展讨论。
（3）各小组分工，为该品牌确定快手直播运营思路，并收集相关资料。
（4）各小组将收集的资料进行整理，编制快手直播运营方案。
（5）以小组为单位提交运营方案，并制作 PPT，由组长对运营方案进行讲解。

3. 实训成果

实训作业：某品牌快手直播运营方案。

任务 8.4　熟悉腾讯直播运营

任务引入

近年来，各主流媒体纷纷布局腾讯微信视频号，直播重大事件，传播正能量。不同领域的知识精英、内容创作者经由社交视频，营造更加良性的内容生态。视频号让优质内容得到破圈传播，同时也在这个过程中凝聚社会共识，生成公共舆论，传播社会能量。通过整合微信生态以及用户的社交推荐优势，通过"数据真实＋产品测试＋社交推荐"，腾讯微信视频号成为各大媒体进行融合转型的主战场，也为融合转型打开了更丰富的想象空间。

问题：腾讯微信视频号有哪些优势？为何主流媒体纷纷布局视频号开展直播活动？

相关知识

1. 认识腾讯直播

1）腾讯直播概况

腾讯作为中国领先的互联网公司，在直播的发展中也不甘示弱。在直播元年，腾讯就已经布局各类直播平台，包括游戏直播、赛事直播、电竞直播、秀场直播等。腾讯发展直播的方式主要是通过投资和自营，投资的直播平台包括龙珠直播、斗鱼直播、虎牙直播等；而自营的直播平台最大的特点是依托自身的社交媒介开展直播，包括腾讯体育、腾讯 NOW 直播、企鹅电竞、QQ 直播、微信小程序和视频号直播等。相较于淘宝直播、抖音直播和快手直播在直播平台体系中的完整性，腾讯直播所搭建的直播体系稍显混乱，这些直播平台各有所长，但没有进行完整的整合。不过依靠腾讯自身强大的投资能力和社交媒体的私域流量，腾讯直播依旧发展迅速，其所投资的虎牙直播与斗鱼直播在游戏类直播中占据主导地位，自营直播中微信视频号快速发展，2023 年第二季度视频号广告收入已经超过 30 亿元。因此，广义的腾讯直播是指腾讯所投资或自营的所有直播平台；狭义的腾讯直播是指由腾讯直播团队推出，基于腾讯生态的直播产品，是在微信小程序开放能力的基础上开发的产品，由 App 和小程序两部分组成，公众号主可以通过 App 完成创建直播任务，并生成小程序码海报；用户可以通过小程序预约、观看及互动。下面介绍狭义的腾讯直播。

2）腾讯直播平台特点

（1）公私域联动。腾讯直播拥有最广阔的公域流量，涵盖了最全用户流量和最全用户标签的市场。而私域流量是指品牌自有的、可开展个性化运营的用户资产。直播平台鼓励商家将平台的公域流量沉淀到自己的私域，可以通过添加企业微信群、企业微信好友、公众号开播等，根据自己的需要将直播间用户沉淀到不同的私域中。在视频号直播中，可以通过发放直播间红包吸引用户，这些红包可以触及 20 个微信群。平台还为广阔的公域用户提供直播预约提醒和精准分享功能，通过微信这个强关系产品，深入挖掘个人的私域流量，私域将成为创作者可持续运营的长期资产。

（2）直播机制完善。腾讯直播对于创作者来说很容易就能够度过直播初期阶段，因为创作者可以通过转发微信朋友圈、微信群聊、QQ 空间等各种方式宣传直播信息。视频号的视频底部有"×个朋友赞过"的提示，进入某个账号主页，会有"×个朋友关注"的提示，通过信任背书的形式，能够帮助创作者吸引好友列表中的用户，他们将成为账号的第一批忠实粉丝。

（3）变现渠道多。腾讯直播能够给予创作者正向反馈，激励创作者通过高质量的内容达到变现的目的。创作者能够通过原创视频的认证获得更多的广告收益，也能通过在朋友圈、微信群聊等渠道发布广告内容获得收益，还可以通过开启直播，在直播中带货获得巨大的收益。因此，腾讯直播拥有众多的变现渠道，这些渠道将激励创作者不断输出优质内容。

3）腾讯直播生态特征

（1）拥有完整的生态闭环。腾讯直播可以为微信公众号、小程序、企业号导流，形成完整的生态闭环。比如视频号直播可以链接到公众号、分发到朋友圈与社群，充分发挥了微信的社交分发优势。视频号直播的裂变能够将内容从既有的流量池迅速传递给更多的用户，去中心化程度高。从流量的沉淀维度来说，过往有服务号、小程序和公众号等，再结合个人微信号、企业微信号的方式，都可以完成交易。再打通直播环节，就串联成了"视频号（公域引流）＋公众号（图文式信任积累）＋朋友圈（强信任关系积累）＋企业微信（高效率CRM 管理工具）＋小程序直播（直播式信任积累）＋微信群（客服沟通转化）＋微信支付（支付工具）"的完整闭环。

（2）粉丝信任感强。腾讯直播中主播与粉丝有天然的强关系连接，直播带货可以直接在朋友圈、群聊、私聊等场景种草，基于好友列表的联系，粉丝将会对主播有更高的信任度。

（3）逐渐成为新闻媒体的重要发声渠道。视频号直播为新闻媒体开辟了一个全新的发声渠道，背靠微信强大用户体量及强社交属性，越来越多的新闻媒体账号将视频号作为舆论宣传新阵地，直播时事新闻、民生政策、百姓生活等内容，并获得广泛传播。

2. 腾讯直播实操

1）腾讯直播开播流程——以微信视频号直播为例

（1）打开微信，在右下角选择"我"｜"视频号"｜"发起直播"｜"直播"，首次开播需要完成视频号直播开播认证，按流程开通即可进入直播界面，具体流程见图 8-21。

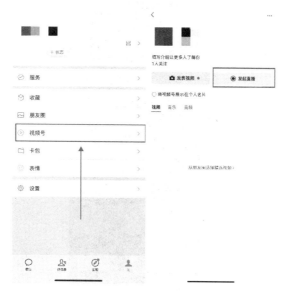

图 8-21　腾讯微信视频号直播开播流程

（2）直播前进行直播预约功能的设置，通过公众号文章、社群、朋友圈转发等方式进行提前预热。微信视频号直播预约设置步骤如图 8-22 所示。

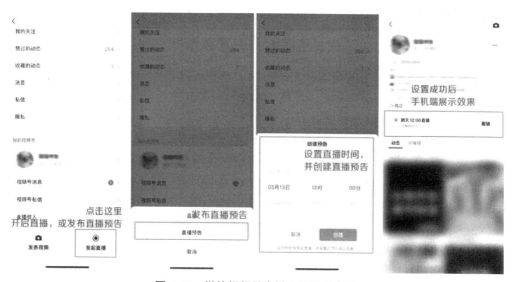

图 8-22　微信视频号直播预约设置步骤

（3）开播前进行直播封面和直播主题的设置，以吸引更多的用户观看；设置直播分类，将直播信息精准地推送给目标用户；选择群聊发放红包预热，提高直播间的基础人气；设置画面，开启美颜效果；设置音乐，添加背景音乐；如果需要上架商品，单击右下角购物袋添加商品，可以选择某个商品添加商品讲解。微信视频号开播前的直播功能设置如图8-23所示。

图 8-23　微信视频号开播前的直播功能设置

2）微信视频号直播策略

通过激活私域流量，撬动公域流量，再将公域流量沉淀到私域，形成滚雪球式的增量循环，是微信视频号直播现阶段得以良性运营的主要运营策略。

（1）设置直播预约。直播预约数是影响视频号直播间流量规模和流量质量的关键数据指标。通过设置直播预约可以提前锁定目标用户，实现面向目标用户的精准推送，并且微信针对直播预约有开播前提醒的功能，无论预约用户是否在使用手机，均能够进行提醒。设置好直播预约后，通过公众号主页、视频、推文进行传播，也可以将直播预约转发至社群、朋友圈等，吸引用户关注和预约。

（2）利用社群提前种草。利用社群提前种草，能够吸引顾客的兴趣，为之后开展的直播预热。例如，在直播当日的早晨发布直播时间、直播福利、直播惊喜等内容，向用户提供直播的初步印象，吸引感兴趣的用户预约直播；中午时，可以选择将一部分直播惊喜放送给用户，进一步提高用户观看直播的热情；临近开播时，将直播链接转发到各个渠道中，吸引已经种草的用户和临时产生兴趣的用户进入直播间观看。

（3）提高社群活跃度，吸引用户注意力。开播前直播信息的推送达到率，决定着直播间的初始流量有多少，这就需要引起用户对直播信息的关注。例如，可以通过福利吸引用户。分享心愿清单抽奖、分享直播获得直播优惠券等福利活动不仅能够吸引用户兴趣，也能够进一步扩大直播间的影响力；也可以开展趣味游戏，比如带话题讨论、你画我猜等；还可以借助营销热度，比如秒杀活动、快闪活动等。利用用户感兴趣的利益点，吸引用户参与，提高社群活跃度，从而提升直播信息的有效触达率，建立起开播前的流量势能。

（4）借助私域，裂变公域新流量。微信独有的强社交关系是视频号直播能够迅速发展的独有优势，通过好友列表的社交关系，能够很好地引流，可以借助私域用户的宣传，在朋友圈层中实现裂变，为直播间持续引流。

3. 腾讯直播运营典型案例

案例：丝芙兰视频号直播带货

丝芙兰（SEPHORA）作为全球著名化妆品零售商，品牌定位是时尚和富有创意专卖店，通过集合店的形式提供全面的产品选择，从护肤、美容到香水。从 2005 年进入中国以来，丝芙兰经历了从实体店到全渠道经营的模式转变，产品结构也从引进国外品牌向本土化、个性化产品的全品类发力。

1）视频号情况

丝芙兰视频号主页有其公众号的链接，公众号中也有视频号的链接，实现了视频号与公众号的对接。视频号的主要作用是宣传品牌活动和直播活动，形成与消费者互动对接的窗口，同时视频号与小程序形成对接，可以直接通过链接进入丝芙兰的小程序商城。丝芙兰视频号详情如图 8-24 所示。

图 8-24　丝芙兰视频号详情

2）货品详情

（1）产品定位。以某场直播为例，丝芙兰对选品的特征进行了详细说明。某款产品的主要功效定位在抗衰、紧肤，价格区间在 300 ～ 1 200 元，属于轻奢护肤的价位，目标顾客就是一、二线城市 25 岁以上具备一定经济基础的女性。在直播中强调选品同样适用男性，借用"七夕"这一节日主题让女性消费群体带动男性群体使用。

（2）产品销售方式。将产品的优惠幅度从折扣标注改为价格标注，用户可以直接看到产品的降价力度。在赠品的组合搭配上，尽量选择同品牌产品交叉搭配，能够让消费者参与更多产品的试用。

（3）产品直播节奏。丝芙兰视频号直播全程主打爆款穿插直播全程，单款商品讲解节奏为开播前 30 min，抓住直播间流量主推爆款，接下来的 30 min 内以平均 10 min 讲解一款产品，直播从第 2 小时开始，以大约 6 min 一款产品的讲解节奏进行；讲解顺序按照购物车由上至下，产品名称不方便记忆时，使用数字链接取代，如 1 号链接、5 号链接，便于用户查找。

3）场景详情

（1）直播渠道。丝芙兰直播不同于很多其他品牌的是，它不用视频号直接发起直播，而是通过品牌小程序内置的美力直播进行，美力直播主页以时间轴的形式展示直播内容，置顶的为最新一期的直播订阅，下面会有过往直播的精彩回放。丝芙兰直播小程序如图 8-25 所示。

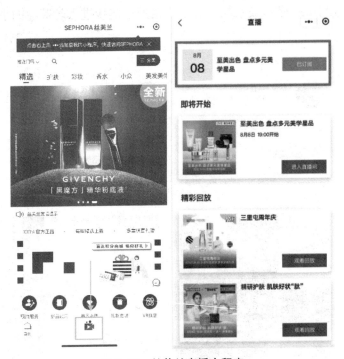

图 8-25　丝芙兰直播小程序

（2）直播提醒。丝芙兰视频号直播开始之前主页面是以倒计时的形式展开的，用户可以先浏览活动内容以及购物车商品详情，提前关注好视频号以及完善相关信息，方便在直播开始之后抢购。直播开始前公众号会准点发送弹窗提醒开播，开播 10 min 后小程序弹窗再提醒一次。丝芙兰视频号直播提醒见图 8-26。

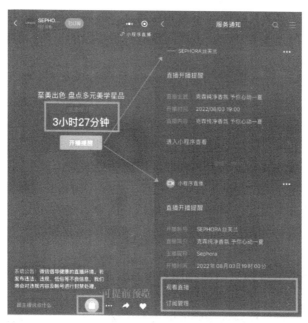

图 8-26 丝芙兰视频号直播提醒

（3）直播封面。丝芙兰视频号直播封面设计简洁，只包含最必要的几个模块：直播主题、主推品牌、直播时间以及活动。用户可以提前预览本次直播的主要产品，以决定是否观看本场直播。并且丝芙兰的细节把控非常强，会在预览的产品中注明这款产品的优惠力度，比如买 50 ml 享 90 ml、礼赠价值共 770 元等，这些细节能够让用户对活动的力度一目了然，并且礼赠价值的呈现使用户认为这件产品物超所值，进而推动用户的决策。丝芙兰视频号直播封面设计见图 8-27。

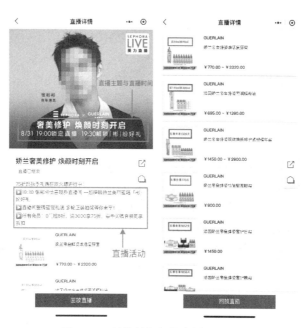

图 8-27 丝芙兰视频号直播封面设计

（4）直播间场景。丝芙兰直播间布置非常简洁，能够给人带来清爽舒适的感觉，直播间内只突出主要产品以及主要活动，直播间没有其他多余的东西，能够让用户在直播的过程中专注在主播的讲解以及产品展示区上。

4）策略情况

（1）直播间引流。丝芙兰视频号通过直播预约、公众号推广、App banner、小程序主页banner、社群邀请等渠道进行直播间的引流。

（2）讲品。在丝芙兰视频号直播间，主播首先会对护肤知识进行讲解，例如会仔细讲解皮肤衰老的过程，从皮肤衰老引发各种肌肤问题包括皱纹、黑眼圈的出现，给用户营造一种危机感，再提出抗衰工作宜早不宜迟的建议。在提出问题的同时提供解决问题的方案，指导用户抗衰怎么从日常做起，引导用户养成护肤抗衰的生活方式。接下来，主播会通过现场展示对化妆品的具体用法进行讲解。此外，在丝芙兰直播间，主播还会对优惠力度、拼单购买优惠等进行讲解。

（3）留存。丝芙兰通过抽奖活动将用户留在直播间内。首次抽奖设置在直播开始后30min，在这半小时内进行直播礼赠规则的介绍以及主推品的讲解，并且引导用户订阅视频号，积极发表评论，尽量把握住前30min的黄金流量。第一轮没有被抽到的用户，场控会引导参与第二轮抽奖，延长用户在直播间的时长。

（4）私域承接。用户完成消费之后丝芙兰会引导进入社群，并参与晒单分享的活动，活动结果会在群内进行公示。未参与购买但有兴趣的用户也可以自行根据指引进入社群，关注后续直播与活动通知。

（5）小程序会员体系。丝芙兰的私域最终都沉淀在小程序的会员体系中。丝芙兰的消费是通过小程序完成的，登录小程序注册信息即可成为会员，只要完成任意消费，即可升级会员卡。只要完成首单消费，后续的消费升级都靠会员体系权益以及直播福利进行驱动。

任务实训

1. 实训目的

通过实训，加深对微信视频号直播运营的认识。

2. 实训内容及步骤

（1）全班同学划分为若干小组，各小组推选一名组长。
（2）各小组以某一品牌的微信视频号直播运营为任务开展讨论。
（3）各小组分工，讨论该品牌微信视频号直播的运营思路，并收集相关资料。
（4）各小组对收集的资料进行整理、分析，制定该品牌微信视频号的直播运营方案。
（5）以小组为单位提交运营方案，并制作PPT，由组长对运营方案进行讲解。

3. 实训成果

实训作业：某品牌微信视频号直播运营方案。

📖 **练习题**

一、单选题

1. 淘宝直播平台开始运营的时间是（　　　）年。

  A. 2010   B. 2012   C. 2014   D. 2016

2. 淘宝直播运营的第一步是（　　　）。

  A. 确定直播方案   B. 明确直播主题和思路

  C. 做好直播复盘   D. 做好筹备工作

3. 不同的货品在不同的场景中可以发挥不同的功能，按照直播间销售的所有货品的数量占比和金额占比进行二维四象限划分，其中数量占比大，金额占比小的货品是（　　　）。

  A. 引流款   B. 主力款   C. 潜力款   D. 利润款

4. （　　　）不属于快手直播平台特点。

  A. 公平普惠性 B. 投入成本高 C. 强社交性 D. 转化率和复购率高

5. 腾讯直播相较于淘宝直播、抖音直播、快手直播最大的优势是（　　　）。

  A. 娱乐性   B. 投入成本低 C. 公平普惠性 D. 私域流量大

二、多选题

1. 淘宝直播平台的特点包括（　　　）。

  A. 用户基数大   B. 强互动性   C. 公平普惠性

  D. 产品种类丰富   E. 即时性

2. 抖音直播平台的特点主要包含（　　　）。

  A. 娱乐性   B. 投入成本低   C. 即时互动性

  D. 专业性   E. 形式多样性

3. 抖音为商家提供的场域有（　　　）。

  A. 渠道场   B. 内容场   C. 营销场

  D. 用户场   E. 中心场

4. 以下属于广义腾讯直播的平台有（　　　）。

  A. 腾讯体育   B. 腾讯 NOW 直播   C. 斗鱼直播

  D. 企鹅电竞   E. 微信视频号直播

5. （　　　）属于腾讯直播中提高流量的策略。

  A. 设置直播预约   B. 利用社群提前种草

  C. 借助私域，裂变公域新流量系 D. 加速市场下沉

  E. 提高社群活跃度，吸引用户注意力

三、名词解释

1. 引流款货品 2. 利润款货品 3. 主力款货品 4. 公平普惠性 5. 私域流量

四、简答及论述题

1. 淘宝直播的生态特征是什么？

2. 抖音直播的操作流程是什么？

3. 在快手进行直播的技巧有哪些？

4. 试论述淘宝直播的实施流程。

5. 试论微信视频号直播的运营策略。

案例讨论

国货品牌李宁的直播营销

近年来，伴随着人们对国货、"国潮"的喜爱，各种"国潮"品牌如雨后春笋般陆续登场，国货大品牌李宁也凭借其强设计感和中国元素获得追捧。2021年10月11日—11月9日，李宁仅仅在抖音中的直播场次就超过了60场，卖出了超36万件商品，直播销售额超8 000万元。李宁很好地做到了将直播与营销相结合、将直播与粉丝相结合、将营销与产品（或内容）相结合，具有一定的借鉴意义。

1. 李宁的直播特点

区别于其他直播达人的直播，李宁的直播属于品牌自播，无论是在直播间的搭建还是在主播的选择上，都传递出一种专业感和"品牌感"。

（1）直播间的搭建。进入直播间，用户就可以看到李宁的品牌Logo、福利活动预告、主播身高体重等重要提示信息，非常具有"品牌感"。另外，直播间的装修、色调也和品牌的基调一致，并且采用专业的摄影设备进行直播，画面的清晰度、镜头的调度都比较好，能够传递出品牌的专业和质感，从而更好地提高辨识度、打造品牌形象。

（2）主播的选择。在主播方面，李宁培养了一批专业的导购主播，这些主播对品牌信息、商品信息等都非常了解，能够快速回答用户提出的问题。另外，为了让直播的效果更好，李宁直播间内的主播人数不止一个。一般来说，会有1个主讲主播和1~2个辅助主播，主讲主播负责一边讲解服装样式，一边试穿展示服装细节；辅助主播则负责做一些辅助工作，如拿着不同款式的服装进行展示或在主讲主播停止说话时进行补充说明。主播之间分工明确，并合作完成直播工作。

2. 李宁的直播内容

不管直播多么有特点，产品（或内容）才是决定直播持续发展的重要因素。李宁的直播离不开产品，产品始终贯穿整个直播流程。但是，如今用户观看直播，不仅为了购买产品，还为了获得情感满足。因此，主播的话语也成了直播的一部分，李宁的直播也不例外。

（1）对产品的介绍。产品介绍基本上是所有"带货"直播的重头戏。李宁直播间的直播内容也以产品介绍为主，主播在介绍产品时会直接进行试穿展示，将自己以及同伴对产品的使用情况呈现给直播间的观众。这种直播方式可以让产品的介绍更加立体，让用户进一步了解产品的实际使用情况。另外，为方便用户观看和购买产品，主播有时会在当晚直播完以后预告第二天的产品。

（2）用户答疑。李宁直播间的用户疑问主要分为两种：一种是对产品的疑问，如"衣服颜色会有色差吗"；另一种是对优惠的疑问，如"优惠券怎么用"。

针对第一种疑问，主播一方面会根据疑问安排与用户情况大致相同的员工来试用产品，另一方面会提出相应的建议。这种答疑方式具有直接性，能让用户获得更直观的感受。

针对第二种疑问，主播一方面会让辅助主播直接教用户怎么领取以及使用优惠券，另一方面会将优惠的形式、优惠的使用时间段、优惠的力度等直接告知用户并具体化信息，如一边将赠品摆放到桌面上，一边阐述赠品的价值并将其折算为具体的金额。这种答疑方式能够最大限度地满足用户"求便宜"的心理，从而促进消费。

（3）随意的聊天。聊天是获取一个人好感的重要途径，对于"带货"直播而言，聊天同样发挥着不可或缺的作用。李宁的直播间属于品牌自播直播间，因此全天都会直播。为了获得用户的好感、拉近与用户的距离、让用户开心地接受产品并购买产品，主播有时还会与用户聊天，聊天的内容也是随机的，透露出一种轻松、愉悦的感觉。

3.李宁的直播营销特色

李宁的直播间有看点，其直播营销也颇具特色，包括"短视频＋直播"联合营销、与直播达人合作等，这使得越来越多的用户信任李宁，购买李宁的产品。

（1）"短视频＋直播"联合营销。抖音是目前热门的短视频和直播平台，为了让营销效果最大化，李宁还联合"短视频和直播"一起开展营销。2021 年 4 月，李宁在抖音中率先发起了"国潮变装挑战"活动，不少抖音达人和用户纷纷参与其中，发挥创意、积极跟拍，不知不觉就成了李宁的宣传者。在短视频中，主角突然从普通的日常装扮变身为国潮的李宁装扮，给用户带来了强烈的视觉感观和惊喜，与此同时，还加深了用户对品牌的印象，进而刺激了用户的购买欲望，将用户转化成潜在消费者，通过"国潮变装挑战"活动积累了人气后，李宁还在抖音进行了上新直播。直播间的气氛十分活跃，不仅有重要的产品介绍和卖点介绍，还进行了设计理念、品牌理念等的深入引导，通过"短视频＋直播"联合营销，李宁的搜索热度、销量都有显著提升，粉丝数量也得到了大幅增加。

（2）与达人合作。在新媒体时代，各类直播或短视频达人的"带货"能力不容小觑，有的直播或短视频达人甚至还打造了个人 IP。为了促进产品的销售、宣传品牌形象，李宁还与众多达人合作，邀请达人为自己"带货"。例如，2021 年 4 月 26 日，在快手超级品牌日李宁专场中，拥有超 3 800 万粉丝的快手达人就为李宁进行了"带货"。该达人幽默真诚的风格吸引了 500 万用户观看直播并抢购产品，其销售总金额突破了 1 500 万元。

思考讨论题

1.李宁的直播营销实质上是"带货"直播营销的缩影，请思考并讨论李宁的直播营销反映了"带货"直播营销的哪些现象？

2.直播越来越火热的同时也暴露出一些问题，请思考并讨论当前直播营销所存在的问题，以及可以采用哪些手段改进？

学生工作页

项目 8　不同平台的直播运营：四大平台，各有千秋

任务	熟悉淘宝、抖音、快手、腾讯四大直播平台				
班级		学号		姓名	

本任务要达到的目标要求：

1.熟悉淘宝、抖音、快手、腾讯四大直播平台的特点。

2.了解淘宝、抖音、快手、腾讯四大直播平台的操作。

3.学会制定淘宝、抖音、快手、腾讯四大直播平台的运营方案。

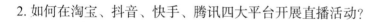

能力训练

1.淘宝、抖音、快手、腾讯四大直播平台各有何特点？

2.如何在淘宝、抖音、快手、腾讯四大平台开展直播活动？

3.请为某一品牌分别设计淘宝、抖音、快手、腾讯四大平台的直播运营方案。

学生评述

我的心得:

教师评价

参考文献

［1］蔡勤，李圆圆.直播营销 [M].2 版.北京：人民邮电出版社，2021.

［2］李东进，秦勇，陈爽.网络营销：理论工具与方法 [M].2 版.北京：人民邮电出版社，2021.

［3］勾俊伟，张向南，刘勇.直播营销 [M].北京：人民邮电出版社，2017.

［4］彭军.直播电商基础 [M].重庆：重庆大学出版社，2021.

［5］杨浩.直播电商 2.0[M].北京：机械工业出版社，2018.

［6］程然，高广英，郑丽勇.视频直播营销 [M].北京：机械工业出版社，2022.

［7］赵宁，董红，赵改娟.农产品电商成长课堂：从短视频引流到直播卖货全过程指南 [M].北京：人民邮电出版社，2023.

［8］徐骏骅，陈郁青，宋文正.直播营销与运营 [M].北京：人民邮电出版社，2021.

［9］宋夕东，邱新泉.直播电商运营实务 [M].北京：人民邮电出版社，2022.

［10］黄守峰，黄兰，张瀛.直播电商实战 [M].北京：人民邮电出版社，2022.

［11］骏军，李剑豪.直播营销：高效打造日销百万的直播间 [M].北京：中华工商联合出版社，2021.

［12］邹益民，马千里.直播营销与运营 [M].北京：人民邮电出版社，2022.

［13］韩红梅，王佳.数字营销基础与实务 [M].北京：人民邮电出版社，2023.

［14］丁仁秀.直播运营与操作实务 [M].北京：北京大学出版社，2021.

［15］柏承能.直播创业 [M].北京：清华大学出版社，2023.

［16］黄旭强，梅琪，洪文良.直播运营实务 [M].北京：清华大学出版社，2021.

［17］张国文.玩赚直播 [M].北京：清华大学出版社，2021.

［18］隗静秋，廖晓文，肖丽辉 [M].北京：人民邮电出版社，2020.

［19］马骁骁，孔原.直播电商：理论、运营与实践 [M].北京：电子工业出版社，2022.

［20］仲新，张国伟.直播营销与推广运营 [M].北京：中国财政经济出版社，2023.

［21］邱枫.直播营销与推广 [M].北京：电子工业出版社，2022.

［22］苏朝晖.直播营销 [M].北京：人民邮电出版社，2023.

［23］陈迎.直播营销实战指南 [M].北京：机械工业出版社，2021.

［24］富爱直播，陈楠华，李格华.直播运营一本通：教你从直播修炼、平台运营到商业获利 [M].北京：化学工业出版社，2021.

［25］毛利，唐淑芬，侯银莉.新媒体营销 [M].成都：电子科技大学出版社，2020.

［26］岳文玲，郜玉金.国货品牌在电商直播中的发展探究：由鸿星尔克事件引发的思考 [J].新闻研究导刊，2021，12（23）：42-44.

［27］赵文锴.直播带货：商品爆卖新模式 [M].北京：台海出版社，2021.

［28］叶飞.从零开始做抖音电商 [M].北京：清华大学出版社，2022.

［29］汪永华，郑经全.直播电商运营 [M].北京：北京理工大学出版社，2020.

［30］包春玲，隗静秋，吕向阳.短视频与直播运营 [M].2版.北京：人民邮电出版社，2023.

［31］滕宝红.客户管理·售后服务 [M].广州：广东经济出版社，2017.

［32］王晓明，陈华.数字直播营销 [M].北京：北京理工大学出版社，2021.

［33］饶俊思.电商直播营销应用及发展策略研究 [D].南京：南京师范大学，2019.

［34］李双玉.电商物流服务质量评价研究 [D].郑州：郑州大学，2022.

［35］文圣瑜.互动营销视角下的直播间主播行为策略分析 [J].中国管理信息，2021，24（13）：115-117.

［36］陈虹.基于网络直播互动营销视角下的品牌塑造 [J].品牌研究，2019（10）：99-100.

［37］Emma.用户为什么要退货 [EB/OL] (2021-10-25) [2024-01-01]. https://www.woshipm.com/pd/5188290.html.

［38］新人怎么开直播？收好这份从 0 到 1 抖音直播入门指南 [EB/OL] (2023-09-26) [2024-01-11]. https://zhuanlan.zhihu.com/p/658520029.

［39］案例拆解：从抖音 FACT+ 全域经营方法论拆解"东方甄选"的运营策略 [EB/OL] (2022-07-01) [2024-01-24]. https://www.woshipm.com/operate/5509106.html.

［40］快手直播入门手册 [EB/OL] (2021-10-10) [2024-01-25]. https://www.iyunying.org/social/kuaishou/261256.html.

［41］丝芙兰视频号直播带货案例拆解 [EB/OL] (2022-08-18) [2024-01-26]. https://www.wlcbw.com/76845.html.